永康文献丛书

吕公望集

二

吕公望　著

卢礼阳
　　邵余安　编校

吕公望集卷二 公牍二 一九一六年六月

浙江都督府饬军字第二百八十一号

饬台州镇守使为临海东胜乡已设电报分局饬仰转知由

为饬知事。查临海县东乡向无电报分局,兹因屈前都督业经返里,该处与省城相距窎远,通信为难,亟应在屈前都督住宅东胜地方设一电报分局,以期消息灵通。除饬闽浙电政管理局监督遵照办理外,合亟饬仰该司令官,即便转饬临海县知事知照。此饬。

都督吕公望

右饬台州镇守使兼警备司令官顾乃斌。准此。

中华民国五年六月一日

(原载《浙江公报》第一千五百二十二号,一九一六年六月八日,三页,饬)

浙江都督府饬政字第一百五十六号

饬据浙江参议会议决浙江省各厅官制
咨请公布施行等因饬各厅查照由

为饬知事。五月二十八日准浙江参议会咨开,"查浙江省各厅官制,业经本会选开大会讨论议决,相应将全案缮具清摺,咨请察核公布施行"等由,附清摺一扣过府。准此,除咨覆并公布外,合行抄摺饬发仰该厅长查照办理。此饬。

都督吕公望

155

右饬警政厅厅长夏超、民政厅厅长王文庆、财政厅厅长莫永贞。准此。

中华民国五年六月　日

浙省各厅官制

第一条　各厅设厅长一人,其管理事务依《护国军政府组织法》第八条一、二、三各款之规定。

第二条　各厅长就主管事务,对都督负责任。

第三条　各厅长承都督之命,就主管事务及都督特别委任事件之范围内得发厅令。

第四条　各厅长统辖所属职员,掌其吏事。

第五条　各厅长就主管事务,指挥、监督所属官吏,并于必要时,得停止其命令、处分,或取消之。

第六条　各厅长对于特种事项,认为必要专设机关办理时,得呈准都督酌量设置。

第七条　各厅设职员如左:

参事一人

秘书

科长

科员

秘书、科长、科员之员额,视各厅事务之繁独,酌量设置。

第八条　参事承厅长之命,参预厅内一切事务,厅长有事故时,得代行其职务。

第九条　秘书承厅长之命,总核各科文牍事宜。

第十条　科长承厅长之命,指挥科员以下各职员,处理各科主管事务。

第十一条　科员承上官之指挥,掌理主管事务。

第十二条　各厅因办理庶务、缮校各事宜得设雇员。

第十三条　各厅内部之组织，由各厅以条例定之。

（原载《浙江公报》第一千五百二十二号，三至四页，饬）

浙江都督府饬政字第一百五十七号

饬任命萧鉴为烟酒公卖局副局长由

为饬遵事。兹任命该员为烟酒公卖局副局长，合将任命状饬发遵照。此饬。

都督吕公望

右饬萧鉴。准此。

中华民国五年六月　日

（原载《浙江公报》第一千五百二十三号，一九一六年六月九日，三页，饬）

浙江都督府饬政字第一百五十九号

饬烟酒公卖局并入财政厅办事由

为饬遵事。查《浙省护国军政府组织法》，以财政厅为管辖全省财政之最高机关，所有全省税收事宜，自应酌量归并，庶便管理而明权限。兹据烟酒公卖局局长呈请裁并，洵属深知大体，既在正值收税旺月，改组问题缓一日解决，则税课多一日之延缓，监督、稽核多所不便，应将烟酒公卖局机关即行并入财政厅，合署办理，特任财政厅长兼烟酒公卖局局长，该局局长萧鉴为副局长。所有合并后应行改订规则及各项事宜，仰该局长、副局长悉心妥议，呈候核夺。除饬发任命状外，合行饬仰遵照办理。此饬。

都督吕公望

右饬浙江财政厅厅长莫永贞、浙江烟酒公卖局局长萧鉴。准此。

中华民国五年六月一日

（原载《浙江公报》第一千五百二十二号，五页，饬）

浙江都督吕批

永嘉县知事为据详请领五年第一次
伤亡将士抚金俾便给发由

详、领均悉。该县应发本年上半年各伤亡士兵抚金,仰由该知事先行分别拨给,取具领结,送府照领归垫可也。此批。印领存。六月一日

（原载《浙江公报》第一千五百二十二号,一二页,批牍）

浙江都督吕批

分水县详中交两银行钞票仍旧照常通用由

详悉。此缴。

附原详

详为筹议分邑境内所有中国、交通两银行钞票,仍旧照常通用,请赐查核事。

案奉钧督元电内开,"中国、交通两银行钞票,京电停止兑现,商民震惊,省垣已议定办法出示晓谕,并照钞示文及条例六条,仰即照录刊布,一面会同商会、银行筹商维持之策,并留意治安,不准军民人等借端扰乱,其各负责成,毋得忽视,并奉金华道尹饬同前因,并饬将遵办情形通报察夺"各等因。奉此,查分邑商民行用各银行钞票,因未设有银行、钱庄,仅能互相通用,向来无处兑现,亦无折扣、贴水等事,照本邑习惯而论,此次虽有停止兑现之举,而商民仍无窒碍之处,即经遵电照录条例出示布告,一面谕令征收地丁捐税各员,仍准商民照常用钞票投纳。知事又因分邑商会正在定期选举,职员尚未组织成立,事无统属,深恐各商铺或有抑扣、跌价情事,复经召集各商业领袖来署,令其开导各铺户,所有中国、交通两行钞票仍须照前流通,不准稍有

抑阻,各该领袖颇能深明大义,均愿担任劝导同业照常通用,不致有所变更。此知事筹议分邑境内所有中、交两银行钞票仍旧照常通用之情形也。除由知事随时稽查外,爰奉前因,理合备文详请鉴核。谨详。

（原载《浙江公报》第一千五百二十二号,一二至一三页,批牍）

浙江都督吕批

徐金南详报讲演往返日期及听讲人数由

详悉。仰民政厅备案。此批。抄详达。

原　　详

为详报事。窃教授员自四月三十日出发永嘉县属各渔区讲演渔业改良方法,并随地分送白话讲义,曾于四月二十九日遵章具报,并附送第三册油印白话讲义一本,详请届前都督察核在案。教授员遂即赴至灵昆岛,状元桥,蒲州,永强镇宁村、沙川、水潭等渔区,一面招集渔民开会讲演,一面分送白话讲义,以补讲演之不及,其各渔区听讲人数均在三十人左右。教授员于以上各渔区巡回讲毕后,即于本月十二日回至会中。所有教授员此次出发永嘉县属各渔区讲演时,听讲人数及讲毕归来日期各缘由,理合备文详报,仰祈都督察核施行。谨详。

（原载《浙江公报》第一千五百二十二号,一三页,批牍）

浙江都督吕批

会稽道道尹详送鄞县教育行政会议议决案暨收支清册由

详及议决案、清册均悉。既据该道尹详称,该会简章已经查照改正,尚无不合,仰民政厅查核备案,转饬鄞县知事知照。此批。抄详、附议决案、清册并发。

原 详

详为详送鄞县第一次教育行政会议议决暨收支清册,仰祈鉴核示遵事。

案据鄞县知事陶镛详称,"窃知事于上年九月间筹设鄞县教育行政会议,拟具简章,每年常会两次,临时会无定次,并请每次开支纸墨印刷送达杂费等银二十元,在县税四成小学费项下,由知事撙节开支,详奉钧尹转详,奉巡按使批内开,'准予如拟办理'。又第九条既规定为采择施行,则县知事当然有准驳之权,不受拘束,其'但县知事不受议案之拘束'一句,应删改为'并详由道尹转详巡按使备核'等因,奉经知事查照改正简章,如期举行,并依《简章》第三条,委定本署教育主任袁远为议长,教育助理员王承烈,县视学谢萱德、励延预为副议长,依第五条第一项提出议案付议在案。兹据该会长详报议决案七件,并开具支出决算详请分别采择照付前来。知事复核议决各案,尚属可行,支出各数均尚实在,除批示照付外,理合开具收支清册连同议决案七件,备文详请鉴核存转,并详送教育行政会议议决案暨收支清册各二份"等情前来。据此,除留存一份备查外,理合检同原件,备文详请钧督鉴核备案。谨详。

计详送教育行政会议议决案一册、收支清册一份。

议决案

鄞县第一次县教育行政会议议决案

采实践主义,设教育研究会,以促学校教育之进行案。

(理由)县教育会原有汪起凤、袁乃彬二君发起一小学教员研究会,藉促教授、管理、训练之进步,不可谓非具有研究之端绪,但每月到会诸君以空谈联合,而未到会者以通函为尽事,结果如何,仍无据也。查《嘉兴县办理小学教员实地研究所办法》:

第一星期,每日上午模范教授专重文算,分单级、复式、单式三项编制,下午开讨论会;第二星期,每日上午模范教授文算之外,兼授各种技术科,均复式编制,下午实地练习,以上第一、第二两星期,用自觉辅导主义教法,均编教案;至第三星期,直接讲演教授顺序之取意及分配方法,又各种训练方法、管理方法、作文方法及必要之设备、表簿之施用,均编讲义。其悉心研究始终不懈者,给以研究证书,并由县知事捐俸备置教授法分给各员,以示奖励,成绩之佳,交誉人口。似宜仿此办法,俾研究教育不蹈空虚,而得收完美之效,是此宜贡诸教育行政会议者也。

查鄞县小学教育员研究会,自汪起凤、袁乃彬二君发起,无非为教授、训练、管理,促其进步,乃历次到会,多以空谈联合,而未到者且以通函为了事,徒有形式,并无精神,对于教育前途,恐难达名称其实之目的。兹经议决如左:

办法

(一)教育研究会附设于县教育会内;

(二)研究会得合并于暑假研究会之内,以节经费;

(三)仿嘉兴县办法实地研究,由县教育会详细订定各种规约,并编制教授、管理、训练方法,详由县知事核准施行。

统一教科书案

(理由)按学校之良窳,虽视乎主办学校人员热心与否,而工欲善事,必先利器,欲利进行,必先统一,故教本之当否,实于学校成绩有莫大关系,而于升学之时,利害之关系尤巨。查鄞属各校所用教本,虽系经部审定之书①,而校自为政,采用颇杂,往往甲校用子本,而乙校用丑本,殊途虽亦同归,而百虑究难一致,升

---

① 经部,底本误作"礼部",径改。

学之际衔接最难。且现奉省令,高小学校毕业,由道派员会考,国民学校毕业,由县派员会考,汇出总榜等因,若教科用书一有分歧,即将来汇核不无窒碍。此本案之所由提出也。

查鄞县各校课本,原系经部审定之书,而校自为政,采用颇杂,往往甲校用子本,而乙校用丑本,殊途虽亦同归,而百虑究难一致,升学之际,衔接尤难。兹经本会议议决如左:

办法

(一)三年级以上学生,应仍用原有教本,以免混乱;

(二)三年以下学生,一科改用议决之教科书①;

(三)采用何种之教科书,俟征集各校意见后议决之;

(四)议决之教科书,各校应一律改用,其一览表书目栏以应即填明,详由县知事备案存查。

小学教员优待金案

(理由)按小学教员于儿童为直接之授受,举凡儿童之道德、学识以及将来之期望,为龙为蛇,胥于是判,其责任之重,似在一切职务之上,而薪水棉薄,到处皆然,仰事俯蓄,颇形竭蹶,若不予以特种之优待,殊不足以资激劝。无如教育一端,现正积极进行,在在需款,优待之费,若从出计,维移缓就急,集腋成裘,取之未尝伤廉,而受者差足小补。现拟于现任高小及国民学校教员应得薪水内,抽提百分之二,入存公所基本收入,全部移提,逐年储蓄,以为优待之费。前者以其所出,为其所入,输之于平时,而用之于一旦;后者以抚恤士燹之金,移作优待教员之用,顾名思义,当无差别。此本议案之所由提出也。

按小学教员于儿童为直接之授受,责任之重,似在一切职务

---

① 一科,疑为"一律"之误。

之上,不予以特种优待,殊不足以资激劝,唯县税小学经费异常支绌,拟由自治附捐项下酌量拨充。兹议决如左:

办法

(一)优待金由自治附捐项下支出之;

(二)俟新自治成立后,由县知事通饬各区自治分别办理;

(三)优待金之年限及其数目并支给细则,均责成各区自治酌定,详由县知事核准,方生效力。

取缔私塾案

(理由)私塾之妨碍学校教育,尽人皆知,然官厅之取缔虽严,而私塾师之疲顽如故。推原其故,厥有两端:

(一)学校教育不知整顿,不足以服众也。鄞县国民学校不下二百所,教员之数倍之,为数不可谓不多,其中能细心研究、认真教授者,固不乏人,而种种不合授人口实者,亦在所不免,无惑乎乡父老之诟学校而信任私塾。此私塾之不易取缔者一也。

(一)塾师之煽惑多端也。近来屡接各处报告,谓塾师专事揣测乡父老心理,訾学校课本为新奇怪诞,甚且谓学体操将以当兵,学算术等诸布侩①,危辞诞语,偏能动听。而其所授课本,则《神童诗》《三千字文》等类,又适合一般愚民之眼光。此私塾之不易取缔者又一也。

具此两端,则学校之整顿,自不得不亟,而私塾之取缔,尤不容稍缓。此本议案之所由提出也。

按,私塾之妨碍学校教育,尽人皆知。查鄞县国民学校不下二百所,教员之数倍之,能认真教授者,固不乏人,而种种不合授人口实者,亦在所难免。此就学校方面私塾之不易取缔者一。

---

① 布侩,疑为"市侩"之误。

近接各处□告,私塾老师,专揣乡父老心理,訾学校课本为新奇,所授课目泰半以《神童诗》《三千字文》等类,为迎合一般愚民之眼光。此就社会心理私塾之不易取缔者又一。现拟学校方面力图整顿,而私塾取缔,实万万不容稍缓,业经本会议讨论公决。兹将办法列左:

(一)私塾距学校在一里半以外,而教科一切已改良者,准暂认为代用国民学校,但须由县视学暨学饬委员①,会同各该区村学董设法改立私立国民学校。

(二)私塾距学校在一里半以外,而教科未经改良者,应由各该区村学董劝令改良,不能改良,即详由县知事勒令停闭之。

(三)私塾距学校在一里半以内,而户口繁盛,学童众多,业已改良者,得授照第一条办理②。

促进私塾改良案

腐败之私塾,系由非士非商不伦不类之人所设立,既无资格,又少学识,亟应从严取缔,以归消极,固无容疑矣。今所欲言者,以本有塾师资格之人,设馆多年,社会信用,文理既属清顺,宗旨亦不悖谬,徒以学科未全,教法未合,遂至成效未见,贻误之讥,仍不能免。此而无人以诱导之,启发之,以同收教育之功,同入文明之域,殊可惜也。兹举其理由、办法如左,刍荛之见,或有研究之价值,足以供采择焉。

(理由)仕非为贪也,而有时乎为贪;教员非为薪水也,而有时乎则为薪水。学校教员有然,塾师亦何独不然?是故苟有可取,当思曲全其美。同属学界,岂容歧视?有以彼塾师、彼塾师相告讦者,此其人之度量褊窄,固不待言,而无教育之实心,亦可

---

① 学饬,疑为"学务"之误。
② 授照,疑为"援照"之误。

断言也。况乎强迫教育之期，实行在迩，吾国未就学之学龄儿童，约占十分之九，一旦下令强迫，则就学龄儿童其数骤增，固在意中之事。今后之教育前途，不患教员之拥挤，而患教员不敷所用，若得良好之塾师，以补助之，则教导有人，何虑教育之不普及？《国民学校令》第二十六条有云，学龄儿童经区董之认可，得在家庭或他处肄习，国民学校之教科虽未明言私塾，已隐隐有私塾代用之性质。法令虽严，不无活用余地，劳之、来之、匡之、直之、补之、翼之，使自得之，欲求私塾之进步，其机盖在于是焉。此本案提出之理由也。

办法

（一）入手之循序

（甲）调查　调查私塾，每年应由学务委员，会同区村学董周行二次，县视学员于视察各校时，得随地抽查之；

（乙）甄别　调查后，依《取缔私塾案》县知事认为代用国民学校，免其试验外，应行甄别一项，其细则另定之。

（二）进行之手续

（甲）暑假研究会　私塾教师经甄别及格，得有证书者，应入暑假研究会，其细则由县教育会订定之；

（乙）参观学校之教育　私塾教师已甄别及格者，得规画地点，指定学校，准予参观，其细则另定之。

筹办展览会运动会案

（理由）按学校生徒，欲使之智识增长，体育发达，非有琢磨竞争之道、活泼鼓励之法不为功。

琢磨竞争之道维何？筹办展览会是也。盖个人之思想、智识运用有限，开展有度，纵有一二聪颖者，秉独辟之虑，具天赋之才，出奇制胜，刻骨警人，然若墨守旧论，拘泥残阙，不与外界文明，互为研究，共相切磋，卒至人进一尺，我失一尺，退化立形，每况愈下。智者如此，遑论庸愚？曷观乎列国之战胜，其势常在无形之竞争，而兵力次之。博览会也、劝业会也，陈列所也、观工场也，皆无形之竞争，即所谓学战也。征集世界之制造物品，形形色色，汇聚一馆，以相比较，择其善者而从之，不善者而改之，竞争愈甚，则琢磨愈精，制造愈良。学校之展览会亦然，凡科学、图画、手工之成绩，择其尤者出与会赛，物以比较，而见美恶，遂见人之所学，多有胜我倍蓰者，于是劣者奋励，优者益勉，教育前途，其庶几乎？

活泼精神之法维何？开联合运动会是也。按教育原义，包含智育、德育、体育三者，从事智育、德育者，最易耗费脑力，若不练其筋骨，使之强健，则精神萎靡，体质垂弱。是故自京师大学，以至国民学校，均有体操一科，以济其穷，而披阅各处调查学校成绩报告，对于体育一门，在在不加注意，甚或缺乏体操科者，近方奉饬，以本年全国、省教育会及全国师范校长会议，均有注意体育之建议，应即特筹课外运动之法，由各校长体察情形，明定运动章程，多备运动器械，每人必有一种以上之运动，将来中学以上，且将视其得奖之多寡，而为成绩优劣之标准，并限二个月内，将运动章程、器械名数、习练人数缮折详报等因。是平日之练习，必须按期开一联合运动会，以瞻其成绩之优劣，而活泼精神、鼓励志气，亦在是矣。此本议案之所由提出也。

办法

（一）展览会于每年暑假前一月，各校即将应行出品订成册帙，配置箱匣，详标"鄞县第 次展览会、某年月日、某校某年级某生出品"字样，预备齐全，交由教育会存储，由推定之会长编列号数，陈设展览。

（二）运动会于每年阴历九、十月间举行。之前一日，各校应将学生姓名人数及指定运动名称汇送教育会，由推定之会长编定运动程序。

（三）前项各会经费，由县税项下拨充之，其数目由教育会分别另定，详由县知事核准。

（四）第一条、第二条各会会长、职员、评判员，由县公署会同教育会推定之。

（五）前项第一条、第二条开会日期及详细办法，均由推定之会长，详由县知事核定之。

（六）评判之结果，由推定之会长开单，详由县知事分别给奖，以示鼓励。

送达及保存公文暨征集表册办法案

（理由）按县公署对于所属境内学校，为直接之管辖机关，关系至为密切，公文书函自较他处为夥，部、省、道文往往有限期具复之件，若送达迟缓，征集即不免延误，如年前后任知事，均因记过，即其明征。又查各处学校，往往有奉到公文，不问事之紧要与否，无不束之高阁，职教人员不注意现行法令，此等陋习，尤应从严取缔，以免隔膜。此本议案之所由提出也。

按，县公署对于所属境内各校为直接管辖机关，关系至为密切，公文、书函，自较他处为夥，部、省、道文往往有限期具复之件，查各校奉到公文表册，不问紧要与否，屡次延搁，似非注重现行法令。兹经本会议议决如左：

办法

（一）自本年一月起，所有县公署致各校之公文，除县立各中学由县公署直接投送外，其城乡各小学校，均送由各自治办公处转达，以期迅速。

（二）除普通公文仍径行送署外，一切表册暨调查事项，均须依限送交各自治办公处汇送县署。

（三）各校收到公文后，应摘由登簿，并将公文函件妥为保存，校长交替时，认为移交物之一种，视学员到校得检查之。

（原载《浙江公报》第一千五百二十二号，一三至二〇页，批牍）

浙江都督府饬军字第二百八十三号

饬各机关取消谢飞麟误会妄举一案由

为饬知事。据嵊县绅士吕衡等面禀称，该县"民人谢飞麟向来主张共和，宗旨纯正，自省城独立后，因情形隔阂，不无误会之举，致被官军剿办通饬缉拿。现由绅等前往开导，该谢飞麟业将所部全体解散，应请取销通缉"等情前来。查该谢飞麟前在奉化、新昌、嵊县一带纠众起事，迭经本府派兵剿办，并分电该镇守使/台州镇守使暨会稽道尹，百官、兰溪两统带，分别转饬附近营、县一体兜捕在案。兹据该绅等面禀前情，复经派员调查，所称尚属实在，自应准将前案取消，以示宽大。除分饬外，合亟饬仰该镇守使/厅长/厅长即便查照，转饬所属一体知照。/各该统带饬属一体知照①。/各该县知事一体知照。此饬。

都督吕公望

右饬台州镇守使、警政厅厅长、民政厅厅长。准此。

中华民国五年六月二日

（原载《浙江公报》第一千五百二十三号，一九一六年六月九日，四页，饬）

浙江都督府饬军字同上号

饬第二十五师师长取消谢飞麟误会妄举一案由

为饬知事。面称云云与上饬同等情前来。查该谢飞麟前在绍密谋起事，嗣又在奉化、新昌、嵊县一带有纠众举动，曾经本府电饬驻绍

---

① 统带，底本误作"就带"，径改。

陆军王营长会县侦缉,并分电兜捕在案。兹据该绅等面禀前情,复经派员调查,所称尚属实在,自应准将前案取消,以示宽大。除分饬外,合亟饬仰该师长即便查照,转饬该营长知照。此饬。

都督吕公望

右饬兼代陆军第二十五师师长周凤岐。准此。

中华民国五年六月二日

(原载《浙江公报》第一千五百二十三号,五页,饬)

浙江都督府饬军字第二百八十五号

饬各厅公牍文电示谕除军事应守秘密外
均应抄送刊登公报由

为饬遵事。照得本府所颁法令及各文电、批牍、示谕,无论军事、民事,除有应守秘密及特别关系者外,均登《浙江公报》公布。至各该厅、署所有公牍、文电,应登《公报》之件,亦应抄送刊登,藉共遵悉。兹将各该厅、署应登《公报》文件另单规定,除分饬外,合行饬仰该遵照办理。此饬。

计粘钞一件。

都督吕公望

右饬民政厅厅长王文庆、财政厅厅长莫永贞、警政厅厅长夏超、高等审判厅厅长、高等检察厅厅长、浙江盐运使。准此。

中华民国五年六月二日

兹将各厅署应登《公报》文件开列如左:

一、关于各厅署制定法令、章程,经都督核准公布之件;

一、关于各厅署惩奖所属职员之件;

一、关于各厅署诰诫官吏、军民之件;

一、关于各厅署饬拿盗匪、逃犯之件;

一、关于各厅署与各县场往来电商之件；

一、关于高等审判厅公布判决之件；

一、关于各县场调查报告足资参考之件；

一、关于各县呈报宣讲之件；

一、关于各县场呈准各项章程之件；

一、关于官民条陈足备采择之件。

（原载《浙江公报》第一千五百二十三号，三至四页，饬）

浙江都督府饬军字第二百八十六号

饬嘉湖戒严司令官／严时梅

为委严时梅充驻嘉铁路稽查员由

为饬遵事。兹设驻嘉铁路稽查员，归嘉湖戒严司令官指挥，查有严时梅堪以派充，月给薪水洋五十元。除分饬外，合行饬仰该司令官知照。／该员遵照。此饬。

都督吕公望

右饬嘉湖戒严司令官张载阳／严时梅。准此。

中华民国五年六月二日

（原载《浙江公报》第一千五百二十三号，五页，饬）

浙江都督府饬军字第二百八十七号

第二十五师师长周凤岐调孙瑞云充本府军务厅差遣由

为饬知事。查该师差遣孙瑞云，堪以调充本府军务厅差遣，月薪照旧支给。合行饬仰该兼代师长转饬该员遵照。此饬。

都督吕公望

右饬兼代第二十五师师长周凤岐。准此。

中华民国五年六月二日

（原载《浙江公报》第一千五百二十三号，五页，饬）

浙江都督府饬政字第一百六十号

饬民政厅并各县知事取销沈剑生
缉案转饬所属一体遵照由①

为饬知事。案据陈白、傅梦豪等禀称，"为恳请取销沈剑生缉案事。窃同志沈剑生，在光复前曾随陶焕卿、秋竞雄两先生奔走国事，民国元年曾充调查员等差，癸丑之役因发起公民大会，杂有嫌疑，遂蛰处乡间，躬耕自给。及甲寅之夏，本省调查学龄之风潮，金、义蠢民聚众滋事，沈剑生深恐累及，沿途演说，令其解散。乃县官邀功，反谓其鼓煽土匪，扰乱治安，申详当道，悬赏通缉。用是落拓沪滨，托足腿行，聊资糊口。此番护国军起义，沈剑生奔走杭沪，不无微劳，然不为无意识之举动，事实昭昭，不可掩饰。顷闻沈剑生之同乡某等，平日挟有睚眦，窃窃私议，欲翻旧案，希冀中伤。深恐曾参杀人，能摇慈母；市中走虎，易播谣传。用是联名历陈，须将百口为保，伏乞都督察核，准将缉案取销，令其闭门思过，莫任黑海沉冤。不胜待命之至"等情。据此，除批："禀悉。据称沈剑生前因被诬悬缉，此次护国军起义，奔走杭沪，不无微劳，请取销缉案等情，应予照准，仰民政厅、高等检察厅查案取销通缉可也。此批"悬示外，合行饬仰该厅长遵即查案转饬所属一体取销通缉可也。此饬。

右饬民政厅长、各县知事。准此。

中华民国五年六月　日

都督吕公望

---

① 本饬文自浙江民政厅饬第三百四十三号《饬各警厅局并各县知事奉都督饬知取销沈剑生缉案转饬所属一体遵照由》析出，文由为编者拟。

附　浙江民政厅饬第三百四十三号

饬各警厅局并各县知事奉都督饬知取销

沈剑生缉案转饬所属一体遵照由

为饬知事。本年六月二日案奉都督府饬政字第一百六十号内开，"为饬知事。案据陈白、傅梦豪等禀称，'为恳请取销沈剑生缉案事。窃同志沈剑生，在光复前曾随陶焕卿、秋竞雄两先生奔走国事，民国元年曾充调查员等差，癸丑之役因发起公民大会，杂有嫌疑，遂蛰处乡间，躬耕自给。及甲寅之夏，本省调查学龄之风潮，金、义蠢民聚众滋事，沈剑生深恐累及，沿途演说，令其解散。乃县官邀功，反谓其鼓煽土匪，扰乱治安，申详当道，悬赏通缉。用是落拓沪滨，托足腿行，聊资糊口。此番护国军起义，沈剑生奔走杭沪，不无微劳，然不为无意识之举动，事实昭昭，不可掩饰。顷闻沈剑生之同乡某等，平日挟有睚眦，窃窃私议，欲翻旧案，希冀中伤。深恐曾参杀人，能摇慈母；市中走虎，易播谣传。用是联名历陈，须将百口为保，伏乞都督察核，准将缉案取销，令其闭门思过，莫任黑海沉冤，不胜待命之至'等情。据此，除批：'禀悉。据称沈剑生前因被诬悬缉，此次护国军起义，奔走杭沪，不无微劳，请取销缉案等情，应予照准，仰民政厅、高等检察厅查案取销通缉可也。此批'悬示外，合行饬仰该厅长遵即查案转饬所属一体取销通缉可也。此饬"等因到厅。除分行外，合行饬知饬到该局长、该厅长、该知事遵即查案转饬所属一体取消通缉可也。此饬。

民政厅长王文庆

右饬永嘉警察局、宁波警察厅、兰溪警察局、各县县知事。准此。

中华民国五年六月十二日

（原载《浙江公报》第一千五百二十九号，二页，饬）

浙江都督府饬政字第一百六十二号

饬委吴宗濬检查银元局机器由

为饬委事。查浙江城内向有银元局,鼓铸银铜元,原有机器若干具,能否应用,仰该员迅即会同财政厅派员前往查明,详细具报。此饬。

都督吕公望

右饬工业学校机器教员吴宗濬。准此。

中华民国五年六月　日

（原载《浙江公报》第一千五百二十三号,六页,饬）

浙江都督府饬军字第二百八十八号

任命金如松任汝明为本府政治谘议官由

为饬遵事。兹任命金如松、任汝明为本府政治咨议官,月各给薪水洋八十元。除分饬外,合将任命状发仰该员祗领遵照。此饬。

计发任命状一张。

都督吕公望

右饬金如松、任汝明。准此。

中华民国五年六月三日

（原载《浙江公报》第一千五百二十三号,六页,饬）

浙江都督府饬军字第二百九十号

饬为委步兵第九十九团及一百团各尉官由

为饬遵事。兹委任陈学鼚为陆军步兵第九十九团第一营中尉副官,陈锐为该团第二营上尉副官,孙文霁为该团第三营上尉副官,王家祚、张国锡、简复盛、傅光国、白志义、解朝彬、夏国珍、童养正、蒋寅、彭玉成、吴梦奎、岳璋、杜国钧、王麒、陈复明、陶君直为该团上尉,郭权、斯铭石、张岳乔、翁辟、杨乃青、冯家瑜、张骥、王雍皞、施机、陈

173

辅臣、钱福谦、王澄、胡家驹、应捷书为该团中尉,徐藩来、金章、卢有章、缪范、潘廷藩、戴凤翔、何锡照、黄昌裕、李学仁、董制瓯、王祯祥、裘变廷、陈宗震、汤仁、徐作藩、钱宗陶、史久仁、程载阳、郑维纶、余凤祥、周敬、姚近勇、陈载周、赵潮、宋立铭、陈升、张理、倪振熊、戴永清、虞兆麟、叶涵、邵能震、李蕴、章履和为该团少尉,胡景拔、吕瑞衡、周仲儒、黄象震、蒋德真、吕凤朝、吕植槐、蒋倬飞、胡雄、姚立元、钟培、郑莒为该团准尉;虞言为陆军步兵第一百团第一营中尉副官,易仁恩为该团第二营中尉副官,徐雷为该团第三营上尉副官,夏寅、陈鼎康、杜鸿仪、余国栋、陆钟泰、洪干臣、何艮、王辅臣、王志祥、黄大荣、蔡周封、陈澜、孙景浩、王从善、奚政、苏炳瑶为该团上尉,叶铮、王芸台、薛仁葵、邢震南、周绍金、葛燊、柯德假、陆秉亨、俞赞鼎、曹震、袁右任、李辰杰、毛鹤皋、赵廷标、王旦华为该团中尉,郑鼎挥、陈锦喜、姜矫、朱奠邦、李春、吕兆飞、袁铎、吕瑞英、张志春、胡希璜、奚望青、陈文升、金德、张伟、张树雄、戴宇、董点熙、袁承栋、谢邦彦、郭忏、郭持平、吕民贵、钱浩、钱针、陈肇绵、斯立、朱云青、宋哲来、祖懋箴、叶铭、胡钊、徐旭、陈谦为该团少尉,诸英、杨乘时、陈益林、陶宾仙、斯兴、许成麒、董瑞麟、留鸿、徐光祖、王雄、周一新、黄善元为该团准尉。除陈学晟[1]、张国锡、简复盛、白志义、夏国珍、杜国钧、陈复明、郭权、张岳乔、虞言、陆钟泰、何艮、蔡周封、陈澜、胡钊、陈锦喜委状另发,并准尉由该师给委外,合将陈锐等委状发仰该兼代师长转饬祗领遵照。此饬。

计发委状一百一十八张。

都督吕公望

右饬兼代陆军第二十五师师长周凤岐。准此。

中华民国五年六月　日

(原载《浙江公报》第一千五百二十三号,六至七页,饬)

---

① 晟,底本误作"政",径改。

浙江都督府饬军字同上号

饬第六师师长为委步兵第九十九团及一百团各尉官由

为饬遵事。兹委任步兵二十三团排长陈学晟为步兵第九十九团第一营中尉副官,辎重营中尉排长张国锡、二十四团中尉排长简复盛、二十一团中尉排长白志义、二十三团中尉排长夏国珍、二十一团中尉排长杜国钧、工兵营中尉排长陈复明为该团上尉,工兵营少尉排长郭权、二十三团少尉排长张岳乔为该团中尉,骑兵团排长虞言为步兵第一百团第一营中尉副官,二十二团排长陆钟泰、二十一团排长何艮、二十二团排长蔡周封、辎重营排长陈澜为该团上尉,辎重营候补尉官陈锦喜、司务长胡钊为该团少尉。除分饬外,合将陈学晟等委状发仰该师长转饬祗领遵照。此饬。

计发委状十六张。

都督吕公望

右饬陆军第六师师长童保暄。准此。

中华民国五年六月　日

（原载《浙江公报》第一千五百二十三号,七至八页,饬）

浙江都督府饬军字第二百九十二号

为委吴钧充军务厅差遣由

为饬委事。查有该员堪以委充本府军务厅差遣,月给薪洋六十元。合行饬委,仰即遵照。此饬。

都督吕公望

右饬吴钧。准此。

中华民国五年六月三日

（原载《浙江公报》第一千五百二十三号,八至九页,饬）

浙江都督府饬军字第二百九十三号

饬各师长各司令官本省实任军职在三年以上者
著有成绩各长官详加考察呈候核办由

为饬知事。照得本府前以各师旅军官,凡在本省实任正式军职及与现职相当职在三年以上者,均予记升,曾经通饬遵办在案。须知此项办法,专为各军官中资格较深,限于升途未能晋级者而定。其服务未满三年而著有成绩者,各军队中谅不乏人,此项人员应由各该管长官随时详加考察,如果成绩优美,遇有相当升缺,准予呈候本府核办。各该军官务须奋发精神,切毋以此次未与记升之列,自阻其前进之锐气,本都督有厚望焉。除分饬外,合行饬仰该 转饬所属一体知照。此饬。

都督吕公望

右饬陆军第六师师师长童保喧、兼代陆军第二十五师师长周凤岐、宪兵司令官王桂林、本府守备队司令长郑炳垣、嘉湖戒严司令官张载阳。准此。

中华民国五年六月三日

(原载《浙江公报》第一千五百二十三号,八页,饬)

浙江都督府饬军字第二百九十四号

饬任命许炳黎为本府谘议官由

为饬遵事。查有该员堪以任命为本府军事咨议官,派在第五十旅办事,月给薪洋一百二十元。除饬第二十五师师长转饬知照外,合将任命状饬发,仰即祇领遵照。此饬。

计发任命状一张。

都督吕公望

右饬许炳黎。准此。

中华民国五年六月　日

（原载《浙江公报》第一千五百二十三号，九页，饬）

浙江都督府饬军字第二百九十四号

饬第二十五师师长为本府军事谘议官许炳黎
派往该师第五十旅司令部办事由

为饬知事。查有本府军事谘议官许炳黎，堪以派往该师第五十旅司令部办事。除分饬外，合行饬仰该兼代师长转饬知照。此饬。

都督吕公望

右饬兼代第二十五师师长周凤岐。准此。

中华民国五年六月三日

（原载《浙江公报》第一千五百二十三号，九页，饬）

浙江都督府饬军字第二百九十五号

饬为委任林之茂充九十九团中尉由

为饬遵/知事。查有该员/军官学堂学生林之茂，堪以委充陆军步兵第九十九团中尉。除饬第二十五师师长转饬该团知照外，合将委任状饬发祗领，仰即遵照到差。/给委饬即到差外，合行饬仰该兼代师长转饬该团知照。此饬。

计发委任状一张。

都督吕公望

右饬林之茂、兼代第二十五师师长周凤岐。准此。

中华民国五年六月三日

（原载《浙江公报》第一千五百二十三号，九至一〇页，饬）

浙江都督府饬军字第三百号

饬特任何遂为本府军事参议官由

为饬遵事。兹特任该员为本府军事参议官,合将特任状发仰祗领遵照。此饬。

计发特任一张。

都督吕公望

右饬何遂。准此。

中华民国五年六月三日

（原载《浙江公报》第一千五百二十三号,一〇页,饬）

浙江都督府饬军字第三百零一号

任命张伯岐为本府顾问官吴翀汉调任军务厅军需课课员由①

为饬遵事。查有该员堪以任命为本府顾问官,照少将月给薪水洋四百元。/调任本府军务厅军需课课员,月薪照旧支给。合将任命状饬发,祗领遵照。此饬。

计发任命状一纸。

都督吕公望

右饬杭州游击队统领张伯岐、本府军务厅副官吴翀汉。准此。

中华民国五年六月三日

（原载《浙江公报》第一千五百二十三号,一〇页,饬）

浙江都督府饬政字第一百六十八号

饬财政厅为清理官产处拟归并财政厅办理迅即妥拟复核由

为饬遵事。查《浙省护国军政府组织法》,以财政厅为管辖全省

---

① 底本标题脱"吴翀汉",编者径补。

财政之最高机关,所有本省清理官产事宜,均应隶属财政范围之内。从前所设清理官产处自应裁并财政厅办理,以一事权而节糜费,其应如何归并,一切办法,仰该厅长迅即详细妥拟具覆,以凭核办。此饬。

都督吕公望

右饬浙江财政厅厅长莫永贞。准此。

中华民国五年六月　日

(原载《浙江公报》第一千五百二十三号,一○至一一页,饬)

浙江都督府饬政字第一百六十九号

饬财政厅颁布征收员任用暂行章程由

为饬遵事。照得征收人员关系国家财政,至为重要。所有此项人员任用资格亟应规定,以资遵守。兹经制定《征收员任用暂行章程》四条,业于本月二日由本都督召集政务会议议决。除公布外,合亟将是《章程》抄发,饬仰该厅长遵照办理。此饬。

计发章程一份(列"章程"门)。

都督吕公望

右饬财政厅长莫永贞。准此。

中华民国五年六月三日

(原载《浙江公报》第一千五百二十五号,一九一六年六月十一日,一页,饬)

浙江都督府饬军字第三百零八号

任命魏旭初林蔚为第六师司令部参谋由

为饬遵/知事。查有该员/魏旭初、林蔚二员,堪以任命为第六师司令部/该师参谋,除饬该师师长知照外,合将任命状饬发,仰即祗领遵照到差。/分饬外,合行饬仰该师长知照。此饬。

计发任命状一张。

都督吕公望

179

右饬魏旭初、林蔚/第六师师长童保暄。准此。

中华民国五年六月四日

（原载《浙江公报》第一千五百二十三号，一一页，饬）

浙江都督府饬军字同上号

任命项云舫吴克润为本府军务厅参谋由

为饬遵事。查有该员堪以任命为本府军务厅参谋，合将任命状饬发，仰即祗领遵照。此饬。

计发任命状一张。

都督吕公望

右饬项云舫、吴克润。准此。

中华民国五年六月四日

（原载《浙江公报》第一千五百二十三号，一一页，饬）

浙江都督府饬军字第三百十一号

饬第六师师长为调六师参谋陈最任军务厅参谋由

为饬知事。查该师部中校参谋陈最，堪以调任本府军务厅参谋，月薪照中校支给。合将该员任命状饬发该师长转给祗领，遵调到差。此饬。

计发任命状一张。

都督吕公望

右饬第六师师长童保暄。准此。

中华民国五年六月四日

（原载《浙江公报》第一千五百二十三号，一一至一二页，饬）

浙江都督府饬军字第三百十二号

任命朱吉舜为本府军事谘议官由

为饬遵/知事。兹任命该员/该师差遣朱吉舜，为本府军事咨议官,仍在第二十五师办事,月薪照中校支给。除分饬外,合将任命状饬发,仰即祗领遵照。/合行饬仰该兼代师长知照。此饬。

计发任命状一张(朱吉舜)。

都督吕公望

右饬第二十五师差遣朱吉舜/兼代第二十五师师周凤岐。准此。

中华民国五年六月四日

(原载《浙江公报》第一千五百二十三号,一二页,饬)

浙江都督府饬政字第一百七十二号

饬任命金继扬为本府谘议官由

为饬遵事。查有该员堪以任命本府咨议官,月支薪银一百元。合将任命状饬发①,仰该员即便祗领。此饬。

计发任命状一张。

都督吕公望

右饬金继扬。准此。

中华民国五年六月　日

(原载《浙江公报》第一千五百二十三号,一二页,饬)

浙江都督府饬政字第一百七十三号

饬查第十一师范校学生罢课风潮由

为饬查事。五月三十一日据第十一师范校长冯豹电称,"外界运动学生要挟罢课,除斥退学生外,先此奉闻。文另详"。又,本月一日据丽水教育会电称,"第十一师校长冯豹不谙学务,管理废弛,激成风潮,全体罢课,乞持"各等情。据此,查学生动以罢课要挟,最为弊习,应准查明为首之人,立予斥退,以儆效尤。至此次肇事原因及该校长

---

① 饬发,底本误作"饬后",径改。

平日办事能否称职,外界有无挟私煽动情弊,并应查明实情,分别办理。为此合行饬仰该厅长迅即详细饬查明确,呈报核夺。此饬。

都督吕公望

右饬民政厅厅长王文庆。准此。

中华民国五年六月四日

(原载《浙江公报》第一千五百二十三号,一二至一三页,饬)

浙江都督府饬军字第三百二十六号

饬知民政厅委陈焕章兼任本府公报编辑主任
兼管理公报发行事宜饬厅知照由

为饬知事。照得本府公报为宣布法令之枢纽,改革以来,内容日见腐败,自非另设专员管理,殊不足以昭慎重而资整顿。业委本府助理秘书陈焕章兼任该报编辑主任,并管理发行所事务。除分饬该发行所/民政厅知照外,合行饬仰该厅长/该所知照。此饬。

都督吕公望

右饬民政厅厅长王文庆、本府公报发行所。准此。

中华民国五年六月五日

(原载《浙江公报》第一千五百二十三号,一三页,饬)

浙江都督府饬军字同上号

饬委陈焕章兼任本府公报编辑主任并整顿发行事务由

为饬委事。照得本府公报为宣布法令之枢纽,改革以来,内容日见腐败,自非另设专员管理,殊不足以昭慎重而资整顿。兹查有该员堪以兼任该报编辑主任,除分行民政厅暨该所知照外,合行饬委兼任,饬到该员即便遵照前往视事,并将发行所内一切事务实行整顿,俾臻完善,切切。此饬。

都督吕公望

右饬本府助理秘书陈焕章。准此。

中华民国五年六月五日

（原载《浙江公报》第一千五百二十三号，一三至一四页，饬）

浙江都督吕批

瓯海道尹详送温属乙种蚕业学校改正学则请核示由

详及学则均悉。仰民政厅查核具报，并饬该县知事遵照。抄并检《学则》一份并发。六月一日

（原载《浙江公报》第一千五百二十三号，一八页，批牍）

浙江都督吕批

财政厅呈报平湖县交代派委崇德县为监盘员由

呈悉。此缴。

原呈一件。

呈为具报平湖季前知事交代，派委崇德县为监盘员，并咨钱塘道尹督算，请赐察核备查事。

窃照各县知事遇有交替，应由厅派员监盘，并咨请该管道尹督同会算清楚，加结咨转，历经照办在案。兹查平湖县季前知事于本年五月十八日交卸，应算交代，经本厅派委崇德县为监盘员。除分别饬知并咨达钱塘道尹外，理合备文呈报，仰祈都督察核备查。谨呈。

（原载《浙江公报》第一千五百二十三号，一八页，批牍）

浙江都督吕批

杭县知事呈报解四年分抵补金正税第六次银一万五千元由

呈悉。此缴。六月一日

附原呈一件。

呈为报解四年分抵补金正税事。

案照杭县民国四年分抵补金，业经五次解过银一十七万元在案。兹起解第六次银一万五千元，除呈解财政厅核收外，理合备文呈报，仰祈鉴核。谨呈。

（原载《浙江公报》第一千五百二十三号，一八页，批牍）

浙江都督吕批

杭县报解四年分抵补金正税第七次银一万元由

呈悉。此缴。

附原呈一件。

呈为报解四年分抵补金正税事。

案照民国四年分抵补金，六次解过银一十八万五千元在案。兹起解第七次银一万元，除呈解财政厅核收外，理合备文呈报，仰祈鉴核。谨呈。

（原载《浙江公报》第一千五百二十三号，一八页，批牍）

浙江都督吕批

绍兴县知事宋承家呈为事主何陈氏家被劫
诣勘情形连同表单请鉴核由

呈及表单均悉。仰即会督营警切实侦缉，务获是案真正贼盗，讯办具报。此批。表单存。六月二日

附原呈①

为呈报事。

---

① 底本省略，编者补。

本年五月二十四日据袍浃村事主何陈氏状称，"本月二十三日上午二时被盗撬门进内，翻箱倒箧，劫去衣饰等件，开单请求勘缉"等情到县。据此，查该处距城八里，即带警队人等驰诣袍浃村，勘明该事主何陈氏家被劫失赃属实，填表附卷。除分别函饬水陆军警一体严缉是案真赃正盗，务获究报外，合将何陈氏家被劫诣勘大略情形，连同表单备文呈报，仰祈都督鉴核，诚为公便。此呈。

（原载《浙江公报》第一千五百二十三号，一九页，批牍）

浙江都督吕批

第六师呈为炮兵团排长谢杰等三员
成绩优美请升为中尉由

呈悉。炮兵第六团排长谢杰、谢骧、章必科等三员，既据称成绩优美，准予晋升中尉，照级支薪，仰即转饬遵照。此批。六月二日

附原呈

为呈请事。

本月二十八日据炮兵第六团团长郝国玺呈称，"窃查所属各排长，经团长随时考察，其中成绩优美者，自应量予拔识，以资激劝。兹查有第二连一排排长谢杰、第四连二排排长谢骧、第六连一排排长章必科等三员，学术均属优美，驭下亦颇有方，拟请准予一律晋升中尉，照升级十足支薪。是否可行，理合备文密呈，仰祈鉴核批示祗遵"等情。据此，职师复查拟升各员成绩，均属优美，拟请准予晋升中尉，并照中尉支薪，以示鼓励。是否有当，理合备文呈请，仰祈鉴核示遵施行。谨呈。

（原载《浙江公报》第一千五百二十三号，一九页，批牍）

浙江都督吕批

衢县知事详为酌派代表晋省藉便通信由

据详请酌派代表赴省，藉便通讯等语。查该县奉经屈前都督以地方稍远，电准酌派正绅来省讨论，藉资接洽在案，本无不合。惟现浙省事局益形大定，凡百内政照常进行，该县即因距省较远，虑有地方利弊，人民疾苦，不能遽达，尽可由该知事随时分别电详核夺，该公民等亦可具书陈请，听候采择，无庸再由各界遣派代表来省，致多跋涉，仰即查照转饬遵行可也。此缴。

（原载《浙江公报》第一千五百二十三号，一九页，批牍）

浙江都督吕批

长兴商号丁恒升等禀控巡长纵警殴商请速派员查办由

禀悉。前据陈小园等禀控该巡长纵警凶殴各节，业经批饬行县查覆在案。兹据该商号丁恒升等再以前情来辕禀控，案关纵警殴商，虚实均应澈究，且事起多日，该县知事既不能即时理结，又不将事实呈报，殊不可解。仰民政厅迅派干员驰往秉公查明，呈候核夺毋延。切切。此批。摘由禀抄发。

（原载《浙江公报》第一千五百二十三号，二〇页，批牍）

浙江都督吕批

发民政厅据留美康南耳大学土木工程科
学生李垕身禀请继续学费由

据禀该生留美，拟俟康南耳大学毕业，赴工场练习，请予继续学费等情，系为研求学业起见，应予照准，以资造就，仰民政厅查照办理，转行知照可也。此批。禀抄发。六月二日

（原载《浙江公报》第一千五百二十三号，二〇页，批牍）

浙江都督吕批

发民政厅据黄岩正鉴乡保卫团总叶咏桃
详称海塘被人私开私断由

据详如果属实,该乡民杨详送等不顾公益,亟应查惩,仰民政厅饬黄岩县知事勘明查禁,集讯究报。此批。抄详发。

(原载《浙江公报》第一千五百二十三号,二〇页,批牍)

浙江都督吕批

财政厅呈报瓯海关缉获两次烟膏赏款已照数发给由

呈悉。此缴。

原　呈

呈为具报瓯海关缉获两次烟膏,赏银已照数核给事。

案奉都督批瓯海关监督详请饬发缉获两次烟膏赏银由①,奉批,"仰财政厅查核发给,并咨行该监督知照。一□具报备案。此批。原详抄发"等因。奉此,查瓯海关两次缉获违禁之烟膏,共应给赏银七元九分,兹准该关监督遵章请领,业经照数核发在案。兹奉前因,理合备文呈报,仰祈都督察核备案。谨呈。

(原载《浙江公报》第一千五百二十三号,二〇页,批牍)

浙江都督吕批

为第三区统带刘凤威呈报到差在事日期由②

呈悉。仰警政厅查照备案。此批。抄呈发。

---

① 瓯海关监督,当时为冒广生,字鹤亭,江苏如皋人。
② 刘,底本误作"划",径改。

抄呈附

呈为呈报到差任事日期,仰祈察核事。

窃前奉钧府饬警字第三十六号内开,"照得警备队第三区统带姜映奎,业经调省另有差委。遗缺查有该员堪以接充,除饬委统带遵照外,合行填发任命状,饬仰该员祗领,克日赴任,并将交代情形及任事日期具报备查。此饬。计发委状一纸"等因。奉此,统带遵于本月十七日由杭启程,二十抵兰,二十二日准姜前统带将关防、文卷、册籍咨送前来,统带即于是日到差任事。除移交册籍内开军械、款项查照清楚后,再行会衔呈警政厅外,理合先将到差日期备文呈报,仰祈钧督鉴核施行。谨呈。

(原载《浙江公报》第一千五百二十三号,二〇至二一页,批牍)

浙江都督吕批

省警厅夏超详报督察长警佐任卸日期
并加具考语呈送履历由

详悉。仰警政厅查照备案。此批。履历、抄详并发。

抄原详附

详为详报督察长、警佐任卸日期,并加考语恳请鉴核事。

窃本年四月二十六日奉前都督届批职厅详请更委警佐暨调任督察长请核委由,奉批,"详悉。警佐赵俊遗缺,准以吴嘉宾调补;递遗一区三分驻所缺①,准以洪钧调补;递遗勤务督察长一职,准以林映清升代;递遗二区四分驻所缺,准以王杭㦤补充。仰将发去委状四件,分别转给遵领,查取各该员任卸日期具报,并仰取具林映清详细履历,加具切实考语,详报备查。此缴"等

---

① 三分驻所缺,底本脱漏"缺"字,径补。

因。奉此,节经分别转饬遵照在案。嗣查勤务督察长林映清,警佐洪钧、吴嘉宾等,均遵于五月一日分别正式任卸,警佐王杭䫂亦遵于五月六日到差任事。至勤务督察长林映清,奉饬加具切实考语等因,伏查该员才具练达、办事精详,自应取具履历,详送钧核,理合备文详报,仰祈钧督鉴核备查。谨详。

（原载《浙江公报》第一千五百二十三号,二一页,批牍）

浙江都督吕批

宁波警察厅周琮详送三月份缉捕盗匪成绩月报表由

详及月报表均悉。查阅表列事主董三迟、王满庭家被盗一案,损失至数千元以上,情节甚重,迄今尚无破获,该管区署实属异常藐玩。仰民政厅迅转该厅严饬该管区署勒限缉获究报,毋得延玩,致干重咎。切切。此批。抄详、表并发。

原　　详

详为填具本年三月份缉捕盗匪成绩月报表,送请察核事。

案于民国三年十二月三日,奉会稽道道尹转奉前巡按使饬发缉捕盗匪成绩月报表按月填送等因,履历按月遵办在案。兹查本年三月份缉捕盗匪成绩表,业据所属各区所填送齐全,所长复核无异,除详送会稽道道尹察核外,理合汇造表册备文详送,仰祈钧督察核施行。谨详。

（原载《浙江公报》第一千五百二十三号,二一至二二页,批牍）

浙江都督吕批

绍兴县知事被控各节据委查明具复仰祈鉴核由

呈悉。绍兴县知事被控各节,既据该道尹派委澈查,并无实据,应准免予置议。仰民政厅转饬该县知事知照。此批。原详抄发。

原　呈

呈为绍兴县知事被控各节,据委查明禀复,仰祈鉴核事。

案查接管卷内奉前浙江巡按使屈饬开,"据绍兴县耆民程丙臣等禀控该县知事宋承家违法殃民各情到署,察核禀词,是否属实,除批示外,合就抄发原词饬仰该道尹派委干员前往密查,所控各节有无事实,逐条具复核夺毋延。此饬"等因,并发禀词一件到道。奉此,当经梁前道尹饬委候补知事叶大澂前往调查在案。兹据该委叶大澂详称:遵经驰抵绍邑城乡各处,不动声色,秘密访查,得悉绍兴县知事宋承家自到任以来,办事颇属认真,舆论亦甚翕服。该耆民程丙臣等所控各节,虽属事皆有因,而在该知事并无违法殃民之事实,谨为我钧尹缕晰陈之。

一、原词所控征收钱粮短抑洋价一节。查绍兴钱业习惯,所用签洋,虽为市上通行,但是只能过账,不能支取现款,而县知事报解钱粮,于财政厅金库_{附设中国银行内}。不特必须现洋,即角洋亦难搭解,是以征收钱粮,势非全收现洋不可。至角洋掉换大洋,必须照市贴水,有时尚不止四厘之亏蚀。倘收粮无须贴水,则人人皆以角洋完纳,而县知事不能兑解,势将赔累不堪,故表面上虽系短抑洋价,实际上乃照市贴水耳。在县知事并无利益之可言,自不得以敛财舞弊论。

二、原词所控收录窃贼为稽查一节。查绍兴肩税局长汪潭家失窃一案,经巡长郑干升等破获窃贼田永忠之妻某氏,并起出原赃多件,送请薛警佐瑞骥讯问。据供伊夫田永忠已向县小队稽查龙再珍恳情允不拿办等语,薛警佐当将供词陈明县署宋知事,以龙再珍既犯嫌疑,当即革去稽查,发交警所看管,一面严缉田永忠到案质究。现在田永忠虽未弋获,龙再珍尚系在押,可见宋知事并无徇延庇纵情形,了如指掌,谓之信任如故,更为不确。

三、原词所控禀充官中需索运动费一节。查该县报充官中之人有七八十人之多，闻宋知事以人数过多，恐滋流弊，因拟划分区域办法详请宪示，旋经财政厅批驳，即经照准。承充详查，并无派人需索运动费情事，况禀充官中，既不能分别准驳，是无须于运动，更何能向人索费，理至明也。原控所指，语不近情。

四、原词所控纵容娼赌败坏风俗一节。查孙秉彝即德卿，系绍兴县孙端镇人，辛亥光复后，曾充绍邑商团队长，越铎报馆亦有股分，一般舆论谓其为人志存革命，性好冶游。至于奸占二妇等情，虽属不无物议，但系暧昧之事，究属并无证凭，况属亲告，乃论似可无庸激究。本年三月十九日孙秉彝为其母寿，在绍城大善寺延僧讽经，设堂受贺，事实有之。是日在城文武各官僚均往庆祝酬应，宋知事虽亦往贺，并未留饮，所称大肆赌博并招娼侍酒等情，详细密查，委实并无其事。至称宋知事言听计从，致词讼颠倒，不分皂白等情，尤属子虚。官绅之间，庆吊酬应，当此时局，在所难免，既无纵容娼赌，何谓败坏风俗？

综查所控各节，该耆民等平日所闻，固非尽出无因，但指为宋知事违法溺职，究属谬误失实。知事奉委密查，自应据实直陈，不敢稍涉偏隐，合将遵饬查明宋知事被控情形，据实具文详覆，并将原词一并详缴，仰祈钧尹核转俯赐销委示遵等情前来。道尹覆查该委详覆所查各节，尚属实在，理合据情备文呈覆，仰祈都督察核示遵。谨呈。

（原载《浙江公报》第一千五百二十三号，二二至二三页，批牍）

浙江都督吕批

江山县知事造送三四两月缉捕盗匪表由

表悉。仰民政厅转饬该县知事，迅将表列未获各案缉获究报。摘由并表发。

（原载《浙江公报》第一千五百二十三号，二三页，批牍）

浙江都督吕批

嘉湖戒严司令官呈为军法处长陈焕勤劳卓著请加薪由

呈悉。军法处长陈焕,既据称勤劳卓著,准照三等军法正十成支薪,以示鼓励,仰即转饬遵照。此批。六月三日

附原呈①

呈为军法处长办事勤劳,拟请准照官阶十成支薪,以资鼓励,仰祈察核事。

窃职部军法处长陈焕,曾于民国四年四月补授陆军三等军法正实官,现在职部供职,系照官阶七成支薪。惟查该员自改组司令部以来,擘画精详,勤劳卓著,拟请按照十成支薪,以示鼓励。照该员既系法政三年毕业,亦曾补授实官在案,揆诸资格,亦属相符。所有军法处长请予加薪情由,是否有当,理合备文呈请,仰祈都督察核批示施行。谨呈。

(原载《浙江公报》第一千五百二十三号,二三至二四页,批牍)

浙江都督吕批

第六师呈为炮兵团副官遗缺拟以王寅等分别升充由

呈悉。应予照准,除司务长由该师给委外,仰将发到王寅、谢振华、尹庄等三员委任状转饬给领。此批。六月三日

计发委状三张。

照钞原呈

为呈请事。本月二十八日据炮兵第六团团长郝国玺呈称,"窃查第一营副官赵英育,业奉钧饬委升,该营营长当将到任日

---

① 此题为编者所加。

期具报在案。所遗副官一缺，职务重要，未便虚悬，拟请准由团长保荐任用，以示鼓励。兹查有第一连一排少尉排长王寅，学术兼优，长于庶务，堪以升充该营中尉副官，并请准支中尉足薪；所遗第一连一排排长缺，查有该连三排排长谢振华，驭下有方，此次独立，深资得力，堪以升充该连一排中尉排长，并请准照中尉升级支薪；递遗该连三排排长一缺，查有第四连司务长尹庄，服务勤慎，学术优美，堪以升充，请准照少尉十成支薪；递遗第四连司务长一缺，查有第二连中士赵国勋，学术优长，办事勤恳，堪以升代。所有以上保荐任用各员，是否可行[1]，理合备文密呈，仰祈鉴核示遵施行"等情。据此，职师查核所拟升补各员资格，均尚相符，拟请准予如呈办理。是否有当，理合备文呈请，仰祈鉴核示遵施行。谨呈。

（原载《浙江公报》第一千五百二十三号，二四页，批牍）

吕都督通电各属由

鉴：接京电，"前大总统袁世凯于六月六日巳刻薨逝，遵照《约法》，黎副总统已于六月七日上午接受大总统职权"等因，本省文武各署军队应一体升旗志庆。特通电饬属遵照。都督吕。虞。印。（中华民国五年六月七日）

（原载《浙江公报》第一千五百二十三号，二五页，电）

附　北京国务院来电

万万急。各将军、巡按使并转各护军使、各镇守使、各师长、各前都统、巡阅使、都统、办事长官、参赞、办事大员并转各佐理员：堂密。袁大总统于本月六日巳正因病薨逝，业奉遗令，依《约法》第

---

① 底本脱"可"字，径补。

二十九条宣告,以副总统黎元洪代行中华民国大总统之职权。各省地方紧要,务望以国家为重,共维秩序,力保治安,是为至要。国务院。鱼。印。(中华民国五年六月六日)

(原载《浙江公报》第一千五百二十三号,二五页,北京来电)

又 电

十万急。各省将军、巡按使并转护军使、各镇守使、各师长、各副都统、巡阅使、都统、办事长官、参赞、办事大员并转各佐理员:堂密。本月七日黎副总统依法接任中华民国大总统职权。特此电告。国务院。语。印。(中华民国五年六月六日)

(原载《浙江公报》第一千五百二十三号,二五页,电)

都督府咨浙江参议会

付议高等审判厅呈请设立代行大理院上告
法庭金华瓯海两地厅及恢复审检所由

为咨行事。

案据浙江高等审判厅厅长范贤方呈称,"窃维司法之效果能否及于一般人民,全视乎司法机关之是否完全,而后量才任务,策励进行,拾级循阶,进求益上。值此政局变迁,经济支绌,欲一一完全,谈何容易。则惟非有审先后缓急之循序,以副时势之要求,谋编制系统之划一,以立法治之基础,筹补偏救敝之方法,以树审级之规模。厅长职掌所在,弥凛冰兢,缅怀人民生命财产之重,与都督维持拥护之心,万不敢附规随之名,避于更张之诮,而因循敷衍,以重拂邦人之厚望。敬就管见所及,规划设立代行大理院上告法庭,瓯海、金华两地方审判厅[①],以及恢复审检所各理由缕晰述之:

---

① 瓯海,底本误作"瓯江",径改。

（一）设代行大理院上告法庭。大理院为全国最高之审判机关，依法应上告于该院之案件，关系至为重要。比以本省宣告独立，与中央脱离关系，所有应送大理院之上告卷宗，业经奉饬停止申送。当兹抢攘戎马，统一需时，非特设临时机关，以代行大理院职权，则大局一日未定，人民急俟判决之案一日无救济之途，待质彷徨，告诉无路，殊非所以保障民权之道。兹请设一大理院上告法庭，以代行其职权，俟护国军政府统一中央，大理院成立后，即行裁撤，以利推行而免上告审之中止。

（二）设金华、瓯海两地方审判厅。查瓯海原有之高等分庭，本为企图人民上诉便利起见，特是一省之司法系统，必须力戒纷歧，方足收指臂之效。兹拟将该庭改组为地方审判厅，以昭划一而保独立之精神，其土地管辖仍以温、处两旧府属为范围，藉利进行而符审级。又，金华筹设高等分厅，在前厅长任内即经派员前往调查，并筹划一切，旋因独立中止。依民国元年法院之编制，则十一旧府属均应各设一地方厅。现在限于财力，固难同时并举，而就以前道署附设之上诉机关言之，其组织则因陋就简，已有规模狭隘之嫌，而审级纷歧，赴诉任意，又复碍于司法机关之威信，其不善固不俟言矣。现在金华道尹裁撤，所有司法事务当然划归杭地厅办理。惟是举金、衢、严三旧府属之诉讼，均令其跋涉长途，赴省控诉，而一方面则管辖骤见张扩，人少事多，亦不免添员添费，实于国家、人民两无裨益。求一保障周密、分配平均之良策，则于兰溪设立金华地方审判厅，尤属刻不容缓也。

（三）恢复审检所。夫论完全之法治与正当之编制，则各县当然应遍设地方或初级厅，特以经费、人才两多缺乏，故不得已，前者有审检所之设，虽因时制宜，未克骤收巨效，而审、检分任，尚不致弊窦丛生。自三年以来，励行县知事兼理司法章程，竟至举比较的稍良之司法制度，亦摧残殆尽，殊堪浩叹。知事之兼理司法，必无良果者，实以知事为一县之行政主脑，抚字催科，既已心劳力绌，晤会酬宴，又复事务纷繁。平素以行政之作用，不免借重于士绅，则关于司法之要求，又何能尽拒其请托？此外，或以经费困难，判决长期之徒犯，从权罚金；或以手续错误，期间未曾经过，亦不予上诉；又若应覆判而未送覆判，不应受理而受理，尤为事所恒有。或曰知事固有承审员在也，殊不知天下事无确定之权限，即不能发真正之政见。自帮审员一变而为承审员，乃由平等关系一易而为统属关系，于是审理、判决惟命是从，又何能保心证之自由，收平反之实效？或又曰，现在承审员权限已变通矣，殊不知地位既同于掾属，案件分配之权仍属之知事，兼理制度未变，枝枝节节为之，固无济也。厅长以为县知事兼理司法，咎戾丛集于知事一身，曷若划分职责，尚可保审判之正确。兹请仍恢复审检所制度，虽与真正司法机关不无区别，而比较从长，苦心当可共谅也。

以上数端，除将组织及权限另定简章，连同预算表附呈外，所有呈请设立代行大理院上告法庭，金华、瓯海两地方审判厅①，以及恢复审检所各缘由，理合备文呈请都督察核提交参议会议决，以便遵行等情，计呈送预算书表、暂行章程共五件前来。据此，除批"呈及书、表、章程均悉。候咨行浙江参议会付议表决，再行饬遵可也。此缴。书、表、章程存转。批发"外，相应检齐原送书、表、章程等件，咨送贵参议会开会表决咨复施行。此咨
浙江参议会议长张

计咨送筹设大理院上告庭预算表一件，筹设各县审检所预算书一件，筹设兰溪、永嘉两地方审判厅预算书一件，代行大理院上告办事暂行章程一件，各县审检所办事暂行章程一件。

浙江都督吕公望
中华民国五年六月　日

（原载《浙江公报》第一千五百二十四号，一九一六年六月十日，一至三页，咨）

---

① 瓯海，底本误作"甄江"，径改。

浙江都督府饬军字第二百九十六号

饬为李铎充第五十旅旅附由

为饬遵事。查有该员/步兵中校李铎,堪以委充第二十五/该师第五十旅旅附,月给薪水洋一百元。除分饬外,合行饬委,仰即遵照到差。/仰该兼代师长转饬该旅知照。此饬。

都督吕公望

右饬步兵中校李铎/兼代第二十五师师长周凤岐。准此。

中华民国五年六月三日

(原载《浙江公报》第一千五百二十四号,四页,饬)

浙江都督府饬军字同上号

饬为彭周鼎充第五十旅旅附由

为饬遵事。查有该员/步兵少校彭周鼎,堪以委充第二十五/该师第五十旅旅附,月给薪水洋一百二十元。除分饬外,合行饬委,仰即遵照到差。/仰该兼代师长转饬该旅知照。此饬。

都督吕公望

右饬步兵少校彭周鼎/兼代第二十五师师长周凤岐。准此。

中华民国五年六月三日

(原载《浙江公报》第一千五百二十四号,四页,饬)

浙江都督府饬军字同上号

饬为潘藻充第五十旅旅附由

为饬遵事。查有该员/潘藻,堪以委充第二十五/该师第五十旅旅附,月给薪水洋八十元。除分饬外,合行饬委,仰即遵照到差。/仰该兼代师长转照到差饬该旅知照。此饬。

都督吕公望

197

右饬潘藻/兼代第二十五师师长周凤歧。准此。

中华民国五年六月三日

（原载《浙江公报》第一千五百二十四号，四页，饬）

浙江都督府饬军字同上号

饬为娄展鹏充第五十旅旅附由

为饬遵事。兹查有本府调查员娄展鹏，堪以委充第二十五/该师第五十旅旅附，月薪照旧支给。除分饬外，合行饬委，仰即遵照到差。/仰该兼代师长转饬该旅知照。此饬。

都督吕公望

右饬本府调查员娄展鹏/兼代第二十五师师长周凤歧。准此。

中华民国五年六月三日

（原载《浙江公报》第一千五百二十四号，四至五页，饬）

浙江都督府饬军字同上号

饬为房拱极充第五十旅旅附由

为饬遵事。查有该/第六师骑兵第六团差遣房拱极，堪以调充第二十五/该师第五十旅旅附，月薪照旧支给。除分饬外，合行饬仰该师长转饬该员遵照。/兼代师长转饬该旅知照。此饬。

都督吕公望

右饬第六师师长童保喧/兼代第二十五师师长周凤歧。准此。

中华民国五年六月三日

（原载《浙江公报》第一千五百二十四号，五页，饬）

浙江都督府饬军字第二百九十七号

饬任命周华昌为本府谘议官由

为饬遵事。查有该员堪以任命为本府谘议官，月给薪水八十元。

合将任命状饬发,仰即祗领遵照。此饬。

计发任命状一张。

都督吕公望

右饬周华昌。准此。

中华民国五年六月三日

(原载《浙江公报》第一千五百二十四号,五页,饬)

浙江都督府饬军字第三百十号

饬委任吕汉劲充第六师炮兵第六团差遣由

为饬知/遵事。查有吕汉劲,堪以委充第六师炮兵第六团差遣,月给薪水洋五十元。除分饬外,合行饬仰该师长转饬知照。/员遵照。此饬。

都督吕公望

右饬陆军第六师师长童保喧/吕汉劲。准此。

中华民国五年六月四日

(原载《浙江公报》第一千五百二十四号,五至六页,饬)

浙江都督吕批

德清县知事吴鬶皋详照监犯戴荣庆脱逃请予饬缉由

详及清单均悉。请县管狱员杨庸升,将已决重犯戴荣庆置于柷外,致从狱署大门逸出,未能追踪究获①。平日对于看役私备钥匙、递送茶水等事,又属漫无觉察,其于狱务之玩忽,已可概见。该知事为有狱之官,督察不严,亦属咎有应得。仰高等检察厅迅予从严分别议处,具报核夺。所有逸犯戴荣庆一名,应照单开年貌、籍贯、案由,分别咨饬各厅属一体协缉,并督催该县知事勒限务获究报,一面并饬讯

---

① 底本"究"字之下脱一"获"字,径补。

199

明看役戴恩有无知情贿纵情弊，依拟仍律办拟，仍转高等审判厅查照。此批。六月二日

附抄原详一件。

　　详为详报监犯逃逸请予饬缉事。

　　本年五月二日下午六时，据报监犯戴荣庆乘隙脱逃，即经知事到监，询据管狱员杨庸升面称，"顷闻收封后，回至办公室，闻窗外镣声，疑有他故，即入监查点，始知逃出监犯戴荣庆一名，比出追捕，已无踪迹"等语。当即督饬警队、法警分头追缉，一面饬令承审员，将看役戴恩、江得胜、费炳林，伴犯沈天福、何天财、沈阿富等提案研讯。据供"午后五时四十分钟，由管狱员进监收封，将内外各栊门一律锁好事讫。旋经看役戴恩因泡送茶水与各栊犯人，将平日预备钥匙私开总栊门，分送茶壶，以致总栊门内起卧之戴荣庆乘间走出，其时各人疑为小解，嗣见逾刻不返，追问已无踪迹，定从狱署大门乘间逸去"等语。并据管狱员将在看役戴恩枕畔搜获之钥匙送到案。管狱员办公室即在狱署大门左近，当时一闻镣声，果能跟踪追视，何至逃窜？该员平日将已决重犯置于栊外，已属不合，且对于看役另备钥匙，递送茶水等事，亦漫无觉察，其颟顸情状，更无可讳。事前二日，知事尚手书防范方法笺致该员，谆谆告诫，乃竟玩忽至此，实非寻常疏忽可比，应如何惩戒之处，伏候钧裁。知事为有狱之官，平时督察不严，实属咎有应得，亦请从严惩处，以示儆戒。除悬赏并咨会营警邻封购缉，一面将戴恩严讯律办，并分别具报外，所有监犯逃逸缘由，理合连同清单，请都督核示并通饬各属一体协缉，实为公便。谨详。

　　附清单一纸。

　　计开：

在逃监犯戴荣庆一名,萧山人,年二十四岁,面白、身中、无须,前充巡警,因抢劫商人高阿荣家银镯金戒一案,经前德清县审检所拟判死刑。该犯声明不服,上诉高等审判厅提审,减刑一等徒刑十四年,复因在监脱逃,被获,经德清县公署拟判一等徒刑十二年,详送覆判照准,并奉高等审判厅决定,将两罪刑期合并后宣告执行刑期十六年,于民国四年一月二十一日付狱执行。

(原载《浙江公报》第一千五百二十四号,一二至一三页,批牍)

浙江都督吕批

第二十五师师长呈为九十八团副官连长遗缺请以连长胡奠邦排长王子清李荣标分别调升由

呈悉。步兵第九十八团第一营副官缺,准以第四连连长胡奠邦调充,遗缺以第三连中尉排长王子清升充;第五连连长缺,准以第十二连中尉排长李荣标升充。该两员月薪均照上尉八成支给,仰将发到该员等委任状转饬给领,所遗各排长缺,应即遴员呈候核委。此批。六月三日

计发委任状三张。

(原载《浙江公报》第一千五百二十四号,一三页,批牍)

浙江都督吕批

杭关监督呈报四月分各种报告表由

呈、表均悉。此缴。表存。六月三日

原　呈

呈为造送本关五年四月分各种报告事。

案查本关所有三月分税项收入以及本关地点名称,并本关丝茶输出、农产物出入数量各表,业经分项填送在案。兹届造送

四月分报告之期，应即将本关四月分税项收入以及本关地点名称，并本关丝茶输出、农产物输出输入，理合逐项填表呈送。

附表六纸。

杭州关民国五年四月分税项收入统计表

税　别	关平银数	折合银币	备　考
进口正税	一七三九·二二二	二六五一·六九六	查向例折合银元以关平一〇〇·〇〇〇合库平一〇一·六四〇，再以一五合洋。嗣奉税务处饬，以一〇一·六四三申库平，复以库平一两合大洋一元五角计算。
出口正税	一一六三五·四〇五	一七七三九·八六二	
复进口半税	一一九二·六六四	一八一八·三八九	
洋货入内地子口半税	一九二·〇五六	二九二·八一八	
土货出内地子口半税	无	无	
船钞	六·五〇〇	九·九一〇	
合计	一四七六五·八四七	二二五一二·六七五	

说明：查洋药一项，本关早经禁绝进口，合并声明。

杭州关地点名称一览表

名关	所在地	原关名	现管分关分卡	经费	备　考
杭州关监督公署	拱宸桥			本署经费每月一千五百元，由税务司按月拨送。	本署于五年四月间迁移如上列之地点。
杭州关	拱宸桥	新关	嘉兴		本关并无常关，所属嘉兴分关亦系海关性质，向归税务司管理。所有两关税项，均由税务司收解。
			闸口		查江干分卡，亦系隶属海关，由税务司派员管理。

杭州关民国五年四月分丝类输出数量统计表

类　别	量　　数	备　考
经　丝	二千四百斤	
细　丝	五百二十斤	
丝　吐	八千二百九十斤	
滞　头	二千斤	
干　茧	三千九百五十斤	
合　计	一万七千一百六十斤	

说明

杭州关民国五年四月分茶类输出数量统计表

类　别	数　　量	备　考
青　茶	无	
绿　茶	五万三千七百六十斤	
红　茶	一千一百七十斤	
毛　茶	二千斤	
茶　末	一万二千八百十三斤	
合　计	六万九千七百四十三斤	

说明

杭州关民国五年四月分农产物输出数量统计表

类　别	运往通商口岸及复出口	数　量	备　考
大　豆	上海	十三担	
棉　花	上海	三十六担	

续　表

类　别	运往通商口岸及复出口	数　量	备　考
洋烟草		无	
土烟草	上海	九百担	

说明

杭州关民国五年四月分农产物输入数量统计表

类　别	由通商口岸进口	数　量	备　考
大　豆	上海	七千二百五担	
棉　花	上海	八百八十四担	
洋烟草	香港	十担	
土烟草	上海	一千二百九十七担	
芝　麻	上海	二十六担	

说明

（原载《浙江公报》第一千五百二十四号，一三至一六页，批牍）

浙江都督吕批

高等审判厅呈请设立代行大理院上告法庭金华瓯海两地方审判厅及恢复审检所由①

呈及书、表、章程均悉。候咨行浙江参议会付议表决，再行饬遵可也。此缴。书、表、章程存转。

（原载《浙江公报》第一千五百二十四号，一六页，批牍）

---

①　瓯海，底本误作“瓯江”，径改。

浙江都督吕批

富阳县知事陈融呈报公回日期并附陈劝办
实业各项情形暨文说三篇由

呈及文说悉。该知事以查勘烟苗周历县境,据呈各节,尚能注意民生,殊堪嘉许,仰民政厅核饬遵照。此批。抄详并文说发。

劝办实业浅说

　　世界环球各国竞尚富强,实业其一大问题,然实业范围甚广,究其实体,总不外天然产物与人工制造,交换而成,大要尤在因地、因时、因物三者,各协其宜耳。何谓因地? 如地点有高下燥湿之不同,土质有沙泥坟埴之互异,辨性质以求适宜,此森林所当注意也。何谓因时? 如岁序有四时之递嬗,气候有寒燠之不齐,察气化以适阴阳,此农产所当注意也。何谓因物? 如物质之良窳有差,出品之精粗不类,何者应乎时尚,何者易于畅销,亟改良以臻完善,此工场所当注意也。虽然,辨土宜以兴森林,审气候以选农产,察时尚以设工场,首须财力,并继学识,乃克尽善尽美。旷观全浙,直如景星庆云,今且略此而专就本邑之土产,与诸君一商榷。正与蚕桑,为邑民所重,但祇知牢守旧习,于桑株之接植培壅,蚕种之选别饲养,性心未得,发达难期。茶叶亦县属出产,乡民贪图近利,烘焙良法诸未讲求,而收茶各户,全属贩买行为,昧于团结,甚有搀杂作伪,徒求代价。至于毛竹、靛青,从前本邑乡多其产,嗣因销路短绌,土靛一项,历年减少,现仅南乡章村一隅,如再不及时振作,恐土产日稀,平民生计日绌。言念及此,良用心忧。凡事苟能心致专一,切实讲求,必能日起有功。即如本邑毛纸,为富阳特产,年计收入约三十万,他邑岂无稻草,不适为用,遗利于地,由未切实讲求故耳。以此而推,则蚕茧、丝、茶,吾邑既有种种利益,苟能讲求新法,推究物理,集众力结团体,烘茧以灶,缫丝以厂,收茶设行,评茶设会,益以装饰,与洋商直接贸易,所谓丝茶之利普焉。毛竹一项,利益甚广,可以供日用,可以供制造。其次靛青,近来已有恢复机会,盖目前欧战未了,洋靛不能来华,乘此时机广种土靛,以供需要,容另编白话,切实劝导。

以上就本邑之固有推广恢复,微特个人之利源无穷,地方之获益不浅,推而至于一省、一国,亦莫不资其利赖。仆学识粗疏,于实业又向少经验,惟冀地方发展实业,利我平民,耿耿之心,愿与诸君奋起精神,随时董率而劝导之。

靛青说明

靛青一物,可分形象、下种、壅料、做靛、收种五项,说明其厓略。

(一)形象。靛种色青,长一尺至尺余、二尺不等,腰圆一寸及寸余。春初芽出新干,由干放枝,自二三枝至七八枝,叶形酷似花本中珠兰,性畏阳,畏霜,喜潮,喜洁。

(二)下种。每届清明前后,犁匀田土,取上冬所藏种籽,插入土内,露出新芽。约芒种前后,可以苗壮放枝,切忌断水。

(三)壅料。芒种前后,购买嘉、湖去油菜饼,刨搓细末,铺入靛根,欲靛肥实。夏伏及立秋时,各壅一次,连前共三次。菜饼宁、绍不佳,因宁、绍榨油二次,已去肥质也。最忌肥料,倘无知误壅,其靛立萎。

(四)做靛。立冬前后,摘叶入塘,约叶百斤,购石灰百斤,多寡以此例推,用水化开倾入塘内,天气温和,约一周时,能变靛青,俟水渗尽,即取装入篓,挑外销售。欲靛细净,即于做靛之塘下,复围一塘,将高塘之靛带水挽入,竹滤取出渣滓。凡叶必有筋,去其筋则靛自细洁。靛青以头水为佳。何谓头水? 即立秋后结实之叶制作之靛是也。

（五）收种。每年立冬前，叶已摘尽，将本年新出之干，拣选粗实、鲜明、无疵者，藏诸他处土内，或山或地，皆属相宜，以不能进水为断。春初萌芽，俟来年清明节届即取出下种。周而复始，种靛之厓略如斯而已。古言青出于蓝，实昉自制靛，特附识之。

劝种靛青

靛青本是中国有的东西，浙江、福建、广东、广西都是出靛青的地方，年年的出息很好。自从有了外国靛青，大家多欢喜用外国货，为得他颜色好看，价钱不比中国的便宜。中国人非但不想法子，多慢慢不种了。前年子外国有了战事，靛青没有得来路了，顿时涨了几十倍的价。铜钱多该外国人赚去，还是没得货，就是上江出靛青的地方，当时去种了些，也还有些好处，多是到富阳来贩出去的。你们大家都该晓得，如今我要劝你们，自己亦要种些，不论深山穷谷、砂地土地多好种的，上江像金华、衢州，大都种在山上的，货出得又多又好。你们富阳地方，从前也有种过的，趁怎个时候种过的地方，应该加倍的种，弗曾种过的地方，赶的也种起来，销路就在本城。现在又是大好机会，怎么道理呢？因为外国打仗，还没有平定的话，洋靛一天少一天，即使有得进来，价钱亦没有从前这样便宜，所以我们中国靛青能够多种些。还有两层，劝你们要格外留心，就是做壅料的菜饼，要搓得细，要铺得匀，等到做靛青的时候，灰不要下得太多，灰多的靛青，就不能够值钱了。

我做了这篇白话，大家回去看看说说的，先种的先有好处，后种的后有好处，多是你们自己的好处。你们有了好处，自然晓得这一番话不是白话了。

（原载《浙江公报》第一千五百二十四号，一六至一九页，批牍）

浙江都督吕批

为钱塘道署裁缺各员准予汇案核办由

呈、册均悉。应候汇案核办可也。此缴。清册存。

原 呈

呈为遵饬将道尹公署差职各员开明履历、成绩,出具考语,恳请察核提前任用事。

案奉都督议电开,"顷参议会咨,以'公同议决,废除道制,请将钱塘、会稽、金华、瓯海四道尹一律裁撤'等语,查现在省官制已有变更,业经设民政厅,承本都督特任,专辖全省民政,若复留置道尹,迭为四级,层累过多,政治设施,殊多障碍。参议会所有议决理由,本都督业经认为正当,应即依议执行,将本省所有各该道尹员缺一律裁撤。除另文饬知并派员接收,会同筹办善后外,合先电饬该道尹,仰将在任已办未办事宜,迅速准备结束,一切款项文卷及官用物品并即分别检明列册,候委员到后,面同交付。在署差职各员,一并开明履历、成绩,加具考语,详由本府记名酌量提前委用,仰即遵照"等因。奉此,除将已办未办事宜及一切款项、文卷、官用物品,分别列册,点交委员,另行详报外。

兹查本公署总务处主任、候补县知事任汝明,系前清湖南知县保升直隶州,民国三年第二届知事试验保准免试,在湘在浙,历当要差,迭膺繁缺。四年二月经丁前道尹委充总务处委员兼办秘书①,道尹到任,派充今职。该员干练有为,深知民隐,理财治剧,措置裕如。又,第二科主任、候补县知事陈锡钧,前清知县,历办民政、司法事务,民国四年考取甲等知事,到浙历办勘

---

① 丁前道尹,即丁传绅,民国三年十一月至民国五年四月任钱塘道尹。后由夏超兼代钱塘道尹。

灾、查学等差,道尹到任,派充今职。该员精娴法律,才具优长,讲求理财,夙谙吏治。以上二员,拟请以一二等县知事、统捐局长,遇有缺出,提前委用。

又,总务处委员杨嘉济,前清四川通判,历任要差,曾膺繁缺,民国三年经丁前道尹委充总务处委员。该员才长心细,勤慎贤能,拟请遇有一二等县知事缺出,提前委用。又,本道道视学孙增大,前清举人,补用部司务,历办学务,民国三年考取县佐到浙,经丁前道尹详请前巡按使委任道视学,并兼第二科行政事宜。该员才识明敏,留心吏治。又,本道道视学俞乾三,前清举人,补用部司务,历办学务,并代县知事,民国五年经丁前道尹派充今职,兼第二科行政事宜。该员品优学粹,勤求民事。以上三员,均请以县知事存记,遇有缺出,酌量任用。

又,第一科委员沈廷铨,前清湖北知县,历充要差,并办统捐事宜,民国三年经丁前道尹委充今职。该员老成练达,熟谙税务,拟请以统捐局长提前委用。又,第一科委员徐鹤龄,从前历办会务,光复以后,充任盐场知事,民国三年经丁前道尹派充第二科委员,旋调斯职。该员才识俱优,熟悉盐务,拟请以场知事提前任用。又,第一科主任金如松,历充奉天、热河等省各项要差,民国三年经丁前道尹委充第一科委员,旋升今职。该员心精力果,稳练有为。又,第二科委员梅和羹,勤慎从公,恫幅无华。总务处委员吴光鼎,熟谙文牍,品学兼优;熊飞才具开展,精娴法政;沈钦长于理财,年力正富;汪桐生办事精细,熟悉公牍;汤秉湘办事勤奋,不辞劳瘁;汪报生夙长理财,尤谙税务。以上八员均请以相当职务提前委用。沈钦一员,并请以警佐存记任用。所有道署裁缺各员,拟请分别任用缘由,是否有当,理合开具履历、成绩清册,备文呈请都督察核批示施行。谨呈。

(原载《浙江公报》第一千五百二十四号,一九至二〇页,批牍)

浙江都督吕批

为呈报金山场知事更委熊鳌代理由

呈及履历均悉。任命状随发,仰即转给祗领具报。此缴。履历存。六月三日

附原呈①

两浙盐运使署呈为更委盐场知事,并呈履历,仰祈鉴核加委事。窃据代理金山场知事刘昂,因赴湘葬亲,恳请辞职。遗缺查有熊鳌年富才明,堪以代理。除饬委前往接任外,理合取具该员履历,备文呈报,仰祈都督鉴核加委。谨呈。

(原载《浙江公报》第一千五百二十四号,二〇至二一页,批牍)

浙江都督吕批

丽水县知事详报应水才儿等三家同夜被劫批仰高检厅严缉究办由

详、单均悉。匪首张云其,胆敢纠集匪党,同夜抢劫三家,刀伤事主,实属愍不畏法,仰高等检察厅查照,转饬该县知事迅派得力干警,会同营泛,上紧严缉,务获究报,从严惩办,切切。此批。六月三日

原　详

详为详报事。本月六日案据县辖二都富岭庄民人应水才儿状称,"匪首张云其,与民挟有状仇,于昨夜三更时分,纠同匪党三十余人,明火执仗,突来民家抢去银钱、衣服、首饰各件,民母胡氏、妻刘氏头颅、手足等处,被匪刀伤,喊叩验明伤痕,会营拿

---

① 底本省略,编者径补。

追"等情。同日复据该都下店庄民人王水川、王良川状称,"民兄弟二家于昨夜四更时,来有盗匪张云其等三四十人,素知民兄弟小有,当夜由富岭庄抢劫而回,经过民村,遂向民兄弟二家打门,进内任意抢掳。民良川被盗扯住,勒索去洋一百元,妻管氏、媳许氏躲避不及,身受刀伤。至被抢之银钱、服饰等,容再查开失单呈电,叩请先行诣勘拿办"等语各前来。当经知事开庭审讯,验明伤痕,填单附卷,即饬该民等抬回妇女医治,一面派委承审员王树藩,领法警人等先诣富岭庄,勘得事主应水才儿家有坐西朝东楼屋一座计三间,左边正房房门有捣破形,房内箱橱斜欹在地。再由富岭庄前行约三里许,抵下庄,复勘得事主王水川家,有坐东朝西楼屋五间,左边后门门闩毁断地上,厢房内所有败残衣服及席篋等均凌乱不整。又,伊弟王良川家,有左右平屋两边,右边房中置地木厢,空中无物。业经该员亲勘明确,该民人应水才儿等三家,委系同夜被匪抢劫无疑。除由知事分别咨饬营警严行侦缉务获究办外,所有议报勘验各情理由,开单具表先行备文详报,仰祈钧督鉴核俯赐批示施行。除详高等审、检两厅暨瓯海道道尹外,谨详。

计详送失单一张、履勘表一张。

应水才儿失单

银洋十七元、男女衣服二十余件、铜钱一千零、手镯二双,钗环首饰,扫光值洋二十余元。

王水川王良川等失单

绒包三条、内有珍珠一百二十三料。小儿帽二顶、内有珍珠六十六料,银八仙一堂、银铃一对。银头插二枚、玉头插二枚、玉细挖耳一枚、银细挖耳三枝、银手镯三双、镶银枫藤镯一双、银耳串五双、玉插八枚、玉蝴蝶一双、珠柏一只计珍珠玉凤凰一双、点翠银花一双、银戒指五个、宁绸马褂一件、湖绉套裤一双,枕头箱内银器珠器杂物一概枪去,银匾簪二枝、玉匾簪一枝。

以上系民德宝房内男女新旧衣服被抢,零落不全。

三丝银手镯三双、银细挖耳五枝、银荷花簪一枝、银匾簪三枝、银头插二枝、银耳川三枝、银戒指四个、银指甲锭一对、银荷花扣一朵、银洋百四十八元、珍珠三百余粒,契据被抢,残落不齐。

以上系民继母管氏房内,男女细软布衣一概抢去。

间粒一座、内有银珠器等件。银洋百十五元。

以上系民侄火屋房内男女衣服,被抢不全。

银洋十四元,钱八千文。

以上系民侄土根房内,男女房内尚未抢去。

民伯父水川,当时被盗吓勒去英洋一百元正。民伯父孙媳林氏房内,被盗敲破箱柜,所有钗环、珠玉首饰、衣服搜翻残落不全,因翁病危不细查。

丽水县公署勘表

事主姓名	被抢地点	被抢月日	被抢赃物	被抢人数	被抢情形	盗匪来路去踪
应水才儿	二都富岭庄	五年五月五日夜	另开清单	三十余人	群盗明火执仗,捣毁房门而入。该事主应水才儿闻声逃避,伊母及妻二人被匪刀伤,毁坏箱橱锁钥,任意抢去开单各物。	
王水川	二都下店庄	同上	同上	同上	系由前盗同至该家,捣毁后门进内,事主王水川正在出房逃避,及被群盗扯住,勒去洋银,并抢去开单各物。	由富岭庄应水才儿家抢劫后,群盗复聚至该庄,再向王水川、王良川二家抢掳,抢毕从西北而去。

续 表

事主姓名	被抢地点	被抢月日	被抢赃物	被抢人数	被抢情形	盗匪来路去踪
王良川	二都下店庄	同上	同上	同上	该事主王良川与前事主王水川,系属同胞兄弟,住屋相连,故房中所藏箱内物件,亦被群盗席卷而去。	
备考						

（原载《浙江公报》第一千五百二十四号,二一至二三页,批牍）

浙江都督吕批

武义县知事刘应元详送遵签修改教育行政会议章程由

详及附件悉。仰民政厅核饬遵照。此批。抄详并《章程》发。六月三日

原 详

为遵饬详送教育行政会议章程请予察核事。

本年四月二十六日奉道尹公署第九八八号饬开,“本年四月二十日奉前巡按使公署批本署转送该县教育行政会议章程由,奉批,‘详及章程均悉。应准如签修改备案,惟第二条辛项,应改为通俗教育讲演所所长及讲演员,仰即转饬遵照。缴。章程存’等因。奉此,合行抄发签改清单,饬仰该知事即便遵照,仍另缮清分详备案”等因。奉此,理合遵将是项章程,缮清一份备①,又详请都督察核,准予备案,实为公便。谨详。

武义县教育行政会议章程

第一条 本会议专就教育行政范围,系据现行法令参酌地方情形讨论设施,以谋全县教育行政之统一及发达为宗旨。

---

① 备,疑下脱“案”字。

第二条　本会议于县公署内行之。

第三条　本会议议员以左列人员充之。

（甲）县公署教育主任；（乙）县视学；（丙）劝学所长及劝学员；（丁）学董；（戊）学务委员；（己）教育会会长；（庚）各学校校长；（辛）通俗教育讲演所所长及讲演员；（壬）其他办学人员由本会议议员介绍经本会之允许者。

第四条　本议会以县公署教育主任为议长，议长有事故时，由县视学或劝学所所长代理之。

第五条　议案除由县知事提交，其会员建议案，应于开会三日前送知事核定后交议。

第六条　除会员外，其他担任学务人员，得请求临会陈述意见，但不列于表决之数。

第七条　会议分常会、临时会二种：（一）常会，以暑假、寒假开学前十日，为常会期；（二）临时会，无定期，遇有特别事件，由县得开临时会议，其时期由县公署酌定之。

第八条　本会议议决案，详请县知事采择施行，并转详巡按使及道尹备案。

第九条　每次会议如会员因事不能到会时，必须备具请假书，送知事核准，无请假书者，作怠废职务论。

第十条　本会议议事细则另定之。

第十一条　本章程如有未尽事宜，由县知事修正之，并详报道尹转详备案。

（原载《浙江公报》第一千五百二十四号，二三至二四页，批牍）

浙江都督吕批

遂安知事陈与椿详报警佐钱智泉等任卸日期由

详悉。警佐吴郁周旧委状，仰民政厅查取缴销，并转饬知照。此

批。原详抄发。六月三日

附原详①

详为详报事。本年五月六日奉钧督饬开,"照得代理该县警察所警佐吴郁周,应即调省另候委用,遗缺查有钱智泉堪以代理,除将委状径给外,合行饬仰该知事知照,并查取各该员任卸日期,暨该前代理警佐旧委状,一并报缴。至该新委代理警佐,应照二等八成支薪,并仰遵照。此饬"等因,奉经饬取去后。兹据新委代理警佐钱智泉详报,"五月二十日到差视事,前警佐吴郁周即于是日交卸"等情前来。除详本道尹外,合将各警佐任卸日期具文转报,仰祈钧督察核。再,吴警佐旧委状,业于上年十一月间详请叙官案内,送道 办②,合并声明。谨详。

(原载《浙江公报》第一千五百二十四号,二四至二五页,批牍)

浙江都督吕批

发民政厅为淳安县知事详送四月分缉捕盗匪成绩表由

详悉。仰民政厅核饬知照。此批。抄详发。

淳安县知事原详

详为造送缉捕盗匪成绩表仰祈察核事。

案查缉捕盗匪成绩表,历经遵饬按月造送,至三月分止在案。兹将四月分缉盗匪成绩,依式造就。除详报金华道外,理合备文详送,仰祈察核示遵,实为公便。谨详。

(原载《浙江公报》第一千五百二十四号,二五页,批牍)

---

① 底本省略,编者径补。
② 底本空格,疑漏"核"字。

浙江都督吕批

发财政厅为云和县商民戴义隆等禀徇情嘱委
扰害商民请饬照认定原额收捐由

据禀该县征收屠宰税委员藉端扰民等情,如果属实,自应澈究,仰财政厅转饬云和县知事查复核办,勿任扰害商民。此批。摘由抄。禀发。

原　呈

云和县商民戴义隆、张益昌、陈泰和、叶泰丰、魏信泰等禀,为徇情嘱委扰害商民,请求察核饬令,查照认定原额收捐,以恤商情而维商业事。

窃维国课常供,乃人民应尽之义务①;弊赋悉索,实间阎扰害之端。我云邑地瘠民贫,商业不振久矣。所最难堪者,尤在屠户。近来业屠者,绝少蝇头微利,警察捐、店铺捐、保卫团捐、印花税费、本业屠宰税以及各项公益捐重迭,负担有加靡已,常年捐输,每户不下八九十元。城中统计,从前屠户尚有八九家,现今歇业倒闭过半。去岁前任陈知事奉令开办屠宰税,饬委黄警佐切实调查,城屠除年节停止不计外,一年仅有九个月生意,逐日销售猪肉多寡不等,猪只大小不同,一日或宰猪一二头或三四头,皆由各户分销,平均摆派,每日不过合猪两头。前知事因恤商便民起见,故令民等全年捐输屠宰税五百五十四头,业已认定征收报解在案。厥后赵知事莅任斯邑,屈指已有八九月之久,商民之瘼苦,市面之冷落,无不周知,因而继续办理。不料有烟酒公栈经理蓝文蔚者,贪得无厌,竟生假公营私之心,乃设一网打

---

① 义务,底本脱"义",径补。

尽之计，进署私谒知事，自荐为征收宰税委员，乃赵知事罔恤民艰，遂致徇情嘱委。谁知文蔚一得知事护符，不啻如虎添翼，于阴历四月初一日纷纷函送各号各乡，逐日亲诣查验。夫国家设立机关，多一冗员即多一冗费，不取之于官，必取之于民，且文蔚身为委员，则凡舆夫、巡丁、仆役前呼后拥，更不止一人，种种分外需索，借端扰害，商民何安？况文蔚身任经理，去腊遣人散布各区，挨户查验家酒，充饱私囊，已属明证。若以此次宰税再假手于文蔚，何能枵腹从公，保无损人利己之谋？商等于日前曾以"委任非人，骚扰商业"等情佥请县知事撤销委任，乃知事则假作聋瞆，徇情纵扰，置禀不批，究不知有何意见。当此国难未平，商业因而锐减，岂得以去年认定报解之数，竟能一旦更张易辙乎？似此分外需索，扰害商业，下民何以聊生？除禀财政厅察核外，惟有仰恳宪台察核，体恤商情，撤销委任，饬令查照认定原额征收报解，以维商业。商民幸甚，地方幸甚。为此叩乞都督鉴核施行，无任感激之至。谨禀。

（原载《浙江公报》第一千五百二十四号，二五至二六页，批牍）

浙江都督吕批

为外海警厅警正等六员准予加给任命状随批并发由

详及名单履历均悉。所有该厅警正叶翀、陈梁、陈绍龙、陈肃莹暨第二三区区长章翔绶、陈常益等六员，应准加给任命状，随批发仰警政厅转饬祗领，并查其余各员即由该厅分别一并给委具报。此批。原详钞发。名单、履历附。仍缴。

原 详

详为遵饬汇送所属差职人员履历事。

本年五月一日奉前都督饬第九七号内开，"照得浙省现已宣布独立,所有省会暨各属原有各文武机关,业经本都督分别通告电饬,并由军事参议会议决,除奉都督命令有特别变置外,一律照旧供职在案。查外海水上警察厅一职,防守泛地,保护治安,责任至为重要。现在既已脱离中央关系,亟应特加任命,以清事限而重职守。兹查有王萼以特任为外海水上警察厅厅长,为此合亟饬知,饬到希即查明该属现有差职人员,一律开具名单、履历,呈候本都督核准加委。凡关于权限统系,职务组制,应即遵照本都督府议决《组织大纲》并如旧制,藉免纷更,而定专责,勉膺重付,以建殊勋。切切。此饬。特任状并发"等因。奉此,业将任状祗领在案。所有职厅属现有差职人员,除各队分队长因改编等级尚未指定应暂从缓送外,理合开具名单、履历备文详送,仰祈钧督核委施行。谨详。

（原载《浙江公报》第一千五百二十四号,二六至二七页,批牍）

浙江都督吕批

金华道尹呈送武义县六月份讲演稿由

呈及讲演稿均悉。仰民政厅核饬武义县知事知照。此批。钞呈连同讲演稿并发。

原　呈

呈为转送武义县六月份讲演稿仰祈鉴核事。本年五月二十日据武义县知事刘应元详称,"查武邑讲演所讲稿,曾送至本年五月份止在案。兹据该所所长拟具六月份讲稿一篇陈送到署,知事详加考核,尚无不合,理合缮清二份,详送核转"等情前来。道尹详加复核,略予签改,似尚可用,除留存一份备案外,理合备文转送,仰祈都督核定发还,以便转饬遵照讲演,实为公便。谨呈。

（原载《浙江公报》第一千五百二十四号,二七页,批牍）

浙江都督吕批

绍兴县知事详缴张吉臣等一案卷宗仰祈鉴收
批仰录报高审厅高检厅查照由

详悉。开释内乱嫌疑犯沈云从一名，准予备案，并仰录报高审、高检厅查照。缴。原卷存。

原　详

详为详覆事案。奉前都督屈批知事详请查检民国二年八月间绍属戒严期内乱党张吉臣等一案卷宗发县办理由，内开，"详悉。仰将发去审办张吉臣等四名案卷一宗查收核办具报，仍俟办毕详缴可也。缴卷并发"等因，并奉发卷一宗下县。奉经查核案卷，将本案内之沈云从一名开释在案。缘奉前因，理合将原卷备文详缴，仰祈都督鉴收备查，实为公便。谨详。

（原载《浙江公报》第一千五百二十四号，二七页，批牍）

浙江都督吕批

丽水县详警察官吏黄定甲等劳绩卓著仰厅查核饬知由

详及履历均悉。仰民政厅查核酌奖，并转饬该县知事知照。此批。履历存。原详抄发。

原详一件。

详为详报警察官吏劳绩卓著请予褒奖缘由，仰祈鉴核示遵事。

窃照丽邑地居首要，防务本极关重，此次平安独立以后，竟有籍隶宣平县之著匪黄桂芬，假托共和名义，希图扰乱秩序，勾结党羽，于四月十八日未刻胆敢率众携带枪炮军器，转攻丽城。是时，全城震怖，商不乐业，民不安居，匪众兵寡，佥云不敌。知事有守土之责,遂会商防营,督同警佐黄定甲登城防守,一面由军警分出迎击,格毙著匪陈任德一名,当场夺获旗帜、子弹等件。匪不能支,日暮始退,旋复追剿,匪遂散尽。当将办理情形迭次电详在案。仍恐匪去复来,侦缉巡防不得不特别注重。该警佐黄定甲率警守城,目不交睫者三昼夜,彼时适因患病,医药未断,乃能奋不顾身,竭力防卫,使地方得获全安,商民莫不感激。似此力疾从公,洵属劳绩卓著,核与《修正浙江全省警察官吏奖励惩戒规则》第五条第三项所载应行褒奖之事实相符,且查该警佐黄定甲学识优长,平素勇于任事,迭奉前浙江民政司长屈暨前浙江民政长朱,先后给予大功三次、常功四次,计其积资核与同《规则》第十一条所载,复得记名升用,此次应饬请汇核给奖,以资鼓励而昭激劝。至警所雇员叶观潮服务甚久,颇著成绩,经前知事郑彤雯胪陈事实上详,请以警佐记名录用,上届年终甄别案内知事亦具详请示,曾奉前浙江巡按使屈批准记以大功一次。此次该雇员叶观潮,外而奔走侦探,内而裹办事务,措施得宜,勤奋可嘉。可否仍照原请,以警佐记名录用之处,知事未敢擅便,理合检同履历备文详送,仰祈钧督鉴核俯赐批示祗遵,实为公便。除详民政厅长暨瓯海道尹外,谨详。

(原载《浙江公报》第一千五百二十四号,二七至二八页,批牍)

浙江都督府饬军字第三百十九号

饬特任俞炜为特编护国军第一旅旅长并分委各员由

为饬遵事。照得本省应编成护国军,以达维持共和之目的,业已规复陆军第二十五师在案。兹为应付时势之要求,益宜以增进实力为首务,特编浙江护国军预备第一旅,直辖于本都督,所有该旅编制,除旅司令部另行规定外,所属团、营悉照本省陆军暂行编制办理。以杭州游击队统部改编为该旅第一团团本部,以杭州游击队第一营改编为该第一团第一营,以杭州游击队第三营改编为该第一团第二营,以杭州游击队第四营改编为该第一团第三营;以本府守备队司令处改编为该旅第二团团本部,以守备队步兵营改编为该第二团第一营,以杭州游击队第二营改编为该第二团第二营,以现属第二十五师之补充兵第三营改编为该第二团第三营。

兹特任俞炜为浙江护国军预备第一旅旅长,本府军需课课员蔡鼎彝任命为该旅参谋少校,二十五师差遣陶猷镕委任为该旅副官上尉,二十五师差遣赵汝杓任命为该旅三等军需正,委任周正、竹维桢为该旅二等军需,郭庆嵩、卢观涛为该旅书记官。其第一团团长以原有杭州游击队团附中校陈瓒升充,照上校支薪,该团团附中校以台州镇守使署副官长陈国杰调充,照中校支薪,应磬改充该团团附少校,周乾改充该团第一营营长,陈兆麟改充该团第二营营长,吴殿扬改充该团第三营营长,照中校支薪;本府守备队司令长郑炳垣改充该旅第二团团长,步兵九十七团团附中校李文汇调充该团团附,卢允超补充该团团附少校,卢祥麟升充该团团附少校,吴观澜改充该团第一营营长,周肇昌改充该团第二营营长,朱光斗改充该团第三营营长。

至守备队编余官佐士兵,由该旅长酌配分属各营。祈有守备队补充兵第三营及杭州游击队统部暨各营军械、服装、器具并余存款项[①],应分别移交现改旅部及各团、营应用,列册具报。

除分饬遵照并分给任委外,合将特任状暨关防饬发该员祗领,并即遵照办理。/任命状、关防饬发该员遵照。/任命状饬发该员遵照。/委任状饬发该员遵照。此饬。

计发特任状一张、关防一颗,任命状一张、关防一颗,任命状一张、委任状一张。

都督吕公望

---

① "祈有",疑为"所有"之误。

右饬浙江护国军第一旅长俞炜,本府军需课员蔡鼎彝,第二十五师差遣陶猷镕,第二十五师差遣赵汝杓,周正,竹维桢,郭庆嵩,卢观涛,杭州游击队团附陈瓒,台州镇守使署副官长陈国杰,应磬,周乾,陈兆麟,吴殿扬,本署守备队司令长郑炳垣,九十九团团附李文汇,卢允超,卢祥麟,吴观澜,周肇昌,朱光斗。准此。

中华民国五年六月四日

(原载《浙江公报》第一千五百二十五号,一九一六年六月十一日,一至二页,饬)

浙江都督府饬军字同上号

饬杭州游击队统领兼代第二十五师长特任俞炜为特编
护国军第一旅旅长仰即转饬所属遵照由

为饬遵事。照得本省(云云与上饬同)除分饬遵照并分给任委外,合行饬仰该统领/该师长遵照,并转饬所属一体遵照,至该统领交卸本职,另有任命,并仰知照。/补充第三营遵照。此饬。

都督吕公望

右饬杭州游击队统领张伯岐、兼代第二十五师师长周凤岐。准此。

中华民国五年六月四日

(原载《浙江公报》第一千五百二十五号,三页,饬)

浙江都督府饬军字第三百十九号

饬委商诰充台州镇守使副官长由

为饬遵事。照得台州镇守使署副官长陈国杰另有差委,所遗之缺,查有该员堪以接充,除分行知照外,合将任命状饬发,祗领遵照。此饬。

计发任命状一张。

都督吕公望

右饬陆军第六师差遣商诰。准此。

中华民国五年六月四日

（原载《浙江公报》第一千五百二十五号，三页，饬）

浙江都督府饬军字同上号

饬知第六师长任命商诰为台州镇守使署副官长由

为饬知事。该师差遣商诰，业经本府任命为台州镇守使署副官长，合行饬仰该师长知照。此饬。

都督吕公望

右饬陆军第六师师长童保喧。准此。

中华民国五年六月四日

（原载《浙江公报》第一千五百二十五号，三页，饬）

浙江都督府饬军字同上号

饬知台州镇守使任命商诰为该使署副官长由

为饬知事。该使署副官长陈国杰另有差委，所遗之缺，查有陆军第六师差遣、陆军步兵中校商诰，堪以接充。除任命外，合行饬仰该镇守使知照。此饬。

都督吕公望

右饬台州镇守使顾乃斌。准此。

中华民国五年六月四日

（原载《浙江公报》第一千五百二十五号，四页，饬）

浙江都督府饬军字第三百二十五号

饬知宪兵司令官任命金鸿亮调任
第十一旅司令部参谋由

为饬发事。据第六师师长童保喧呈请将该司令处少校副官金鸿亮调任第十一旅司令部参谋等情,除批示照准外,合将应发任命状饬发该司令官转给祗领,遵调到差。此饬。

计发任命状一张。

都督吕公望

右饬宪兵司令官王桂林。准此。

中华民国五年六月五日

(原载《浙江公报》第一千五百二十五号,四页,饬)

浙江都督府饬军字第三百二十七号

饬委叶鸿猷为五十旅司令部差遣由

为饬知/委事。查有江苏武备学堂毕业生叶鸿猷/该员堪以委充该师第五十旅/第二十五师步兵第五十旅司令部差遣,月给薪洋四十元。除饬委/该师师长转饬知照外,合行饬仰该师长转饬知照。/委该员遵照。此饬。

都督吕公望

右饬兼代第二十五师师长周凤岐/叶鸿猷。准此。

中华民国五年六月五日

(原载《浙江公报》第一千五百二十五号,四页,饬)

浙江都督府饬军字第三百二十八号

饬委刘祖舜为第六师差遣由

为饬遵/知事。查有刘祖舜,堪以委充陆军第六师差遣,月给薪水洋二十元。除分饬外,合行饬委,仰即遵照。/仰该师长知照。此饬。

都督吕公望

右饬刘祖舜/第六师师长童保暄。准此。

中华民国五年六月五日

(原载《浙江公报》第一千五百二十五号,五页,饬)

浙江都督府饬军字第三百二十九号

为任命傅式说为谘议兼译东西各报由

为饬遵事。兹任命该员为本府咨议官兼译东西各报,月支薪水洋一百六十元。合将任命状饬发,仰即祗领遵照。此饬。

计发任命状一张。

都督吕公望

右饬傅式说。准此。

中华民国五年六月五日

（原载《浙江公报》第一千五百二十五号,五页,饬）

浙江都督府饬军字第三百三十一号

饬为委王汝为充军务厅厅附王廷诏为本府招待员由

为饬委事。查有该员堪以委充本府军务厅厅附,月薪照上尉支给。/招待员,月给薪水洋二十元。合行饬委,仰即遵照到差。此饬。

都督吕公望

右饬王汝为、王廷诏。准此。

中华民国五年六月五日

（原载《浙江公报》第一千五百二十五号,五页,饬）

浙江都督府饬军字第三百三十三号

为饬知二十五师师长任命第九十七团十二连
连长金国胜充该团少校团附由

为饬遵事。兹任命步兵第九十七团十二连连长金国胜,为该团少校团附,薪水照少校支给;所遗连长缺,由该师遴员呈候核委。合将任命状饬发,仰该兼代师长转饬给领。此饬。

计发任命状一张。

都督吕公望

右饬兼代陆军第二十五师师长周凤岐。准此。

中华民国五年六月五日

（原载《浙江公报》第一千五百二十五号,五至六页,饬）

浙江都督府饬军字第三百三十四号

饬为任命军务厅副官刘同度潘秀敏为本府谘议官由

为饬遵事。兹任命军务厅副官刘同度、潘秀敏为本府咨议官,月给薪水洋一百元。合将任命状发仰该员祗领遵照。此饬。

计发任命状一张。

都督吕公望

右饬本府副官刘同度、潘秀敏。准此。

中华民国五年六月四日

（原载《浙江公报》第一千五百二十五号,六页,饬）

浙江都督府饬军字第三百三十七号

饬为任命吕衷和为本府秘书处文牍助理秘书由

为饬遵事。兹任命该员为本府秘书处文牍助理秘书,月给薪水洋一百元。合将任命状饬发,仰即祗领遵照到差。此饬。

计发任命状一张。

都督吕公望

右饬吕衷和。准此。

中华民国五年六月六日

（原载《浙江公报》第一千五百二十五号,六页,饬）

浙江都督府饬军字第三百四十三号

饬为任命倪德熏为浙江护国军第一军司令部参谋由

为饬遵事。兹任命该员为浙江护国军第一军司令部参谋,月薪照中校支给。除分饬该军司令官知照外,合将任命状饬发,仰即祗领遵照,前往到差。此饬。

计发任命状一张。

都督吕公望

右饬倪德熏。准此。

中华民国五年六月　日

（原载《浙江公报》第一千五百二十五号,七页,饬）

浙江都督府饬军字同上号

饬知第一军司令官任命倪德熏为该部参谋由

为饬知事。兹任命倪德熏为该军司令部参谋,月薪照中校支给。除将任命状径发该员祗领遵照外,合行饬仰该司令官知照。此饬。

都督吕公望

右饬浙江护国军第一军司令官童保喧。准此。

中华民国五年六月　日

（原载《浙江公报》第一千五百二十五号,七页,饬）

浙江都督府饬政字第一百七十五号

饬民政厅查核义乌县知事丘峻改代为署由

为饬知事。本月一日据义乌商务会、教育会、自治办公处、保卫团、平民习艺所东电称,"义乌县丘知事抵任后,办事勤恳,舆论翕然,日下防务、征收均关重要,原系代理,吁请署任,以维秩序"等情。据此,合行饬仰该厅长查核办理,具报察夺。此饬。

都督吕公望

右饬民政厅厅长王文庆。准此。

中华民国五年六月六日

（原载《浙江公报》第一千五百二十五号,七页,饬）

浙江都督吕批

据民政厅呈复绍县警佐薛瑞骥堪以县知事记名
拔升批仰备案转饬该知事知照由

呈悉。既据查覆,该绍兴县警佐薛瑞骥历来办理警务,成绩可观,应准以县知事记名拔升,仰民政厅备案,并转饬该县知事知照。此批。摘由发。六月三日

附原呈

呈为呈复事。本年五月十九日案奉钧饬政字第二十四号,内开,"为饬查事。案据绍兴县知事详称,'该警佐薛瑞骥任职八年,历次维持地方秩序,功不可没,请以县知事记名拔升'等因。查来详所叙该警佐成绩是否实在,本府无凭查察,碍难率予核办。除批示外,合亟饬行该厅,仰即按照详叙各节,暨该警佐历来办事情形及该县警察成绩若何,逐一查明具复,以备察夺,而昭详慎。原详抄发。此饬"等因。奉此,按查该县知事原详所叙各节,尚属实在情形,即卷查该警佐历来办理警务,成效卓著,该县警察成绩亦蒸蒸日上,大有可观。所请将该警佐以县知事记名拔升之处,事属可行。奉饬前因,理合备文呈复,仰祈都督察核施行。谨呈。

(原载《浙江公报》第一千五百二十五号,一一页,批牍)

浙江都督吕批

据高审检两厅详遵批核议鄞县详报缉获越狱人犯
请奖出力员探批详已悉由

据详已悉。缴。六月三日

附原详

详为遵批核议鄞县详报缉获越狱人犯,并请奖出力员探办
法仰祈鉴核事。

案奉前都督届在巡按使任内,批发鄞县知事陶镛详报缉获
越狱人犯并请奖出力员探请鉴核由,内开,"详悉。仰高等审、检
两厅分别核议,详复饬遵。缴"等因。奉此,查是案前据鄞县知
事详报到本两厅,当经会批,"详悉。鲁豪准于免去留缉处分,记
功一节,应毋庸议。至线探徐广生立功自赎,恳予免究前罪等
情,仰即示知该线探,具状鄞县检厅转本厅核办"等语印发在案。
兹奉前因,所有遵批核议鄞县详报缉获越狱人犯,并请奖出力员
探办法缘由,理合备文详复,仰祈钧府鉴核施行。谨详。

(原载《浙江公报》第一千五百二十五号,一一至一二页,批牍)

浙江都督吕批

高审厅呈据新昌县越狱案拟请将知事唐玠罚俸
三个月管狱员李成撤差照准由

呈悉。据称新昌县监犯越狱数逾十人,案情较重,拟将该县知事
唐玠罚俸三个月,管狱员李成即予撤差各等情,应即照准。所遗管狱
员缺,应即遴员委充具报,仰转咨同级检厅,并分别咨饬民政厅暨该
县知事知照。此缴。

附原呈

呈为准同级检察厅函送,据新昌县详报,监犯越狱,拟将该
知事及管狱员议处缘由,呈请察核事。

案准同级检察厅公函第二九零号开,"案据新昌县知事详
称,'窃新昌自省垣宣布独立以来,东乡匪徒乘机窃发,监犯党羽
在外纠谋攻城劫狱之谣,一日数至,合城人民惊惶异常。知事对

于城守,则会营率警严加巡防;对于监狱,则督饬管狱员,加派法警,率同看守人等密为防范。旬日之内,日不暇食,夜不成寐。正觉精疲神倦,力不能支,幸商允警备队王管带国治,率领驻新之刘哨官占鳌,分赴新、嵊交界各处会哨,并在嵊辖横路地方击毙数匪,拿获数犯,谣风于以顿息,民心亦渐安静,而办理防务人员咸相庆以为无事。虽经知事曾加警诫,究其实际,未免稍形疏懈。盖人身之精力有限,既撑持于风声鹤唳①之时,难保不困倦于风息浪平之后,求全责备,势所不能。兹于四月廿七日夜五更时分,据管狱员李成报称,监内囚犯乘防范稍懈之际,拆毁桄栅,挖开墙洞,越狱逃逸。管狱员闻警,立刻赴监查点,见丙桄人犯唐兆洪、王大钱、叶红生、袁方招、竺仙西、余阿耀、李财水、徐选青、王文波、金贵松、丁炳生、竺仁进十二名一同逃逸等情,报经知事飞饬营警分投追捕,业已无踪。一面亲诣监所,查勘得丙桄北首贴墙桄栅拆去两根,挖穿泥墙洞,宽二尺,监狱围墙脚亦开一洞,宽二尺余。勘毕,随提看守陈安、陈春亭研讯,据供当晚随同管狱员收封查看,监墙桄栅均无痕迹,仍照常轮流巡查。惟自戒严以来,连日通宵不寐,人均困倦,近三日内,因谣风稍静,巡至四更后,略加休息。不料该监犯遂乘间挖洞而逃,迨经觉察,喊报查捕,业已不及,实无贿纵情弊。讯据防卫法警杨钱核、吕豹,更夫刘小笑供词,均与看役大略相同。质之同监人犯吴渭根、僧照法供称,此次逃犯是唐兆洪起意串同逃的,二日前曾听得他说,我是内乱犯,现在浙江独立,知事若不开释,我要逃桄的话,惟当夜如何脱逃,伊等均睡熟并不清楚,殆经人声喊嚷,始知道各等语。据此,卷查唐兆洪系判处一等有期徒刑十六年,于本年二月十二日由鄞县递回收监;王火钱判处窃盗罪②,三等有期

---

① 唳,底本作"泪",径改。
② 王火钱,前文作"王大钱",未知孰是。

徒刑三年,于四年一月十六日收监;叶红生判处略诱罪,二等有期徒刑六年,于四年五月二十二日收监;袁方招判处窃盗罪,三等有期徒刑三年六月,于三年六月十日收监;竺仙西判处赌博罪,五等有期徒刑八个月,于本年三月十三日收监;余阿耀判处略诱罪,二等有期徒刑五年,于四年八月二十七日收监;李财水判处略诱罪,三等有期徒刑四年,于四年八月十八日收监;徐选青判处窃盗罪,四等有期徒刑一年,于四年七月十七日收监。王文波系犯命案嫌疑,金贵松、丁炳生均系窃贼,竺仁进系属盗犯,以上四犯,均未判决。此次越狱各犯,详查事实,证诸犯供,确系唐兆洪起意。缘唐兆洪系由鄞县疏通监狱,递回原籍监禁,咨后仅附执行简表,其案由列为盗犯,而判决送狱之机关,则为四十九旅司令部。前二日该犯曾自称系内乱罪犯,面求管狱员转请开释,管狱员报明知事,告以该犯案由,系填盗犯,现称内乱,其中如何,详情候备文咨查明确,再行核办在案。讵该犯阳则请求开释,阴则纠串同囚,乘看役人等防范稍倦之时,挖洞潜逃。在管狱员始勤终怠,脱囚至十余名之多,咎固难辞,而知事百密一疏,失察之处分,亦有应得,应请先行分别严加议处,以惕将来。除仍勒限严缉,或悬立重赏,分咨邻封营、警一体协拿各逃犯务获究办外,合将监犯越狱情形,开具各逃犯姓名、年貌、籍贯、案由,列表详请,仰祈钧厅察核,俯赐通饬协缉'等情。查该县此次人犯越狱脱逃至十二名之多,防范之疏,于此可见。除由本厅通饬协缉并批该县就近严缉外,该知事暨管狱员,均难辞疏忽之咎,相应函请贵厅核议,量予惩处,以示惩儆,并希见覆,至纫公谊"等由过厅。准此,查据原详各节,该知事于风声鹤唳之时,尚能撑持任务,何至于风息浪平之后,反致发生越狱情事,无论是否故意铺扬,而知事为有狱之官,防匪亦牧民之责,实未能因防匪困倦等情,遮饰失察之咎。至该管狱员,既无地方之责,管理狱囚，职有专司，乃至监犯毁栅洞墙，毫不觉察，致越逸监犯至有一十二人之多，查其情节较重，仅予罚俸处分，似未足以蔽辜，拟请将该管狱员李成撤委。至该知事当地方惊惶之际，于处理防务之下，督察亦觉难周，虽脱犯人数逾十人以上，似应予以宽处，拟将该知事唐珍罚俸三个月，姑示薄惩，以惕将来。所有新昌县监犯越狱，议请将知事唐珍、管狱员李成分别撤罚缘由，是否有当，理合具文呈请，仰祈察核批示祗遵。谨呈。

（原载《浙江公报》第一千五百二十五号，一二至一四页，批牍）

浙江都督吕批

金华道尹呈送龙游县六月份讲演稿由

呈及讲演稿均悉。仰民政厅核饬知照。此批。抄呈附，讲演稿并发。

附原呈

呈为转送龙游县六月分讲演稿，仰祈鉴核事。

本年五月十九日据龙游县知事庄承彝详称，"案奉钧署转奉前巡按使公署饬知，'通俗讲演稿自民国四年九月起，均按月先期拟送各道尹详细签改后，转送本公署复核发还，再行遵照讲演'等因，奉经遵照办理，将所编讲稿详送至五月分止在案。所有六月分讲稿，现据编送前来，理合详送鉴核签改转详"等情。据此，道尹详加复核，略予签改，尚觉可用，理合备文转送，仰祈都督核定发还，以便转饬遵照讲演，实为公便。谨呈。

说婚嫁都要从俭

列位有些年纪的人，大都多是生儿育女过来的，儿女长大成人,可不是都要婚嫁的么? 在下就将婚、嫁两桩事体,与列位讲讲。不是这婚、嫁两桩事体,是个个人要办的么? 记得从前幼小时候,在书房里读书,听见先生讲的,"礼,与其奢也,宁俭",如今仔细想起来,实为最有益的道理。无论何处何事,这"俭"字都用得着的。这个"俭"字的好处,本来说不尽许多,只就婚、嫁两个字上讲起来,实为当今用钱的秘诀。我们现今世界上很繁华,而银钱上很艰难。惟其繁华,所以艰难。至于办理一桩婚嫁的事情,大户人家总要费去数千金,中户人家亦要数百金,有钱的已经去了一大注钱财,无钱的就要百计移挪,千方借贷,遂至拖了利债,被人追逼,卖了田地,难于过度,这又何苦呢?

譬如人家嫁女儿、娶媳妇,自然很郑重其事的,然而其中亦要有分寸,不可浪费浪用。照如今习惯上看起来,女家要男家的财礼,恨不得多一个好一个;男家望女家的妆奁,恨不得多一件好一件。于是一方面勒索重金,一方面竭力铺张,好像那些银钱,勿是从辛苦中得来的一样。到了那个出嫁时候,还要改换别样名目,争多论少,男家到那时节,下不得台,只得依从他办事,所积钱钞,用之不足,移挪质当抵押,无所不至。好容易娶得过来,家计日形穷迫,债项日益催逼,大家不能过得日子,遂至婆媳不和,夫妇不睦,弄出恶感来,岂不是反害了女儿么? 就是人家出嫁女儿,荆钗布裙,最为合宜。不必要争许多妆奁,许多衣服,许多首饰,方为完美。只要不多索男家聘金花红,男家亦决不至计较衣饰之多寡,妆奁之厚薄,有了钱钞,都可置得做得,岂不大家都好么?

在下所以说亟宜改良,大家提倡提倡,能够将社会上的习惯,从此转移起来,贫穷人家字女,亦可容易匹配,不至到老单身独自,无家无室,而淫奔之风、男女苟且之事,亦可革除,实于风俗人心,关系匪细。愿列位听讲后,静里思之。

劝人民各安本业

大凡士农工商，各有职业，安分守己，是谓良民。终岁勤苦，自然衣食无亏，即使年岁偶有凶荒，收成偶有歉薄，亦是意外之事，未必年年如此的。只要安守本分，不与外务，为士的自能上达，为农的自能丰足，为工为商的自能致富，总不可为浮言所动，致生侥幸之心。粮税宜早早完纳，则魂梦常安；契约宜遵章投验，则物权牢固；印花税照常贴用，烟酒税切勿阻抗，就是各位立定自己脚跟的地步。我们浙江地方，幸赖长官维持，不至遭兵革之惨，就是我们无上的幸福。即使邻省或有风谣，土匪或有蠢动，自然有官府担任，力保治安，决不使安分良民，妨害自由，担非常之危险，切勿要自己先听信浮言，营业勿做，田地勿种，抛弃自己的权利，致受无形的损失。

在下所以奉劝列位伯叔兄弟们，务要各安职业，勿相惊扰。凡在学校里，当教职员学生的，须要照常上课，切不可请假，或停课；为父兄的，更要令子弟天天进学，不可旷课，致扣分数。至于务农种田的人家，田禾一年两熟，是靠得住的，麦子收过之后，一律插秧，下半年的食用，全靠在一季稻子，如若荒弃了田地，就要上赔钱粮，下缺衣食，看见人家有收成，自己没有收成，岂不要懊悔死么？所以都要及时耕种。就是工商营业，每至夏令时间，向来比春秋冬三季，要清淡些，今年加以银钱吃紧，百货停滞，商业自然不能发达了，有资本的，尚可撑持，至于借本营生的，就有非常危险了。但是暂时如此，决非长久的，只要出货得多，进货得贱，一时畅销起来，其获利较寻常多几倍，亦是一种便宜的机会，切不可因存货太多，或风声不好，以致坐失时机，最为可惜。现今虽然停滞，一经流通畅销，自然源源而来，岂不好么？难保不有匪徒，闯入内地，布散谣言，希图扰乱内地的治安，引诱年轻浮躁子弟，以银钱煽惑，供其吃用，任其驱使。一经发觉，匪徒远扬,自己无处幸逃,代受刑罚,甚为可怜。所以在下一并奉劝列位,务各父诫其子,兄诫其弟,各做本分职业,勿贪意外金钱,享太平自由的日月,为完全的国民,何等不好呢?

（原载《浙江公报》第一千五百二十五号,一四至一六页,批牍）

浙江都督吕批

为嘉善县委任橡属王达等准予注册由

呈及履历均悉。仰民政厅注册备案,并转饬该县知事知照。此批。原详抄发,表附。

附原呈

呈为转送嘉善县委任橡属王达等履历仰请察核事。

案据嘉善县知事殷济详称,"窃知事自四年五月任事,奉经开具委任橡属各员履历,详请转详注册在案。所有政务事宜,前委主任谢锡奎已于四年八月辞职,由知事暂委政务助理王达代理。数月以来,默察该员办事精勤,才堪胜任,应即委充政务主任,俾收驾熟就轻之效。又,查征收主任暨会计两员职务重要,历经各县详请注册奉准有案。善署征收主任茅鋆,于李前知事任内办理征务经年①,知事履任后,仍令接充,办事具有经验;会计员李厚庄,系知事抵任时所遴委,才长心细,出纳不紊,应请并予转详注册,以昭慎重。抑知事更有请者。善邑教育事宜日益繁赜,非特设专员,不足以重责成。查现充政务助理刘鸣珂,本系承办教育事宜,惟隶属政务,责任不专,拟请改委为教育主任,该员谨慎明达,办理善邑学务,颇具热心。知事为慎重职务起见,理合备文连同履历表一并详请钧尹鉴准,俯予转详注册委

---

① 李前知事,即李楚珩,民国三年七月至民国四年五月任嘉善县知事。

任,实为公便。至各员薪俸,仍按照规定政费暨征收公费内分配支给,合并声明"等情。据此,除批示外,理合备文呈请钧府察核注册,实为公便。谨呈。

嘉善县掾属姓名表一纸①

计开:

政务主任王达,办事精勤,才堪胜任;

教育主任刘鸣珂②,谨慎明达,学务热心;

征收主任茅鎏,办事具有经验;

会计李厚庄,才长心细,出纳不紊。

(原载《浙江公报》第一千五百二十五号,一六至一七页,批牍)

浙江都督吕批

发民政厅为衢县知事呈送讲演所章程规则由

呈及《章程》均悉。仰民政厅查核备案,并转饬该县知事知照。此批。抄呈连同《章程》并发。

附原呈

呈为遵送事。上月十六日案奉金华道道尹转奉前巡按使公署第一三八八号饬开,"案查前据该道尹详送衢县公立通俗教育讲演所章程、规则等件,当将章程等修正,连同所长员履历,转咨并批候复到饬遵在案。兹准教育部咨复,'查该讲演所规则、章程,用意甚佳,职员资格亦无不合,应予备案'等因,合即抄发修正章程、规则,饬仰该道尹转饬遵照等因。奉此,合将修正章程、规则转发,饬仰该知事转饬遵照,仍缮正二份分详备案"等因,奉经转饬该所遵

---

① 姓名表,底本作"姓姓表",径改。
② 教育主任,底本作"教主主任",径改。

行在案。除将该章程、规则遵饬分别缮正,呈请道尹备案外,理合照缮一份,备文呈送,仰祈察核准予备案,实为公便。谨呈。

衢县公立通俗教育讲演所章程

第一条　本所由县筹款设立,故定名为衢县公立通俗教育讲演所。

第二条　本所所址设在城内。

第三条　本所设所长兼办事员一人,讲演员一人,均由县知事委任详报。

第四条　所长并讲演员,除巡讲日期外,均常川驻所。

第五条　所长之职务:

一、掌理全所事务并考核所属职员;

二、支配巡讲地点;

三、汇编讲演月报;

前项月报,应每月经过后十日内,详送县知事查核。每三个月,由县知事汇报道尹。

四、管理经费收支及报销事项;

前项报销册,应每半年造送县知事审核。

五、兼任所址附近各地点讲演事务。

第六条　讲演员之职务:

一、承所长之指挥,专任巡回讲演事务;

二、遵照《讲演规则》第三、第四条之要项,拟编讲稿;

前项讲稿,应于前一月五日以前,由所长详送县知事审查,十日以前由县详道尹核改转详都督复核批准,发还讲演。

三、编制讲演日记①。

---

① 日记,底本误作"日期",径改。

前项日记,应将每次讲演要项、地点并听讲人数详细记载,每一月汇送所长考核。

第七条　巡讲日期、地点,由所长拟定,详报县知事核准后,应先期三日由所发贴通告,并知照所在地警察或保卫团,届时前往监护之。

第八条　讲演时时间之长短,讲演员临时酌定之。

第九条　讲演时得由讲演员商请就地学务委员及其他自治职务,协助一应事务。

第十条　本所经费由所长按照规定预算,按月向县知事请领。

第十一条　本所职员,如有怠废职务或不名誉情事者,由县知事惩戒之。

第十二条　本章程俟奉批准后施行。

衢县公立通俗教育讲演所听讲规则

第一条　入场听讲男女应左右分坐,如听讲人数逾于座数时,仍分左右立听。

第二条　入场听讲,老少应依顺序。

第三条　听讲人应静心听讲,不得言语喧哗。

第四条　讲演时,听讲人不得向讲演员发言,如有疑问,须于讲毕后,陈请解释。

第五条　本规则候奉批准后,发贴讲演地点。

（原载《浙江公报》第一千五百二十五号,一七至一九页,批牍）

浙江都督吕批

瓯海道道尹为泰顺县知事刘钟年准予
给发署理任命状饬转发由

详悉。泰顺县知事刘钟年,业经改"代"为"署",准予给发任命状,仰民政厅转饬祗领具报。此批。任命状随发。

附原详

详为详请事。案查泰顺县知事陈毓康,前因父病请假三星期,赴京省亲,详奉前巡按使届核准给假离任。旋又续假三星期。时值本省举义立独①,该县地方重要,主持无人,恐有疏虞,经道尹电奉前都督届准以候补知事刘钟年代理,当即饬委该知事即日赴任。嗣据该县公举代表来瓯声称,"陈知事久离任所,掾属腐败,恳请速派妥员,以维治安"等情。当经电奉都督、民政厅长谏电,内开,"泰顺县知事着刘钟年署理,仰即转饬知照,并责成该知事认真整理,以慰民望"等因,奉经转饬该代知事刘钟年遵照,并分饬陈知事知照在案。现该代理泰顺县知事刘钟年,既奉电饬改为署理,应接收前任交代,惟尚未奉到正式任状,应请俯赐发给,以便转发,理合备文详请都督察核施行。谨详。

(原载《浙江公报》第一千五百二十五号,一九至二〇页,批牍)

浙江都督吕批

发高等检察厅据长兴县知事详报缉获抢劫瑞丰等
家案内盗犯沈立成一名由

详及供单均悉。盗匪沈立成一名,既经捕获讯明伙劫得赃不讳,自应传同失主覆讯具判,尽法惩治。其逸匪洪老八等多名,均系积年匪盗,犯案累累,应即迅派干警会同营泛,一体严缉,务将原赃余匪一并缉获,毋使漏网。至所称悬赏购缉一节,既经核准在案,自应准予照奖,以示奖励。再,嗣后供单不得率用油印,以昭郑重,仰高等检察厅查照转饬遵行。此批。抄详,件并发。

---

① 立独,疑为"独立"之误。

附原详

详为邻匪窜劫县属水口保卫团枪械,暨商店瑞丰等家财物一案,破获正盗原赃,谨将讯供情形报请察核事。

窃查县属水口,被邻匪自江苏宜兴境内窜劫,当经知事将勘验值缉情形,抄具勘表、失单详报察核在案。是股盗匪匿居宜兴属境湖河张渚一带①,日夜聚赌,肆行无忌。现值本省独立,队警既不能越境捕匪,邻封复不便准咨协缉,坐是匪胆愈横,弭盗乏术。此种困难情状,当在洞鉴之中。惟是案情重大,自非立予破获,不足以警盗风。即经知事分别咨饬悬赏购缉,并面与水警第十四队邹升高妥商探捕办法,选派干探前往宜兴边境严缉去后。本月五日,由水警侦探胡起鲲、高文三在宜兴湖汊附近山内冒险捕获逸匪沈立成一名,并所携原赃前膛枪一支、大刀一柄,又水口市场特用手筹十一根、笋筹一根,以重赀雇得乡农二人,帮同密解来长,经由邹队长转解到县,讯据供认,伙劫赃起获枪刀、手筹,均是原赃不讳。除传同失主覆讯核判,并设法侦缉逸盗余赃外,理合先将破获赃盗情形,抄录供词,并逸盗名单备文详报察核,并分别咨饬协缉,实为公便。再,是案前请悬赏购缉首盗一名百元,伙盗一名五十元,当已早邀鉴核。此次探警秘密越境破获赃盗,并雇农民帮同解送,似不无微劳足录,应请即照赏格给赏,以昭奖励。合并陈明。谨详。

抢劫水口商号瑞丰等家案内逸盗姓名颜籍单

计开:

洪老八,河南人,年约三十余岁,身中、面黑、光头,向在湖汊张渚一带打流;

---

① 湖河,疑为"湖汊"之误。

余长清,安庆人,年约三十余岁,身中、面圆、有辫,住石山头,家有田地山场;

李大顺,即大荣,安庆人,年约三十余岁,身中、面圆、光头,住石山头;

赵跨子,河南人,年三十左右,身长、面长、有辫,向住张渚;

张和尚,安徽桐城人,年二十八九岁,身中、面圆、光头,在李大顺家帮工;

王姓不知名,河南人,年二十余岁,身中、面长、有辫,前在李大顺家帮工;

宋姓不知名,河南人,年三十左右,身中、面黑、光头,向住张渚。

以上逸盗七名,系获盗沈立成供指。合并声明。

(原载《浙江公报》第一千五百二十五号,二〇至二一页,批牍)

浙江都督吕批

高审厅详诸暨县请提先裁撤清理积案委员
并请奖励涂景新由

详悉。诸暨县清理积案委员涂景新办理积案,尚称得力,仰该厅核奖复夺。此缴。

附原呈

呈为据情转呈请示办法事。

本月十六日据诸暨县知事详称,"案据清理积案委员涂景新详称,'窃景新于民国四年九月间,蒙高等审判厅长庄详奉巡按使屈委任诸暨县清理积案事宜,旋即到差,由吴前知事发交民刑旧案八百八十一件①,内计已结案二百八十一件,未结案六百件。

---

① 吴前知事,即吴德耀,民国四年六月至民国五年二月任诸暨县知事。

景新审查各案情节，类属重大，证据不尽充分，时用竞惕，惧弗胜任，黾勉迄今，已阅八月，计所办结共五百五十八件，尚遗未结之案四十二件，其中事实或以日久，难以侦查，或系被告在逃未获，虽施查缉手续，亦复速效难期，预计展期内万难肃清，若徒耗糜俸糈，问心实多惶愧，再四思维，惟有恳请转详准予尽本月十五日止，提前裁撤，以节经费。所有未结之案四十二件，仍交知事接收，以清手续，藉便结束。为此缴同委状，备文详请察核，即赐转详，实为公便'等情。据此，查本邑民风好讼，所有民刑案件，大率皆应构事实，审理不得其道，即情俗未易区分，从前积案至一千余起之多，何莫非承审非人所致。该委员就职以来，时仅八阅月，办结积案共计五百五十八件，处理悉协公平，民情大抵允服。知事在浙有年，如该委员学识明通、经验宏富，殊不数数觏，现虽遗未结之案四十二件，然期限未到，因各案有不能了结之事实，其未一律肃清，于该委员似难责备。除将所遗案件，由知事接收办理外，理合将该委状缴销，据情转详，并请照章优予奖励，以资激劝。能否准行之处，伏候钧厅鉴核批示祗遵，并缴委任状一纸"到厅。据此，查该委员清理积案，尚称得力，实堪嘉许，所请提前裁撤一节，既据该县详称仅遗未结之案四十八起，且限将届，应即准予裁撤。至该县所请照章优予奖励之处，本厅未敢擅专，除批准裁撤并饬该知事将所遗未结案四十八起赶速清理外，合将该县请奖缘由备文呈请都督批示祗遵。谨呈。

（原载《浙江公报》第一千五百二十五号，二一至二二页，批牍）

浙江都督吕批

据警政厅长呈复内河水警改造飞划经费
请酌裁侦探费腾拨仰转饬知照由

呈悉。舢板改造飞划，既据该厅长查系必要，所估价格亦无浮

滥，应遵前批照准。所请酌裁侦探费腾拨此项不敷经费，事属可行，仰转饬知照可也。此批。摘由发。六月四日

附原呈

呈为呈复事。本月二十二日奉都督饬，"案据内河水上警察厅厅长徐则恂详请查复第十三队改造飞划、售卖舢板价格相差缘由请察核事，本年四月十二日奉前巡按使批厅长详为第十三署拟请变卖舢板改造飞划请核示由，奉批，'据详改造飞划价格，与舢板售价，何以相差如是之远，该厅临时经费需用甚多，务须极力撙节。究竟该署舢板有无改造飞划之必要，及造售各价是否核实，仰即由厅详晰查明，再行详夺。此缴'等因。奉此，查该队舢板四只，置造年久，木质朽坏过甚，年须修费不赀，且无多时耐用，每只售洋八元，尚属核实。至改造飞划，因现时百物腾贵，所有人工、木料靡独不然，各船厂所估价格均不相上下，实无浮滥之弊。至舢板吃水太深、行势不灵，改造飞划，尤为因公便利起见，亦为必要。所有查明以上各缘由，理合备文详复，仰祈察核示遵等情。业经批示，'售价之核实，改造之必要，既各查明，自应准予照办，惟现在经费支绌，候饬警政厅通盘筹算，具复核夺可也'。除批示外，合饬该厅长将临时经费项下通盘筹划具复核夺"等因。奉此，查该厅临时经费，除额支外仅剩一万二千六百二十四元，又侦探费每月一百九十七元，稽查员每月四十元，临时司书每月二十元，枪匠月支三十元，又添招临时水巡每月三百九十二元，似难腾拨。惟侦探费一项，该厅每月开支较大，拟请饬其酌裁，每月以百元为最大限，全年腾拨可得千余元，以之抵拨，是否可行，仰候察核批示施行。谨呈。

（原载《浙江公报》第一千五百二十五号，二二至二三页，批牍）

浙江都督吕批

警政厅长呈报萧国炘等三员为内河水警厅差遣请备案由

呈悉。此批。摘由发。六月四日

附原呈

为呈报事。案奉都督饬开，"案据内河水上警察厅厅长徐则恂详称，'职厅管地辽远，事务繁多，往往需人调遣。查有萧国炘、端木彬、陈式泽三员，堪以派委职厅差遣，并拟每月给薪洋三十元，以资调用，检具履历三份，仰祈察核委用'等情。业经批示，'详悉。所请萧国炘、端木彬、陈式泽三员，堪派该厅差遣，候饬警政厅核明办理可也'。除批示外，合饬该厅查明核办具报，并发履历三纸"等因。奉此，查内河水警厅辖地辽远，事务殷繁，原有职员不敷调遣，自系实情。察核该厅长所荐萧国炘、端木彬、陈式泽三员，资格亦无不合，自应准照所请，俾资佐理。除分别委任并饬该厅长查照外，理合备文呈报都督鉴核备案。谨呈。

（原载《浙江公报》第一千五百二十五号，二三页，批牍）

浙江都督吕批

钱塘道道尹呈请委第二联合县立师范讲习所所长由

呈及履历均悉。据请以孙增大充任第二联合县立师范讲习所所长，应照准，仰民政厅查照，将发去任命状转给祗领。此批。抄词连原送履历及任命状、呈发。

（原载《浙江公报》第一千五百二十五号，二三页，批牍）

浙江都督吕批

发民政厅为新委镇海县知事樊光请准辞职由

据呈该员患病未瘥，请准辞职等情，应即照准，仰民政厅查照饬

知,遗缺并由该厅迅即遴员呈候任用,以重职守。此批。摘由发。委状注销。六月四日

（原载《浙江公报》第一千五百二十五号,二四页,批牍）

附 浙江民政厅饬第三百五十二号
饬新委镇海县樊知事奉都督批发该员辞职一案由

为饬知事。案奉都督批发委镇海县知事樊光呈请辞职一案由,奉批,"据呈该员患病未痊,请准辞职等情,应即照准,仰民政厅查照饬知,遗缺并由该厅迅即遴员呈候任用,以重职守。此批。摘由发。委状注销"等因。查此案前据该员并呈到厅,即经照准,并呈荐接充在案。兹奉前因,合亟饬仰该员知照。此饬。

民政厅长王文庆

右饬新委镇海县知事樊光。准此。

中华民国五年六月十二日

（原载《浙江公报》第一千五百二十九号,一页,饬）

浙江都督吕批
发民政厅为宁波警察厅长周琮呈请以应拔等
三员勤劳卓著以县知事存记由

据呈该厅警正应拔,警佐胡英陶、侯继翻等三员,办理警务勤劳最著,请以县知事存记,尽先任用等情,列叙成绩,是否符合,仰民政厅分别查核办理复夺,并转饬该厅长知照。此批。原详连同履历抄发。

附原呈

呈为警正应拔等勤劳卓著,恳请优予擢用,以励贤能而资治理事。

　　窃维警察以保卫治安、维持秩序为天职，宁波系通商巨埠①，轮轨交通，五方杂处。平日诘奸禁暴，对内对外，时深覆𫗧之虞。自吾浙宣布独立以来，人心惶惑，风鹤频惊，一发千钧，关系尤重，防护稍有疏虞，即易牵动全局。厅长忝膺重寄，尽力维持，上赖钧督德威之感，下藉群僚赞助之功，得以勉支危局，幸获安全。综计所属勤劳，未便湮没，自应择尤保荐，以昭激励。兹查有警正应拔，前清附生，本省高等巡警学堂正科最优等毕业，历任省会警察局稽查、巡官暨省城警察厅科长等职，民国三年五月间厅长奉令组织宁波警察厅，经前浙江民政长屈檄调来宁，充任秘书兼总务科科长，帮同筹划，井井有条，一切章制悉出其手。是年八月间，厅长因病请假，由该员代行职务，适值天时亢旱，乡民聚众祈雨，又值各处调查学龄风潮剧烈，匪徒乘机思逞，地方岌岌可危，竟能妥速镇定，弭患无形，厥功甚伟。至平日办理机要暨交涉事宜，以及综核各科文牍，辛勤备至，成绩昭然。独立后筹拟维持，深资臂助。此次厅长兼代道尹，厅务尤赖匡襄。该员学识优长，宅心正大，曾任荐任职三年以上，更富有政治经验。

　　又，警佐胡英陶，曾在本省赤城公学师范科暨高等巡警学堂正科优等毕业生，历充宁海县公署科员、浙江全省教练所教习、省城巡察队书记长暨警务视察员，职厅开办时，经前浙江民政长屈委充总务科一等科员，举凡经费之出纳、警额之分配、功过之考核以及军械服装之配置收发、各署房屋之营造修缮，咸出一手，昕夕不遑。该员处理周详，有条不紊，凡所赞划，悉中肯綮。此次宣告独立，由厅长派令监理本埠金融机关，并会商各属保护外，人民生命财产，悉臻妥协。迨中、交两行钞票停兑令下，商民恐慌，尤赖走各处妥筹善后，卒使市面安全，深资得力。该员才

―――――――――――

① 巨埠，底本误作“距埠”，径改。

长心细，为守兼优，朴实耐劳，尤属难能可贵。

又，警佐侯继翻，前清俗生，报捐县丞，在本省官立法政学校别科毕业，迭充桐庐县公署科员、乐清县暨龙泉县帮审员、龙泉县科长。于民国五年五月间，经前浙江民政长屈调委职厅司法科科员。职厅内部组织，本极简单，关于司法事宜，由该员一人主办。宁波地当冲要，违警犯罪之案，层出不穷，每月审理案件多则三四百起，少则亦二三百起，其重要及疑难之案，不一而足，精心研鞫，务得实情，宵旴勤劳，始终不懈。吾浙举义以来，深恐匪徒扰乱，该员督率探警四处侦缉，摘奸发伏，境内肃清，间阎安堵，裨益宏多。该员法学精详，政治练达，听断之才，尤其所长。

以上三员勤劳最著，且均为任重致远之才，仰恳钧督俯准以县知事存记，遇缺尽先任用，以励贤能而资治理。所有警正应拔等勤劳卓著优予擢用缘由，理合取具履历，备文呈请钧督察核批示施行。谨呈。

（原载《浙江公报》第一千五百二十五号，二四至二五页，批牍）

浙江都督吕批

发警政厅为呈荐该厅参事邹可权等
准照给任命状随批并发由

据呈荐该厅参事邹可权暨科长杨桂钦、陈世矩、朱旭夫、夏钟澍等共五员，并照准，任命状五道随批并发，仰即转饬祗领，仍取具该参事等详细履历具报备查。此批。摘由发。六月四日

（原载《浙江公报》第一千五百二十五号，二五页，批牍）

浙江都督吕批

淳安县知事阮陶镕辞职遗缺准以汤国琛接充由

呈及履历均悉。据称淳安县知事阮陶镕因病辞职，遗缺以汤国

琛接充,应即照准,合将任命状随批并发,仰即转饬祗领具报。此批。摘由发。履历存。再,查该厅所具公文,向未备有副呈,嗣后关于呈请核示之件,须附备副呈,以凭批缴。六月四日

（原载《浙江公报》第一千五百二十五号,二五页,批牍）

附 浙江民政厅饬第三百五十一号

饬淳安知事阮陶镕奉都督批该知事辞职另委接充由

为饬知事。案查本厅奉前都督屈发该知事因病辞职一案,即经照准,遗缺并经遴员呈荐接充在案。兹奉都督吕批开,"呈及履历均悉。据称淳安县知事阮陶镕因病辞职,遗缺以汤国琛接充,应即照准,合将任命状随批并发,仰即转饬祗领具报。此批。摘由发。履历存"等因。奉此,除另饬外,合亟饬仰该知事查照,一俟新任到日,即便妥为交替,分报备查。此饬。

民政厅长王文庆

右饬淳安县知事阮陶镕。准此。

中华民国五年六月十二日

（原载《浙江公报》第一千五百二十九号,三至四页,饬）

浙江都督吕批

杭县人民相炎德禀蠹书成群朦官虐民请饬设柜完粮由

据禀各节,是否属实,所请设立分柜之处,是否可行,仰盐运使饬仁和场知事查核办理。此批。六月四日

附原禀

为蠹书成群,朦官虐民,呈请恩准转饬设柜完粮,以杜弊窦而纾民困事。

窃民世居治下杭县笕桥地方,素系业儒,安分守己,并不干

预外事。适有浙西仁场所属粮书勒索敲诈,弊端百出,其酷更甚于专制,谨将劣迹数端节录如下:

(一)场内开征,由单、粮串并发,该书等胆敢将由单隐匿,民国元年起直至如今,向不给发各粮户,实属藐视国法;

(一)沙地科别,有库税灶之分,该书等每亩勒索乡包费钱四十文;

(一)凡有乡民户管执照,均由该书等私出,官署无从查考,甚致提粮每条费洋四角,立户四元、六元不等,非敲诈而何;

(一)花户名册,临时开征取去,使官厅无可对查。

以上各节,民查察日久,详审已熟。因上年场长、书吏人等屡有升迁掉动,未便痛陈利弊,若不乘此时机,重加整顿,使小民受害,何堪设想?第思除弊,首先给发由单,场内设总柜,桥司设立分柜,乡民完粮,以免奔走之劳,一切须照杭县章程,办法尤为妥善。临时出示晓谕,如无由单者,将上年粮串为凭,准可补遗,从中有莫大之利弊,民未敢明言,所虑在该场里书十二人,团体坚结,不能遵行耳。至于民家沙地,寸土毫无。值此共和时代,应兴应革事件,汉族一分子,聊思救世之方,为此不避嫌怨,故敢不揣冒昧直陈,呈请都督麾下俯赐察核,并请知会盐运使饬下场长迅速施行,则国家幸甚,同胞幸甚。

(原载《浙江公报》第一千五百二十五号,二六页,批示)

都督府咨复参议会

公布修正浙江省护国军政府组织法由

为咨复事。本月六日准贵参议会咨开,本年五月二十六日准贵都督咨开,"兹查《浙江省护国军政府组织法》第六暨第八两条有应加修正之处,除派员陈述理由外,合将修正《浙江省护国军政府组织法》第六、第八两条法案另缮清摺,送请贵参议会议决见复。此咨。附清

摺一扣"等因,并由本会议员提出修正案,业经一并议决,相应咨复贵议长查照。此咨

浙江参议会议长张

都督吕公望

中华民国五年六月六日

浙江省护国军政府组织法

第一章　总纲

第一条　以浙江省固有之区域,组织护国军政府统治之。

第二条　本军政府以都督及所属各机关,与参议会、法院构成之。

第二章　都督

第三条　都督统率全省水陆军队,总辖一切政务,颁布法律、命令,依法任免文武官吏,对外为全省代表。

第四条　都督府设参谋长一员,赞助都督,参与机要,都督有事故未能执行职务时,得暂行代理。

第五条　都督府设军事参议会,备都督重要军务之咨询。

第六条　都督府设军务厅、秘书处,其组织由都督定之。

第七条　都督于军务政务上,认为必要时,得设顾问及咨议。

第八条　都督统属机关如左:

一、民政厅,承都督之命,处理全省民政事宜;

二、警政厅,承都督之命,处理全省警政事宜,但地方警察权直属于民政厅;

三、财政厅,承都督之命,处理全省财政事宜;

四、盐运使公署,承都督之命,处理所属盐政事宜;

五、交涉使公署,承都督之命,处理全省交涉事宜。

第九条 前条所定各机关之组织另定之。

第十条 特任官除军官外,须经参议会之同意,由都督任命之。

第十一条 都督对于法律案及预算案之执行,须先提出于参议会,但遇紧急不及提出时,执行后须提请追认。

第十二条 都督对于参议会议决之法案有异议时,得于七日内申说理由,提交复议,但以一次为限。

第三章 参议会

第十三条 参议会为临时立法机关,议决法律案及预算案。

第十四条 参议会监督全省政务。

第十五条 参议会之组织,另以参议会法定之。

第四章 法院

第十六条 法院以都督任用之审判、检察各厅人员组织之。

第十七条 法院之编制另定之。

第五章 附则

第十八条 本法经参议会之议决得修政之。

(原载《浙江公报》第一千五百二十六号,一九一五年六月十二日,首至二页,咨)

都督府咨请参议会

浙江省县官制提交复议由

为咨请事。本月一日准贵参议会咨开,"浙江省县官制,业经本会议决,相应缮具清摺,咨请公布"等因,并附清摺一件到府。准此。兹本都督对于该法案认为尚有需加修正之处,特申说理由,缮具清摺,依据《浙江护国军政府组织法》第十二条之规定,咨请贵会提交复议,即希查照。此咨

浙江参议会议长张

附清摺一扣。

都督吕公望

中华民国五年六月　日

清　摺

查第五条、第九条、第十八条等规定，"县知事之上级机关，达于民政厅而止"。又查知事与都督直接关系各条，均无规定，惟第八条有"知事于辖境内发生事故需用兵力时，得呈请都督"等语，是县知事舍军事外，竟与都督不生何等直接之关系，核与现制都督兼辖军民不符。此应请修正之理由一。

第五条，"知事直接受民政厅长之指挥、监督"。案，知事对于其他各厅署，受其指挥、监督，同为"直接"关系，不如删此二字，免致误会。又，盐运使、交涉公署亦得处理所属暨全省盐政、交涉事宜，于条文规定内，并须注意。此应请修正之理由二。

第八条，"县知事于紧急时，得径咨驻在军队长官，咨其调遣"。按，军队自有系统，纵使事机紧急，调遣之权，仍宜属之该驻在地军队长官，若径以县知事调遣军队，必多窒碍，应改为"紧急不及呈请时，得径向驻在军队长官请求处理，一面仍即呈报都督"，如此规定，庶易执行。此应请修正之理由三。

第九条，"科长代理知事职务，得由知事指定，不须先请示于民政厅长"，恐滋流弊。但必须俟得民政厅长许可，事实上亦或有急不及待之时，不如规定，"以第一科科长代理"，较有一定顺序可守。此应请修正之理由四。

第十一条，"科长、科员由县知事荐请民政厅委任"，原系向来办理如此，惟案科长管理一科事务，责任较重，由民政厅长委任，本属正当。至其他科员，应即由知事自行委用，以省手续，并求实际上之便利。此应请修正之理由五。

（原载《浙江公报》第一千五百二十六号，二至三页，咨）

浙江都督府饬军字三百四十四号

饬据绍萧两县知事详称火神塘塘工紧要派袁钟瑞
为监工员赉款前往兴修并饬民财两厅知照由

为饬知事。案据绍、萧两县知事会详略称，"奉前巡按使屈批天乐乡火神塘塘工紧要，官厅亦应量予维持，准由该知事等体察情形，就地方公款项下酌量补助等因。知事等拟以上年风潮为灾案内修塘赈款余存款内提银三百元，拨给补助，仰祈察核"等情。并据绍、萧临浦镇商务分会总理吕祖楣等详略称，"临浦镇火神塘，自去年夏间海啸，江水大涨大落，九、十月间又洪水奇涨，塘身卸陷过半，今春山洪暴发，更见岌岌可危，恳请派员察视"等情。当经派员勘报，据复详称，火神塘自临浦镇之绍界后塘头起，沿江至茅山闸后止，计长二里许，塘内田亩计约六七百亩之则，庐墓房屋十居其三，兼之合镇市场及商会、自治会、学校、育婴堂各机关等，亦均列其间，且为诸、义、浦三县陆路通商之要道，故该塘实为该镇重要之外障。又查西江塘之一段，自该镇峙山麓起，至麻溪坝止，与火神塘衔接，计长四里有余，已围该镇之后，火神塘如弓弦，西江塘如弓背，该镇及田庐等适在其中，故火神塘一经出险，该镇先受其害，而西江塘势亦难保，害必延绍、萧全境。此欲保西江塘必先修火神塘之实在情形也。兹将火神塘修筑情形分详于后：

（一）损坏情形。火神塘第一段，火神庙前全塘低陷约四五丈，校之旧有塘面已陷下三四尺，其中段塘身濒江一面约计二千余丈，下陷最甚，较之旧有塘面陷下十之五六，余亦断续坍卸，或丈余，或数尺，约计十余处。究其原因，实因由诸、义、浦三县之水，直泻而下，至该塘对岸李家嘴汇激而成，故欲筹根本上之补救，非开去李家嘴，不足以杀冲激该塘之水势。但目下缓不济急,且公家一时无力筹措若大巨款,祇能先修该塘以为治标之策。

(二)修筑办法。第一段全塘下陷,自宜加土培高,俾与旧塘面相平,其中段适与李家嘴相对,受冲最甚,故非下桩抛石,不能抵御。其余卸陷各处,亦须培土增修,尤须择要下桩抛石。

(三)工程筹画。通常修塘,例由塘内就近塘身田亩取泥,惟该塘里面,左近概系房屋、荡地,故不得不向对江取泥。惟对江浮沙无多,取之既恐不足,且江水涨落不时,取之尤恐不便。若能以官价再购民田三四亩,庶足以供取泥之用矣。中段应下桩木,约计需五百支,每支须长英尺二丈四五尺,下桩之处,均须抛掷滩石,数难骤计。

(四)经费及时间之估计。桩木及下桩费,至少约需洋一千五百元,购买民田费约需洋一百六十元,滩石费约需洋三百元,船方(雇船向他处取泥每方核计之价)至少(约须三千方)约需洋一千八百元,益以杂项开支,共约需洋四千元左右。至于时间,除天雨及采办木石,未能预定外,约须三个月,方可竣工等情前来。

查火神塘既关一方安危,自未便任其坍陷,酿成巨灾。惟覆勘修筑经费约需四千元左右,虽值省库支绌,拨款维艰,而民瘼所在,自不得不勉力筹措,以安农商。兹由本都督薪公项下先予拨洋二千元,委派本府顾问袁钟瑞为监工委员,赍款前往兴修,其不足之款,责成绍、萧两县知事协筹解用,以资补助。除分饬遵办具报外,合行饬仰该厅长知照。此饬。

都督吕公望

右饬民政厅厅长王文庆、财政厅厅长莫永贞。准此。

中华民国五年六月六日

(原载《浙江公报》第一千五百二十六号,四至五页,饬)

浙江都督府饬军字同上号

饬知绍兴萧山两县据详火神塘工程委派袁钟瑞
监工赍款兴修其不足之款仍责成该知事
协筹拨补仰即遵照由

为饬遵事。案据会详略称，"奉前巡按使屈批天乐乡火神塘塘工紧要，官厅亦应量予维持，准由该知事等体察情形，就地方公款项下酌量补助等因。知事等拟以上年风潮为灾案内修塘赈款余存款内提银三百元，拨给补助，仰祈察核"等情。并据绍、萧临浦镇商务分会总理吕祖楣等详略称（云云与上饬同）等情前来。查火神塘既关一方安危，自未便任其坍陷，酿成巨灾。惟覆勘经费约需四千元左右，虽值省库支绌，拨款维艰，而民瘼所在，自不得不勉力筹措，以安农商。兹由本都督薪公项下先予拨洋二千元，委派本府顾问袁钟瑞为监工委员，赍款前往兴修，其不足之款，责成该知事等协筹解用，以资补助。除分行民、财两厅知照外，合行饬仰该知事等遵照，办理具报，毋稍违玩，切切。此饬。

都督吕公望

右饬绍兴县知事、萧山县知事。准此。

中华民国五年六月六日

（原载《浙江公报》第一千五百二十六号，五至六页，饬）

浙江都督府饬军字第同上号

饬袁钟瑞监工与修火神塘工程由

为饬遵事。案据详复前奉饬知以据绍、萧临浦镇商务分会总理吕祖楣等详称（云云与上饬同）等情。据此，查火神塘既关一方安危，自未便任其坍陷，酿成巨灾。虽值省库支绌，拨款维艰，而民瘼所在，自不得不勉力筹措，以安农商。兹由本都督薪公项下先行拨洋二千元，即任命该员为火神塘监工委员，赍款前往，会同该地正绅照详修筑,其不足之数,责成绍、萧两县知事筹款拨补。除分饬知照外,合将任命状饬发该员遵照,妥为办理,并俟工竣核实报销。此饬。

计发任命状一张、洋二千元。

都督吕公望

右饬本府法律顾问袁钟瑞。准此。

中华民国五年六月六日

(原载《浙江公报》第一千五百二十六号,六页,饬)

浙江都督府饬军字第三百四十五号

饬为委吕习常为本府军务厅差遣孔宣

为本府军务厅厅附由

为饬遵事。查有该员堪以派充本府军务厅差遣/厅附,月给薪水洋二十四元/五十元,合行饬委,仰即遵照。此饬。

都督吕公望

右饬吕习常、孔宣。准此。

中华民国五年六月六日

(原载《浙江公报》第一千五百二十六号,六页,饬)

浙江都督府饬军字第三百四十六号

饬委杨世杰等充本府差遣由

为饬遵事。查有该员堪以委充本府差遣,月给薪水洋三十元、二十元,合行饬委,仰即遵照到差。此饬。

都督吕公望

右饬(三十元)杨世杰、章燮、赵迎喜;(二十元)汪涛、潘体熹、奚望青、陶昀光、陈冲、徐骥、韦以成。准此。

中华民国五年六月六日

(原载《浙江公报》第一千五百二十六号,六至七页,饬)

浙江都督府饬军字第三百四十八号

饬知二十五师长委张志强等九员充该师差遣由

为饬知事。查有张志强等九员，堪以委充该师差遣，月薪照后开清单数目支给。除分饬外，合行饬仰该兼代师长知照。此饬。

计发清单一张。

都督吕公望

右饬兼代第二十五师师长周凤岐。准此。

中华民国五年六月六目

计开：

张志强，预备学校肄业，二十元；

潘松年，又　　　　　，二十元；

徐　龙，陆军小学堂毕业生，二十元；

张　理，预备学校肄业生，二十元；

娄鹤鸣，又　　　　　，二十元；

叶　青，弁目学堂毕业生，二十元；

陈采明，浙江武备学堂毕业生，三十元；

蒋鸣仑，军官学堂肄业生，二十元；

杨敏学，鄂省陆军第二预备学生，二十元。

以上九员。

（原载《浙江公报》第一千五百二十六号，七至八页，饬）

浙江都督府饬军字同上号

饬委张志强等充第二十五师差遣由

为饬遵事。查有该员堪以委充陆军第二十五师差遣，月给薪

257

水十元①。除分饬外,合行饬委,仰即遵照。此饬。

都督吕公望

右饬。准此。

中华民国五年六月六日

(原载《浙江公报》第一千五百二十六号,八页,饬)

浙江都督府饬军字第三百五十八号

饬委本府军务厅校对各职员司由

为饬遵事。照得本府军务厅现充各职员司,凡系由浙军总司令名义委充者,均应由本都督给予饬委,以符名实而资信守。合行饬委,仰即遵照。此饬。

都督吕公望

右饬。准此。

中华民国五年六月七日

正校对员	姚灿先	
副校对员	倪树德	
正收发员	汤 枚	
副收发员	杨积孙	
文库员	王光通	
文牍员	王盛麟	
招待员	何志城	龙 斌
稽 查	李玉椿	
军需庶务员	金在镕	
军需司事	厉 恒	王克縻

---

① 十元,前文作"二十元",疑有脱字。

监印司事	孙廷燊	
收发司事	翁以智	
石印司事	赵佐翰	
油印司事	钱寿彭	
文库司事	郭斐然	虞际唐
密电员	陈文浩	
电务员	刘昌珪	寿雪亮
译电员	周子安	刘昌纬

（原载《浙江公报》第一千五百二十六号，八至九页，饬）

浙江都督府饬政字第　号

饬民政厅为浦江县知事赌禁废弛请查禁由

为饬知事。据浦江县民人金国锡禀称，该县知事张鼎治纵民赌博等情。据此，除批"禀悉。该县知事赌禁废弛各节，如果属实，殊于地方治安有碍，候仰民政厅转饬从严查究可也。此批"悬挂外，合行抄发原禀，饬仰该厅长即便转饬该县知事查禁究报，毋稍徇纵，切切。此饬。

都督吕公望

右饬民政厅厅长王文庆。准此。

中华民国五年六月　日

（原载《浙江公报》第一千五百二十六号，九至一〇页，饬）

浙江都督吕批

龙游县详报解犯汤光耀中途殴警脱逃悬赏缉获由

据详已悉。犯人汤光耀中途用石殴伤警兵曹文广，乘隙泅水脱逃，追捕无迹，实属愍不畏法。惟该犯人刑具羁身，凫水逃跑，亦难游泳，究竟该警兵曹文广是否串通得贿故纵，仰高等检察厅查照，迅即转饬该县知事讯明确情，具报核夺，仍派干警会同营讯一体严拿逸犯汤光耀，务获究办，切切。此批。抄详发。

附原详

详为具报递解犯人汤光耀，中途殴伤警兵脱逃，现正悬赏缉拿事。

窃于本年五月九日准兰溪县转准前途各县咨，准浙省警察厅函，准高等检察厅发递江山县不服第一审判决杀人罪控诉一案犯人汤光耀，逐程递解到县，当即备具文批派警给资转递去后。旋据原解警兵曹文广旋署禀称，伊于十日早晨管解该犯汤光耀动身，先由施家埠搭船，约行五里多路，因风大船不得开，急欲赶路，遂同该犯上岸行走。比及走至离衢城十里东节港地方过渡时，不料该犯突用石子打来，伊即用马刀格去，第二石子又飞来，伊不及避，致被打中右手腕疼痛，马刀落地，伊正在拾刀，该犯即凫水逃跑，伊亦凫水跟追，并就地报知樟树潭警察分驻处长警，四出帮同追捕无踪，理合禀请缉究等情，并据警队长朱鹏飞同报前来。据此，知事讯据警兵曹文广供与报词相同。查验其右手腕有石子伤一处青肿，填单附卷。惟该警兵虽经受伤，疏忽之咎，究属难辞，当即发所管押。除选派干练兵警悬赏勒限严缉，并一面飞咨犯籍江山县暨邻封各县一体协拿该逃犯务获究办外，理合将递解犯人汤光耀中途殴伤警兵脱逃缘由，备文详报，仰祈都督鉴核。再，检阅是案随犯同解之卷宗长文，得悉该犯汤光耀系因用砖块殴伤汤开应身死案内，经江山县审实，依照《刑律》第三百十一条杀人罪，判处一等有期徒刑十年，该犯不服控诉，当经高等审判厅改依同律第三百十三条第一款伤人致死罪，仍处一等有期徒刑十年，系属已决之犯。所有原卷长文，仍固封邮寄江山县收存备案，合并声明。谨详。

（原载《浙江公报》第一千五百二十六号，一一至一二页，批牍）

浙江都督吕批

第二十五师师长呈为姚绥寿委充
第二十师补充兵第二营军医由

呈悉。姚绥寿准予委充该师补充兵第二营二等军医,委状随发,仰该师长转给祗领具报。此批。履历存。六月二日

计发委状一纸。

（原载《浙江公报》第一千五百二十六号,一二页,批牍）

浙江都督吕批

第二十五师师长呈为委充赵寅元为补充兵第三营军医由

呈悉。赵寅元准予委充该师补充兵第三营二等军医,委状随发,仰该师长转给祗领具报。此批。履历存。六月二日

计发委状一纸。

（原载《浙江公报》第一千五百二十六号,一二页,批牍）

浙江都督吕批

浙江游击队营长呈请设书记军需专员以重职守由

呈悉。应准照办,除书记、司书等由该营长径行委用外,仰将发到军需蔡德久委任状转给祗领。此批。六月三日

计发委任状一张。

（原载《浙江公报》第一千五百二十六号,一二页,批牍）

浙江都督吕批

详为改良模范养蚕场应请准予仍照前拟俟缫丝厂成立
再行附设开办并将先行设场饲育春蚕以示
提倡各情形具文详请察核由

详悉。筹设改良模范养蚕场,本为振兴国产起见,该县藉口无人,

延不设办,殊属非是。惟据称已设试验养蚕场,讲求饲育方法,以示提倡,姑准备案,徐观后效。一面仍宜赶筹模范养蚕场之基础,限于明岁春蚕期前完全成立,仰民政厅核饬知照。此批。详钞发。六月二日

（原载《浙江公报》第一千五百二十六号,一二页,批牍）

浙江都督吕批

第六师师长呈为炮兵营长王惟连前充第五军一等
军械员实任军职已有三年请予记升加薪由

呈悉。炮兵第六团第二营营长王惟,既据该师长声明,该员曾于民国元年六月至十月间充任前第五军司令部一等军械员,秩视少校,核其实任军职已在三年以上,应准记升中校,照中校八成支薪,以示鼓励,仰即转饬遵照。此批。六月四日

（原载《浙江公报》第一千五百二十六号,一二页,批牍）

浙江都督吕批

第六师师长呈为步兵二十一二两团副官及
连长各缺以朱化龙等分别升充由

呈悉。应准照办。仰将发到各该员委任状转饬给领。此批。六月三日

计发委状九张。

（原载《浙江公报》第一千五百二十六号,一三页,批牍）

浙江都督吕批

第六师呈为二十四团第八连连长缺
以该连排长翁尚宾等分别递升由

呈悉。步兵第二十四团第八连连长缺,准以该连一排长翁尚宾升代,照上尉八成支薪;所遗一排长缺,准以该连三排中尉排长王斌

调充,照支原薪;递遗三排长缺,准以该团差遣戴权补充,照少尉八成支薪。委任状随发,仰即转饬给领。此批。六月三日

计发委任状三张。

附原呈

为呈请事。窃查步兵第二十四团第八连连长徐鲲,业奉钧饬调升该团第二营营长在案。所遗连长缺,自应遴员请委补充。兹查有该团第八连一排排长翁尚宾,堪以升代,照上尉八成支薪;递遗八连一排长缺,查有该连三排长现坐升中尉王斌,堪以原薪调充;递遗之缺,查有该团差遣戴权,堪以补充,照少尉八成支薪。是否有当,理合备文呈请,仰祈鉴核示遵施行。谨呈。

（原载《浙江公报》第一千五百二十六号,一三页,批牍）

浙江都督吕批

第六师师长呈为二十二团三连连长缺以该连排长 徐长春朱宗涌吕兆飞等分别升补由

呈悉。步兵第二十二团第三连连长缺,准以该连中尉排长徐长春升充,月薪照上尉八成支给;遗缺准以该连三排排长朱宗涌升充,照中尉十成支薪;递遗排长缺,准以二等候补尉官吕兆飞委充,照少尉十成支薪。仰将发到该员等委任状转饬给领遵照。此批。

计发委任状三张。

（原载《浙江公报》第一千五百二十六号,一三页,批牍）

浙江都督吕批

第六师师长呈为骑兵团四连排长缺以司务长 马云程升充遗缺以邵本瀚补充由

呈悉。骑兵第六团四连二排排长缺,准以该团第三连司务长马云程升充,照少尉十成支薪;遗缺准以邵本瀚补充,照准尉十成支薪。

仰将发到马云程委任状转饬给领遵照。此批。六月三日

计发委任状一张。

（原载《浙江公报》第一千五百二十六号，一三至一四页，批牍）

浙江都督吕批

嘉湖戒严司令官呈为游击队统部仍
请准予添设副官员缺由

呈悉。据称王骥遗缺，业由哨官黄邦贵等分别递升，若令王骥仍
回原差，其对于递升人员，处置为难，自系实在，本可变通办理，惟查
台属游击队统部编制并无副官名目，该统部事同一律，未便独异，仍
应将副官员缺裁撤，改设稽查。王骥一员，由该司令官量予位置具
报，仰即转饬遵照。此批。六月三日

（原载《浙江公报》第一千五百二十六号，一四页，批牍）

浙江都督吕批

兼代第二十五师师长呈为补充营连长吴宗树等
七员请改为九十八团团附连附由

呈悉。连长吴宗树、王强二员，准委充第九十八团上尉排长；史
鉴、吕佐、柏顺安、吕名扬、徐云显等五员，准委充该团少尉。仰将发
到该员等委任状转饬给领。此批。六月四日

计发委任状七张。

（原载《浙江公报》第一千五百二十六号，一四页，批牍）

浙江都督吕批

嘉湖戒严司令官呈为请加委裘燮廷
为游击队第二营副官由

呈及履历均悉。嘉湖游击队第二营副官兼第一哨哨官裘燮廷，应准
加委，以昭慎重。仰将发到委任状转饬给领。此批。履历存。六月四日

计发委任状一张。

（原载《浙江公报》第一千五百二十六号，一四页，批牍）

浙江都督吕批

台州镇守使顾乃斌呈台米出口素无限制
请改定办法通饬实行由

呈悉。禁米出口，本为维持民食、限制私贩起见，据称《查米局章程》窒碍难行，暨办事积习成弊各节，极为有见，仰民政厅妥议呈复核夺。至鄞县各商详请放运米石，共计若干，如果该商购运之米系在独立以前，确已办就，自应准其报运出口，以恤商艰，并仰该厅电商顾镇守使酌核办理，复夺可也。此批。六月四日

附原呈

呈为台米出口素无限制，请改定办法通饬实行，以惠农商而维民食事。

窃查台属临、黄、温三县，皆称产米之区，除供给宁、天、仙三县外，都系运向甬属销售。前巡按使为禁止私贩起见，特于临海之海门、黄岩之金清港、温岭之松门，各设查米局一所，以县知事为监督，水警总署长为总稽查，颁布《查米章程》二十三条。此项办法，苟能切实施行，自于台属民食不无小补。乃闻自查米局设立以来，并不照章办事，私贩运米，不过须向该局致送漏规，或购封条数张，始可畅行无阻，否则查获充公而已。因此之故，人民对于查米局既啧有烦言，而食米之出口遂络绎不绝。前镇守使张载阳因鉴于此，深恐源源贩运，内地必有缺米之一日，台属民贫俗悍，后患无穷。故于宣告戒严之际，出示晓谕，除军米、济荒两项，一律禁运。嗣后米价渐低，贫民颇食其惠。惟自职使任事以来，颇有为难之处，盖既禁即不应或弛，既弛即不能复禁，此固

一定之理。而一月以来,仅鄞县一县,已数次详请放运,均称前于未独立时,据商人禀请给咨,赴台采办米石,兹已办就,未便久储,致遭损坏等语。若坚持到底,则商民受累,若一再通融,则办法纷歧,必遭物议。然此但就目下,职使为难之一端而言也。试为通盘计之,查米局之舞弊,因堪痛恨①,而其原由,则出于原订《章程》之不善。《查米局章程》第八条,"各局收入经费分为两项,一充公米石变价,一补助费"。夫米石之有无查获充公,本难预定,至补助费一项,须自县署拨给,尤属渺不可恃。局用经费之无的款,实启其节外生枝之渐也。且设局之宗旨,更欠明了。其《章程》第一条曰,专为严禁私贩、漏米出洋而设,及通观《章程》二十三条,其所谓私与公之分别,不过在无护照与有护照而已,必如何而后可发护照,初无明白之规定也。若此,是不禁富商而禁小贩,不禁大宗而禁少数耳。事之不平,无过于此;言之不顺,亦无过于此。事关民食,本在民政范围之内,职使特因张任既禁运于前,遂不得恝置于后。窃思台属产米固多,惟如上年收成之丰,实为近二十年所仅见。去冬今春,地方安谧,半由于此。然若漫无限制,则米谷虽多,终有运罄之日,若至需由他属购运接济,则台属之贫,为难必甚,况年岁之丰歉不常,米商之欲壑无底,似应明定办法,以杜后患。惟过事遏抑,则如临、黄、温各县年可余米数十百万石,向为出产之大宗,阻其销路,则不但谷贱伤农,抑亦不成政体。职使管见,以为查米局既无经费,尽可不设;稽察之责,似可改归水上警察任之,严定赏罚,应无流弊。至商人运米,或定时期,或限数目,总须内地供求,足以相当,然后准商人贩运。如蒙采纳,拟请交由参议会从长计议,或饬各县知事、商会,各抒所见,呈候核饬施行,统乞钧裁。至职署

① 因,疑为"固"字之误。

目下对于运米一事,应否严禁之处,并乞鉴核训示祗遵。谨呈。

（原载《浙江公报》第一千五百二十六号,一四至一六页,批牍）

浙江都督吕批

第六师师长呈为二十一团吴肇基等
五员请分别升级加薪由

呈悉。步兵第二十一团第一营营长吴肇基、第三营营长钱皋二员,均准升为中校,仍照中校八成支薪;该团团副官吕焕光、连长吴伯廉,均准升为少校,仍照少校八成支薪;连长赵志云,准予记升少校,照少校八成支薪,以示鼓励;仰即转饬遵照。此批。六月四日

（原载《浙江公报》第一千五百二十六号,一六页,批牍）

浙江都督吕批

宪兵司令官呈为教练长包焕庚等
三员成绩卓著请升级加薪由

呈悉。该司令处教练长包焕庚①、副官朱璠、第二连连长戴聿乾等三员,既据称办事勤慎、著有成绩,均准如拟分别升级加薪,以示鼓励,仰即分饬遵照。此批。

原　呈

为呈请事。窃维赏罚尚治军之本,黜陟乃用人之方。故凡在职人员,如果著有勤劳,不可无升迁之途,为之策励。查浙省独立以后,军队已经扩充,应需各级长官人数颇众,所以供职他种军队人员,其平时成绩较著者,类皆按照阶级,分别升迁,诚以范围既广,升迁自易,大知小受,操纵得以自如。惟宪兵一部分,

---

① 包焕庚,底本误作"包燠庚",径改。

全数不过六连,在职长官虽有勤劳卓著,理宜升迁,亦以范围狭小,无从设法。且浙省宪兵人才本属无多,若另请调升他种军队供职,则宪兵人才愈少,殊非兼筹并顾之道。职思浙省宪兵成绩颇好,平时整饬军纪风纪,维持地方秩序,功有足多。当此军人效力之秋,自非择尤升迁,不足以昭激劝而示大公。兹查职处教练长包焕庚,系陆军宪兵少校,办事精勤,才具历练,于民国二年十月任职迄今,多所擘画,遇有紧急之时,督察士兵昼夜防范,异常认真,独立以后,职以军务殷繁,尤资臂助。他如陆军宪兵上尉二等副官朱璠,自民国二年八月任事以来,谨慎从公,无时或懈,办理侦探谍报事宜,得力尤多,此次浙省独立,踊跃从事,弥见热忱,洵属军界不可多得之员。又,第二连连长戴聿乾,原系陆军宪兵少校衔陆军宪兵上尉,前在职处充当一等副官,办事颇称勤敏,自民国三年一月调往第二连供职,其地系拱宸商埠,该连长以干敏活泼之才,任保卫维持之责,人地颇为相宜,且兼任湖墅拱宸桥卫戍事宜,竭力保持地方秩序,尤属可嘉。以上三员,成绩既著,自应呈请分别升迁,藉资鼓励。所有教练长包焕庚一员,拟请准予擢升中校,照中校阶级八成支薪;其二等副官朱璠、第二连连长戴聿乾二员,拟请并予擢升少校,照少校阶级八成支薪,并令各该员仍供原职,俾得照常办事,实为公便。所有请将教练长包焕庚、二等副官朱璠、第二连连长戴聿乾,分别升迁缘由,是否有当,理合备文呈请,仰祈都督察核批示祗遵。谨呈。

(原载《浙江公报》第一千五百二十六号,一六至一七页,批牍)

浙江都督吕批

嘉湖戒严司令官呈请任命参谋长姚琮等各员缺由

呈悉。赵南、李家鼐两员,业已另有差委;该使署兼戒严司令部参谋长缺,准任命姚琮代理,照上校八成支薪;副官夏橄,准照少校支薪。各该员既据声明任事在先,准自五月一日起,薪水照现定数目支给。所有中校参谋遗缺,应另遴员呈候核委。仰将发到任命状转给祗领遵照。此批。六月六日

计发任命状两张。

(原载《浙江公报》第一千五百二十六号,一七页,批牍)

浙江都督吕批

第二十五师呈为四十九旅军法官袁汉云奉委推事留兼原职另给夫马费由

呈悉。应准照办,仰即转饬知照。此批。六月六日

附原呈

呈为四十九旅军法官奉委推事,留兼原职,不支薪水,以节经费而资熟手,报请备案事。

窃据署理第四十九旅旅长韩绍基呈称,"案奉钧饬第四十一号内开,'五月十二日奉都督府军字第一〇六号饬开,该旅军法官一员,因办理卫戍得暂设置'等因。奉此,当经饬令本旅军法官、陆军三等军法正袁汉云,仍充卫戍军法官,汇案呈报在案。现该军法官又奉浙江高等审判厅厅长范饬委鄞县地方审判厅刑庭推事,自应听其赴任,似未便因此间暂局仍行请留。惟查宁波地方卫戍警备事务殷繁,军法一职素称重要,早邀钧鉴。该军法官自任事以来,于兹数载,克勤厥职,贻误毫无,历办各案,亦颇允洽,设或遽易生手,转恐办理为难,而鄞县知事向不兼理司法,又未能仿照绍兴卫戍办理。旅长再四思维,惟有一面饬令该员径赴推事本任,一面仍令兼办卫戍军法,不支薪水,自六月分起,月给夫马费洋三十元,以节经费而资熟手。且两署相距咫尺,该员年富力强,定能胜任愉快。旅长为慎重公务、选择人才起见,

除饬知遵办外,理合呈核"等情。据此,查该旅军法官袁汉云奉委鄞县地方审判厅刑庭推事,留兼原职,不支薪水,自六月分起,仅月给夫马费洋三十元。察阅该旅长所呈,自系为节省经费、慎重公务起见,应请照准,理合备文呈请都督察核施行。谨呈。

（原载《浙江公报》第一千五百二十六号,一七至一八页,批牍）

浙江都督吕批

高等检察厅呈书记官王振芳因病出缺请予恤金由

据详已悉。该厅书记官王振芳,办理会计事宜,向称得力,现因积劳病故,准其照章给恤,即在该厅状纸加价项下支给,仰即遵照。此缴。清摺存。

附原呈

呈为具报本厅书记官王振芳,因病出缺,拟请依例给予恤金,仰祈钧鉴训示施行事。

窃本厅书记官王振芳,京兆涿县人,原籍海宁县,办理会计事宜,向称得力,惟因积劳成疾,迭请病假在案。现据其家属报称,竟于五年五月五日病故,身后萧条,遗族在浙,恳请给予恤金前来。查《文官恤金令》第二十三条,"文官在职半年以上,未满十年,又无第十七条情事之死亡者,得于该文官死亡时之一月俸额之范围内,给其遗族以一次恤金;在职满一年以后,每增一年,递次加给其一月俸额之十分之二"等语。查该故员月俸四十五元,应请给予遗族一次恤金四十五元;又该故员自民国二年七月就职本厅书记官,五年五月据报出缺,综计在职将届三年,拟请从优作为三年计算,递次给银二十七元,共应给予恤金七十二元,以示矜恤。除遗缺另委试署呈报外,所有具报本厅书记官王振芳因病出缺,拟请依例给予恤金缘由,是否有当,理合具呈,仰祈钧督鉴核训示施行。再,如蒙核准,拟在本厅状纸加价项下支给,合并声明。谨呈。

（原载《浙江公报》第一千五百二十六号,一八至一九页,批牍）

浙江都督吕批

高审检厅呈请暂设高等分庭于兰溪道署并呈预算表由

据呈,金华道尹裁撤,兼理司法事务,改归杭地方厅管辖,人民控诉较形不便,拟在兰溪暂设高等分庭,专管金、衢、严三旧府属之诉讼事件,系为便利人民起见,应准照办。表列预算各款,尚属核实,并准如详于该厅司法收入项下如数拨支。惟将来能否继续敷用,亦应通盘计画,免致临时拮据;开办费是否即在经常款内撙节动用,抑须另行筹画,亦应预定数目。仰并详细斟酌,赶速办理成立具报;并即遴选妥员,分别荐候委任。至道尹公署,闻系借用该县校址,现经绅商呈请拨回,已予核准,着即另择相当地址可也。缴。表存。六月五日

（原载《浙江公报》第一千五百二十六号,一九页,批牍）

浙江都督吕批

瑞安县知事详称遴员接任县立中学校校长由

详悉。既据称该县学务委员胡演元,学识、经验均称富有,堪以充任县立中学校长,应予照准。仰民政厅查照,并将发去任命状转饬祗领。此批。抄详,附履历及任命状并发。六月五日

（原载《浙江公报》第一千五百二十六号,一九页,批牍）

浙江都督吕批

交涉公署署长为呈报启用印信日期由①

呈悉。此批。摘由发。

---

① 交涉公署署长,即温世珍(1878—1951),字佩珊,直隶天津人,民国三年四月十五日任外交部特派浙江交涉员。民国五年五月,名义改为浙江交涉公署署长。

附原呈

呈为呈报奉到刊发印信并启用日期事。五月二十七日奉到都督府军字第二二二号饬开,"浙江交涉公署改设署长,业经特任该员接任在案,亟应刊发印信,以资信守。兹经刊就木质印信一颗,文曰'浙江交涉公署长之印',合行饬发,仰即遵照祗领,并将启用日期具报"等因。奉此,祗领之下,遵于本月二十八日启用。除移知行政、司法各机关饬属一体知照外,理合备文呈报钧府鉴核备案。谨呈。

（原载《浙江公报》第一千五百二十六号,一九页,批牍）

浙江都督吕批

警察厅厅长呈为第七队队长赵鼎华逾假日久有旷职务请予撤差示惩由

呈悉。据称外海水上警察第二区第七队队长遗缺,拟请以该队一等分队长升充,应即照准,合将任命状饬发该厅转给祗领具报。此缴。

附原呈

呈为呈请事。本年五月二十九日奉钧府政字第一百三十五号饬开,"据外海警察厅厅长王萼电称,'职厅第七队队长赵鼎华,逾假日久,前由厅长面饬回防,迄今未到,似此专顾私图,置现有职务于不问,殊属不知自爱,应请立予撤差,以示惩儆'等语。除电复准予撤差外,合即抄电,饬仰该厅长查照,迅即遴选妥员,呈候核委,切切。此饬"等因。奉此,查该队长赵鼎华久旷职务,既奉钧饬,立予撤差,所遗该厅第二区第七队队长一缺,亟应遴员荐充,以重职守。兹查有现升外海水上警察第七队一等分队长杜邦梁,历充台防第五营管带、第二区水上警察队中路第四营帮带等差,熟谙防务,缉捕勤能,拟请升充该区第七队队长,以资鼓励。递遗分队长员缺,除饬外海水上警察厅另行遴员核委外,所有遵饬拟荐杜邦梁升任外海水上警察第二区第七队队长缘由,理合备文呈请都督核准施行。谨呈。

（原载《浙江公报》第一千五百二十六号,一九至二〇页,批牍）

浙江都督吕批

淳安县知事阮陶镕因病辞职照准由

详悉。该知事任事有年,政声卓著,本都督备闻循绩,倚畀方殷,惟据一再恳辞,情词肫切,特予照准,以便安心调摄,仰民政厅转饬知照可也。此批。钞详发。六月五日

（原载《浙江公报》第一千五百二十六号,二〇页,批牍）

浙江都督吕批

发民政厅据胡人钦禀请整顿警察办法由

据禀陈整顿警察各节事宜及附送该员履历一分,仰民政厅存备察核可也。此批。履历、原禀并发。

附原禀

禀为整顿吾浙警察敬陈管见事。

窃警察为内务行政一大部分,凡维持秩序、保护安宁,皆与人民有直接之关系,文明各国非常注重,盖国家进化,必经过警察国,乃能至于法治国,此一定之阶级不能躐等者也。自共和改建,五载于兹,平等、自由,每多误会,民智幼稚,动辄逾越法律范围,警察者即纳民于轨物制限之,使不出乎范围者也。故欲进之于法治时代,必先使入于警察时代。迩者首事诸公拥护共和,继滇黔而独立,值此军事紧急之会,民政一方似不妨暂缩范围,缓

图设备，欲兼营并进，非特力所不逮，抑亦势所未遑，独至警察，不容与他项行政比，良以对外倚军队，对内赖警察，警察不善，谁任保护，谁任维持？况自鼎革以后，道德沦丧，世俗浇漓，加以人祸、天灾迭乘交至，盗贼纵横，帮匪遍地，哀此黎民，于何托庇。以吾浙七十五县历史风气，容有不同，然人心惴惴，朝不保夕，无或殊也。故言内治于今日，诚不敢高谈法治，侈语平权，而言内治中之警察，于今日尤不敢简陋因仍，自封故步，亟待整顿，有两大端。

人钦在浙言浙，谨为吾浙现在之警政，借箸筹之。

一曰改组织。吾浙警察自前清创办以来，迄民国二三年间，经主持警政者极力进行，制度颇觉完备。盖各县城区有警所设所长，镇有分所设分所长，乡有派出所设所员，全邑警察机关，有地面阔而警额多者，复有分驻所设警长管理之，系统分明，上下联络，颇收指臂之效。迄民国三年秋，奉中央命令，以县知事兼所长，城区乡镇各员一律改称警佐，从此以还，前日积极进行之苦心，一旦破坏殆尽，犹复减俸裁员、减饷裁额，吾浙警察遂有一落千丈之势，此中弊害有政治学识者，类能知之，特无人反其覆耳。兹拟仍从光复初年之制，城区改称警察署，设署长、专员，司全邑警务，乡镇一律称分署，设分署长，名称之间，观听系焉。且阶级简单，办事较便，人钦所谓改组织者此也。

一曰严甄别。夫官吏所重，一在学识，一在经验，警察官吏，何独不然？然所谓学识者，非各科讲义，徒能记诵已也，必一条文而穷其奥，各科学而会其通，以理想见诸事实，更以事实证诸理想，斯为真学识。所谓经验者，非久于差使，徒能奉文已也，必利弊症结，烛见隐微，风俗人情，洞悉底蕴，若者宜委曲开导，若者当雷厉风行，乃为真经验。况警察为专门之学，尤不容无术者滥竽其间。迹闻警界混杂，大不如前。除毫无警识而插入者不计外，余如各县保荐之警员，其由书记、巡长升者，半多出自运动,非金钱即情面而来,垢弊情形,难宣诸笔,欲涤其垢,亟宜甄别。甄别之法维何? 伏念值此人心未靖之秋,各处警官皆有地方职守,一律调省试验,势所不能。兹拟于每旧府属,各派一视察员,择地点适中之处,就近召集考试,题由省中长官拟定,封交该员带往,当场开拆。收卷后,即封寄民厅评阅,并令该员至各县及镇乡调查。关于警务诸事及各警员办事成绩如何、品性如何,汇造名册,详加考语,回省后送呈察核。则既有试卷以觇其学识,复有详册以观其经验,由是第其高下,以凭黜陟,滥竽者复何从蚕蠹其间乎? 既甄别当差人员矣,以吾浙人材蔚萃之区,就由警校及法政毕业在省谋差者言之,已觉指不胜屈,用人之际,不立标准,徒长奔竞之风,士习之坏,吏治随之,内政何堪设想,此可为太息者也。兹拟定一日期,凡合格人员分甲、乙两种,详加考验,宁严毋滥,录取后,遇有缺出,一秉至公,以列名先后照次挨补,俾名次居后及不列第者断绝妄念,不致羁滞省中。倘司财政各项,亦依此行之,则全省用人标准确定,钻营奔竞之颓风,足以少熄矣。人钦所谓严甄别者此也。

　　总之,整顿警察,万绪千端,兹不过择现在紧要者言之耳。余如对于警察内部之行政,设教练以增其知识技能,明赏罚以策其赴功勤事。至对于警察外部之行政,宜首先排除社会之危害,害之最大者为盗匪,次为窃贼,次为赌博,其次为械斗,又其次为帮匪凶徒,类皆祸害地方,扰乱秩序,不为排除,仅仅守违警律数条,无论如何尽职,是犹豺狼当道,而问狐狸,放饭流歠,而问无齿,决似非今日警察所应尔也①。但前之所言改组织、严甄别,主任者在全省民政机关,后之所言警察内部、外部之行政,主任者在各警察官吏,而要皆赖都督策励其进行。一得之愚,是否有

---

① 似,疑为衍字。

当,仰祈察核施行,不胜惶悚之至。谨禀。

（原载《浙江公报》第一千五百二十六号,二〇至二二页,批牍）

浙江都督吕批

第六师师长呈为二十四团中校团附以营长吕俊恺兼代

二十三团少校团附以十一旅参谋梁韫等分别调任由

呈悉。第二十四团中校团附缺,准以该团第一营营长吕俊恺兼代,仍支原薪;第二十三团少校团附缺,准以十一旅参谋梁韫调任,遗缺准以宪兵司令处一等副官金鸿亮调任,均支原薪。除将金鸿亮任命状饬发宪兵司令官转给外,仰将发到吕俊恺、梁韫两员任命状,分别转发祗领遵照。此批。六月五日

计发任命状两张。

（原载《浙江公报》第一千五百二十六号,二二页,批牍）

浙江都督吕批

宪兵司令官呈为排长武秉钧等请照中尉一等排长支薪由

呈悉。该处第四连二排排长武秉钧、备补连二排排长王燮康二员,准照中尉阶级支薪,以示鼓励,仰即转饬知照。此批。六月五日

（原载《浙江公报》第一千五百二十六号,二二页,批牍）

浙江都督吕批

陆军第二十五师呈为九十七团排长陈钺等

三员成绩均优请照中尉支薪由

呈悉。步兵第九十七团排长陈钺、顾鼎新、夏柏仁等三员,既据称遇事勤奋,成绩均优,准照中尉阶级支薪,用示激劝,仰即转饬遵照。此批。六月五日

（原载《浙江公报》第一千五百二十六号,二二至二三页,批牍）

浙江都督吕批

军法审判处处长呈为司法官副官书记等请分别任委由

呈、摺均悉。该处司法官张尚宾、滕璧,副官谢良翰,书记李汝宣等四员,准予分别任委,以资信守,仰将发到张尚宾等三员任命状及李汝宣一员委任状分发祗领。此批。六月六日

计发任命状三张、委任状一张。

（原载《浙江公报》第一千五百二十六号,二三页,批牍）

浙江都督吕批

第六师师长呈为请委方祖树充炮兵第二营二等军需由

呈及履历均悉。该师炮兵第六团第二营二等军需缺,准以方祖树委充,委任状随发,仰即转饬遵照给领。此批。履历存。六月六日

计发委任状一张。

（原载《浙江公报》第一千五百二十六号,二三页,批牍）

浙江都督吕批

第六师呈送各团营军官军士衔名清摺请分别存补由

呈悉。查所送摺内排长杜国钧、白志义、何艮、蔡周封、陆钟泰、简复盛、陈启明、陈澜、张国锡、郭权、张岳乔、陈学晸,候补尉官倪振熊,卫戍佐理员卢有章,司务长胡钊等十五员,及中士杨乘时、蒋德真、陈益林、吕凤朝、吕植槐、陶宾仙、胡雄、郑茗、留鸿、徐光祖、周一新等十一名,业经分别升补第九十九团、一百团各级尉官,其他副官程途等二十六员及中士沈寿山等十三名,应准如拟分别存记,仰即分饬遵照。此批。摺存。六月五日

（原载《浙江公报》第一千五百二十六号,二三页,批牍）

浙江都督吕批

兼代第二十五师师长呈为九十七八
两团军官军士请予升级由

呈悉。查第九十七团排长王从善、傅光国、洪幹臣、奚政及第九十八团排长解朝彬、王家祚、余国栋等七员,业经分别升充第九十九团、一百团上尉,又中士王雄一名,亦经委为一百团准尉;其排长杨魁豪一员,准予记升上尉;中士黄中豪、沈一鸣、陈良臣、徐远、彭国荣等五名,准予记升准尉。仰即转饬遵照。此批。六月五日

（原载《浙江公报》第一千五百二十六号,二三页,批牍）

浙江都督吕批

台州镇守使呈为造送台州第一游击队名单履历并请加委由

呈及名单、履历均悉。哨官以上各员,准由本府分别加给委任,其余各员,仍照向例办理,仰将发到任命状及委任状,转饬祗领。此批。名单、履历存。六月六日

计发任命状五张、委状十七张。

附原呈

呈为转呈名单、履历,并请加委事。

据台州第一游击队统领黄继忠呈称,"案奉浙江都督府第九十七号饬开,'照得浙省现已宣布独立,所有省会暨各属原有各文武机关,业经本都督分别通告电饬,并由军事参议会议决,除奉都督命令有特别变置外,一律照旧供职在案。查台州第一游击队统领一职,防守泛地,保护治安,责任至为重要,现在既已脱离中央关系,亟应特加任命,以清事限而重职守。兹查有黄继忠,堪以任命为台州第一游击队统领,为此合亟饬知,饬到仰即

查明该属现有差职人员，一律开具名单、履历，呈候本都督核准加委。凡关于权限统系，职务组制，应即遵照本都督府议决《组织大纲》，并如旧制，藉免纷更而定专责。勉膺重付，以建殊勋，切切'等因。奉经转饬各营遵照办理去后。兹据第二营管带徐汝梅、第三营管带花耀魁、第四营管带李治光等，各呈送名单、履历各一份前来，据此，合将职队统部暨统领兼带之第一营差职人员名单、履历，一并备文呈送，仰祈钧使察核汇转"等情，并名单、履历表五份前来。据此，理合检同原表，一并备文呈请察核加委施行。再，查《游击队人员任用暂行规则》第八条，哨长由统领详由镇守使核委详报备案，职署历经遵照办理，此次应否仍照《暂行规则》，即由职署加委之处，伏乞钧裁，合并声明。谨呈。

（原载《浙江公报》第一千五百二十六号，二四页，批牍）

浙江都督吕批

第六师呈为卫戍病院二等军需陆家桢请升为一等军需由

呈悉。陆家桢准予提升一等军需，按级八成支薪，委任状随发，仰即转给祗领。此批。六月七日

计发委任状一张。

（原载《浙江公报》第一千五百二十六号，二四页，批牍）

浙江都督吕批

宪兵司令处呈为请将一等军医张世镛升为三等军医正
并二等军需王仁普升为一等军需并添设军需司事由

呈悉。该处一等军医张世鏞，准升为三等军医正；二等军需王仁普，准升为一等军需，月薪均照八成支给。至该处军需事务繁多，准设军需军士一名，由该司令官挑遴充任具报，所请添设军需司事一

员,应无庸议。仰将发到张世鏞任命状及王仁普委任状转给祗领。此批。六月七日

计发任命状一张、委任状一张。

(原载《浙江公报》第一千五百二十六号,二四至二五页,批牍)

浙江都督吕批

第六师师长呈为帮办参谋徐卓杨际春等请加月薪由

呈悉。该师部帮办参谋徐卓、杨际春二员,既据称自供职以来,深资得力,月薪均照少校十成支给,以示鼓励,仰即分别转饬遵照。此批。六月七日

(原载《浙江公报》第一千五百二十六号,二五页,批牍)

浙江都督吕批

平湖县呈报钱顺兴报伊父四观因盐枭拒捕枪伤身死由

呈悉。盐枭拒捕,弹毙乡民,不法已极,仰高等检察厅饬即分别咨饬营警,严缉匪首陈宝和等务获,提同黄纪生讯明确情,依限按律拟办,毋稍延纵,切切。缴。格结存,呈钞发。六月七日

(原载《浙江公报》第一千五百二十六号,二五页,批牍)

浙江都督吕批

发民政厅嵊县知事呈报验办团总竺德颀被匪戕毙
并获匪钱竹安讯供大概情由填格请核由

呈悉。保卫团总竺德颀猝被匪徒戕毙,殊堪悯恻,所请援例给恤,应即照准,仰民政厅核明饬遵具复,并饬严缉滋事匪徒,务获究办,暨咨高等检察厅查照。至副呈摘由有"获匪钱竹安,讯供大概"字样,而呈内并未叙及,究竟如何错误,并饬明白另呈核夺,毋稍迟延。缴。格结存,呈抄发。

附原呈

呈为呈报验办保卫团总竺德硕被匪枪伤毙命,并呈请酌给恤金事。

本月十八日据邑东忠孝庭乡灵鹅庄竺纪年状称,"民子德硕蒙前知事委任,为忠孝庭乡保卫团总,任事以来,不辞劳苦,对于地方实力维持,匪徒稍稍敛迹。自前月间,本省宣告独立以后,一般匪徒乘机啸聚图乱,民子德硕设法缉捕,匪徒钉恨暗杀,竟于四月十六夜,乘民子德硕深夜筹画捕匪、假寐待旦之际,突来匪徒多人,开枪乱击,立时毙命。可怜民子因公而遭此恶果,如不派兵踩缉,非独民子死难瞑目,而地方治安实难推想,伏乞驾验奖恤缉办,并请更委团总,以便交替,而重保卫事务"等情前来。查本省自宣布独立后,匪徒不无乘机思逞,迭经严加防范,地方安宁,秩序幸无危害之虞。此次王金发余党聚集数百人,以东乡清隐寺等处为根据地,意图扰害地方,正于是夜派兵前往剿办间,发生此事。当经知事带兵驰往验明,竺德硕委系生前受枪伤身死,当场填取格结附卷。除剿办匪徒情形另文呈报外,窃念该已故团总竺德硕,平日力任保卫之责,奋不顾身,此次匪徒啸聚,该已故团总竺德硕竟被匪挟恨仇杀,身受枪伤七处,惨不忍视,实属因捕拿盗匪被伤毙命。查《地方保卫团条例》第二十条,其第十八条第五项①,因捕拿盗匪被伤或毙命情事,得由总监督呈明省长,照《警察恤赏章程》办理。又查《警察官吏恤金给与条例》第六条载,警察官吏关于因公死亡者,得按照附表第一号之规定,分别给与一次恤金,暨遗族恤金五年。该已故团总竺德硕因捕拿盗匪,被匪枪伤毙命,核与《恤金给与条例》相符,理合附具格结,呈请察核,并请酌给恤金,是否有当,伏乞批示祇遵,俾

---

① 其,底本误作"具",径改。

便转饬遵照，实感德便。谨呈。

（原载《浙江公报》第一千五百二十六号，二五至二六页，批牍）

浙江都督吕批

第六师呈为前骑兵团谢团长亏欠洋元各情由[①]

呈悉。该团谢前团长，向地方实业银行借款二千元，既据转呈系谢团长自行筹借，与前军需正无涉，纯系私人关系，公家未便过问。仰即转饬该团余团长转知该银行与原借人及原保人自行理涉可也[②]，所请由本府令饬一节，应毋庸议。此批。六月七日

（原载《浙江公报》第一千五百二十六号，二六页，批牍）

附　都督府军务厅军需课函地方实业银行

为函复谢振英借款系属私人关系

应由课函催谢君来杭结算由

径启者。顷奉都督发下贵银行来函一件，以"兴武将军行署军需课介绍，借给骑兵团谢振英洋二千元，现届半年结账之期，所有借款及利息，恳饬课代为清偿等语，奉谕交课办理"等因。查是项借款，虽经前将军署军需课长介绍，始由谢振英向贵行挪借，然此款并非因公支用，应属私人交涉，似未便由公家偿还。惟事关债款，自应赶速清结，准由敝课函致上海谢君，早日来杭结算可也。特此奉复。顺颂

公绥

附还清单一纸。

都督府军务厅军需课启

六月二十六日

① 谢团长，即谢振英，参见附文。
② 余团长，即余宪文。

附原函

敬启者。本年一月七号，由兴武将军行署军需课介绍，骑兵团长谢振英君与敝行往来，由军需课出具保信负责，当经借给骑兵团洋二千元正。迨五月间，浙省独立，谢振英君离浙，当时兴武将军行署军需课存储敝行之款，概由都督府军需课来取，敝行曾向军需课声明尚有作保款项，理应扣还，尔时军需课承认偿还，必不使商家吃亏。现届敝行半年结账之期，所有骑兵团谢振英君借用洋二千元及利息洋一百另三元二角，仰恳饬下军需课代为清偿，免受损失，不胜感幸。耑此，敬颂

钧安

浙江地方实业银行谨上

附呈清单一纸。

（原载《浙江公报》第一千五百四十三号，二二至二三页，函牍）

浙江都督吕批

内河水上警察厅详报第三区缉获水口镇劫案职盗由

详及供词均悉。查此案盗匪有二十八名之多，已据先后缉获沈立成、王兴降二名，并起同原赃、枪械解县在案，应候该县讯明具报核办，仍着加倍上紧踩缉逸犯，务期尽数弋获，毋任漏网，仰警政厅转饬遵照。此批。详、供单并发。

附原呈

呈为具报第三区缉获水口镇劫案赃盗，解县讯办，仰祈察核事。

本年五月十六日据代理第三区区长王凤飞详称，"窃据第十四队详报，水口地方瑞丰等家被劫一案，先经缉获盗犯沈立成一名，连同枪刀等件，报请钧鉴在案。旋闻逸犯逃匿宜兴县湖汊镇等处，即派探警张得胜、萧得胜、丁同春、李祥麟等迅往该处侦缉

去后。兹于本月十三日据探长夏得成报称，'探警等于十日下午二句钟，率同线民赶至竹林冲地方，拿获盗犯王兴隆一名，并在其家搜出前膛枪一杆、指挥刀一柄，讯据供认伙劫水口各店家不讳，合抄供单，连同刀枪，并解讯办'等情前来。据此，复经区长提犯王兴隆研讯，据供，熊得胜来邀同其弟老二及不认识共有二十八人，带去洋炮五杆，到水口抢劫分得赃物是实，供词无异。查该犯既属伙劫得赃，所获前膛枪一杆，一面烙有'军械总局'、一面烙有'长字一千八百十九号'等字样，并指挥刀一柄，确系水口保卫团被劫原赃。除派陈巡长士希督解该犯，连前膛枪、指挥刀送长兴县讯办，暨派探侦缉逸犯熊得胜等获办外，所有获盗犯送县讯办情形，理合抄录供单备文详报，仰祈察核施行"等情。据此，除仍饬严缉逸盗熊得胜及一应原赃务获解究外，合将该区缉获水口镇劫案盗犯王兴隆一名，连同抢刀解送长兴县讯办缘由，抄录供单备文呈报，仰祈都督察核施行。谨呈。

（原载《浙江公报》第一千五百二十六号，二六至二七页，批牍）

浙江都督府饬军字三百六十二号

饬调第四十九旅差遣徐光国充本府军务厅厅附由

为饬委事。查有该员堪以调充本府军务厅厅附，月薪照上尉支给。除饬第二十五师师长转饬该旅旅长知照外，合行饬委该员遵照。此饬。

都督吕公望

右饬第四十九旅差遣徐光国。准此。

中华民国五年六月八日

浙江都督府饬军字同上号

饬知二十五师长调徐光国充本府军务厅厅附由

为饬知事。该师第四十九旅差遣徐光国，现经调充本府军务厅厅附,合行饬仰该师长转饬知照。此饬。

都督吕公望

右饬兼代第二十五师师长周凤岐。准此。

中华民国五年六月八日

（原载《浙江公报》第一千五百二十七号,一九一六年六月十三日,首页,饬）

浙江都督府饬军字第三百六十四号

饬委仇德骐等充本府军务厅差遣由①

为饬委事。查有该员堪以委充本府军务厅差遣,月给薪洋二十、三十、三十元。合行饬委该员遵照。此饬。

都督吕公望

右饬张运球、仇德骐、钱铖。准此。

中华民国五年六月八日

（原载《浙江公报》第一千五百二十七号,首页,饬）

浙江都督府饬军字第三百六十五号

饬委王占祥等充本府军务厅差遣由

为饬委事。查有该员堪以调充本府军务厅差遣,月给薪洋十六元,合行饬委该员遵照。此饬。

都督吕公望

右饬王占祥、厉达璋。准此。

中华民国五年六月八日

（原载《浙江公报》第一千五百二十七号,一页,饬）

---

① 标题"仇德骐"下底本脱"等"字,径补。

浙江都督府饬军字第三百六十六号

饬委袁宏熹为本府军务厅书记由

为饬遵事。查有该员堪以调充本府军务厅书记,月支薪洋三十二元,合将委状饬发,仰即祗领遵照。此饬。

计发委任状一张。

都督吕公望

右饬袁宏熹。准此。

中华民国五年六月八日

（原载《浙江公报》第一千五百二十七号,一页,饬）

浙江都督府饬军字第三百七十二号

饬特任徐定超为本府高等顾问官由

为饬遵事。兹特任该员为本府高等顾问官,月支薪水洋一百元。合将特任状饬发,祗领遵照。此饬。

计发特任状一张。

都督吕公望

右饬徐定超。准此。

中华民国五年六月九日

（原载《浙江公报》第一千五百二十七号,一页,饬）

浙江都督府饬军字同上号

饬任命叶诰书为本府顾问官王观为本府谘议官由①

为饬遵事。兹任命该员为本府顾问官、谘议官,月支薪水洋一百元、八十元,合将任命状饬发,祗领遵照。此饬。

---

① 叶诰书之下脱"为"字,径补。

计发任命状各一张。

都督吕公望

右饬叶诰书、王观。准此。

中华民国五年六月九日

（原载《浙江公报》第一千五百二十七号，一至二页，饬）

浙江都督府饬政字第一百八十号

饬民政厅为黄岩县警佐赴省遗缺拟以路桥警佐兼代由

为饬知事。本月一日，据黄岩县知事汤赞清署密东电称，"警佐王先声因公晋省，闻将他调。黄邑警佐屡易，且值防务吃紧，非赖熟手，难资整顿。查有现任路桥警佐厉念劬，兼代城所事务，勤能娴谙，臂助得力，务请即以调城。路桥遗缺，另委接替。盼示"等情。据此，合行饬仰该厅长查核办理具报。此饬。

都督吕公望

右饬民政厅厅长王文庆。准此。

中华民国五年六月　日

（原载《浙江公报》第一千五百二十七号，二页，饬）

浙江都督府饬政字第　号

饬知民政厅直接管理道仓并拟具规则呈核由

为饬知事。案查浙省各旧府属从前设有府仓，经前巡按使署通饬一律改为道仓，由各道尹负责经管在案。节据陆续详报，或已成立、或未成立，或分存各县、或就存原处，或存银、或存谷，办法殊未一致。现在道尹裁撤，此项道仓关系地方荒政，并应划归该厅直接管理，以定专责。为此合亟饬知该厅于接收案内一律查明收管。嗣后如何管理方法，并着查照原案详悉拟具画一规则，呈候核夺饬遵可也。此饬。

都督吕公望

287

右饬民政厅厅长王文庆。准此。

中华民国五年六月　日

（原载《浙江公报》第一千五百二十七号，二至三页，饬）

浙江都督吕批

发民政厅为浦江县知事详送四月份
警察缉捕盗匪成绩表由

详悉。仰民政厅备案饬知，表列张可梧、黄德安两案，迄今未破获，并着认真追缉，毋得玩延。此批。抄详同表发。

附原详

详为详送本年四月份警察缉捕盗匪成绩月报表请予鉴核备案事。案奉前巡按使饬"将警察缉捕盗匪成绩按月造报"等因，奉经知事按月遵办在案。兹将四月份经过情形，理合备文列表详送，仰祈钧督鉴核备案，实为公便。除详道尹外，谨详。

浦江县警察缉捕盗匪成绩月报表

类别地点	东乡一都 金宅庄	南乡九都 山前	南乡八都 密溪岩寺	南乡九都 迪塘下庄	备　考
案情	抢案	抢案	抢案	抢案	窃查本月分值浙省独立，故对于维持秩序，侦缉盗匪，格外注意。本月内实无盗劫案件发生，并经缉获倪付池、僧复如两案盗犯四名，严密讯供律办详报，并仍随时周巡各乡，以资防范。合并声明。
事主姓名	张可梧	黄德安	僧复如	倪付池	
出案月日	一月十八夜十二句钟	一月二十日二更时候	一月三十日夜被劫，于二月一日报案。	三月二十五夜三更时候	
损失若干	据报大洋四百余元、钱十二千文及衣服等物	幸邻村鸣锣并无损失	据报大洋五元、钱二千文、衣服、炉磬等物。	据报牛一只、洋八元、衣服首饰等物。	
盗犯人数	三四十人	十余人	七八人	二十余人	

续　表

类别地点	东乡一都 金宅庄	南乡九都 山前	南乡八都 密溪岩寺	南乡九都 迪塘下庄	备　考
境内盗匪或外来盗匪	大约外来盗匪	外来盗匪	浦、金交界处盗匪	外来盗匪	
破案月日	未破	未破	四月十一日	四月一日 四月七日 四月二十九日	
出力人员	无	无	由事主扭送到县。	警佐及队附	
获犯几名及姓名	无	无	获得盗犯倪允荣一名。	获得盗犯汪有选、钱海法、钱新启等三名。	
赃物若干	无	无	无	无	
盗匪处分	无	无	尚在讯查间	尚在讯查间	
其他	无	无	无	无	

中华民国五年五月十五日

（原载《浙江公报》第一千五百二十七号，一〇至一一页，批牍）

浙江都督吕批

银行监理呈具银行条例并请颁发图记由

据呈拟陈监理各条例，详加批阅，具见富有经验，条理井然，至堪嘉慰。惟就中各条，稍有修正，应即另录随发，藉资遵守，并候抄发财政厅饬行各银行一体遵照可也。政务会议凡关于财政事项，该参议自应列席，仰并遵照。缴。原摺存，图记并发。

附原呈

为呈请事。窃凤韶奉委充财政参议并银行监理①,闻命之下,悚惶无地。财政为百务之命脉,银行尤为财政之枢机,自惟轻材,当斯重任,苟有刍荛足献,综核微长,敢不竭尽智能,期补时艰于万一,以仰副我都督励精图治,造福全浙之盛心。对于浙省财政,管窥所得,容拟具计画书上陈,用资葑菲之采。银行监理,旧惟浙江银行有之,由中央委派,以稽核发钞。及省金库自发钞停止,金库移归中国银行,监理一职,名存实废,而中行以由中央分出,转无监理之员。独立以后,金库尚在中行,行钞亦以中行为最多,势不能不量予维持,严为督察,以为全省金融之枢纽,拟暂设监理处于中国银行内;浙江银行有官股关系,亦须稽查营业,保全资金;交通银行规模狭小,应亟清理,以免贻害地方。谨拟就《监理条例》若干条,伏乞钧裁,核示遵行,并请颁发图记,以昭信守。凤韶前蒙委充机要秘书,谨拟兼事不兼薪,以期黾勉从公,不贻素餐之诮。再,财政参议与军事参议同列,军事参议出席于军事会议,财政参议应否出席于政务会议,并乞示遵。谨呈。

谨将《银行监理处条例》缮具清摺,恭陈钧核。

计开:

一、监理稽核银行存现发钞数目及营业情形,随时报告军政府,遇必要时,得设法调剂金融,灵活市面,并得辅助财政厅推行军用票,募集公债。

二、设监理处于中国银行内,监理浙省中国、交通、浙江三银行及其支行事务,得随时调阅簿记、查问事宜、考察职员,有重要事陈明都督处置之。

---

① 凤韶,即俞凤韶,字寰澄,后以字行。

三、银行关系财政事宜，监理商同财政厅处置之。

四、监理处设会计一员、书记一员，由监理聘用之。

五、职员月薪及应用公费，按月开列预算，由财政厅支给之。

六、监理处职员不得向银行挪移银款及代人经手掇借款项。

七、本条例以都督核准之日施行。

（原载《浙江公报》第一千五百二十七号，一一至一二页，批牍）

浙江都督吕批

为饬发宁波警察厅警正应拔等任命状由

呈及清单、履历均阅悉。据称一等警正应拔等四员，原系荐任职，应准加给任命状，随批并发。其一等警佐胡英淘等十八员，仰民政厅分别给委，一并饬发祗遵；至雇员邵缵绪、张春元两员，应否改为四等警佐，并仰查核具复，并转饬该厅长知照。此缴。原详抄发。清单、履历附，仍缴。

附原呈

呈为遵饬查明所属差职人员开具名单履历仰祈鉴核加委事。

案奉钧府第九十七号饬开，"为饬知事。照得浙省现已宣布独立，所有省会暨各属原有各文武机关，业经都督分别通告、电饬，并由军事参议会议决，除都督命令有特别变置外，一律照旧供职在案。查宁波警察厅厅长一职，防守汛地，保护治安，责任至为重要。现在既已脱离中央关系，亟应特加任命，以清事限而重职守。兹查有周琮，堪以任命为宁波警察厅厅长，为此合亟饬知，饬到仰即查明该属现有差职人员，一律开具名单、履历，呈候本都督核准加委。凡关于权限统系、职务组制，应即遵照本都督府议决《组织大纲》并如旧制，藉免纷更而定专责，勉膺重付，以建殊勋。切切。此饬。任命状并发"等因。奉此,遵将任命状敬谨领收,并即查明所属现有差职人员,合计二十二员,均能称职,理合开具名单、履历,备文呈送,仰祈钧督鉴核俯赐,分别加委施行。再,一等雇员邵缵绪办理收发,张春元管理卷宗,职务均属重要,该员等到差日久,勤慎从公,始终如一,颇堪嘉尚,其月薪每员原定二十八元,适合四等警佐俸额,拟请将该两员改为四等警佐,以资鼓励,而于预算经费毫无出入。兹取具履历附呈察核,如蒙俯准,并乞给状委任,实为公便。谨呈。

(原载《浙江公报》第一千五百二十七号,一二至一三页,批牍)

浙江都督吕批

发民政厅据瓯海道呈龙泉县视学暨政务助理准予注册由

呈及清摺、履历均悉,仰民政厅注册备案,并转饬龙泉县知事知照。此批。原详钞发,清册、履历附。

附原呈

呈为转呈事。据龙泉县呈称,"窃掾属职员,知事去岁七月间抵任,查照《县官制》,酌分民政、财政、教育三科,遴选主任、助理各员,报请钧尹核转奉准在案。兹查教育科事务较简,既有县视学驻署办公,又设主任无所事事,况黄德兴年少喜动,名望不孚,现在知难请退,自应准其辞职,该教育主任一席拟即裁撤,所有教育事宜归并县视学周传濂兼办,不另开支薪俸,统一事权,又节冗费,一举诚为两得。此外,民政助理员张乃馨,前因病辞职,所遗之缺以本科办事员叶士芳递补。该员历在公署供职,才具稳练,熟习政要,佐理民政,定资臂助。除分饬委外,所有龙邑公署裁撤教育主任暨该民政助理员各缘由,理合查取履历加具考语,开摺备文呈报核转"等情。据此,理合详祈都督鉴核注册示遵。谨呈。

（原载《浙江公报》第一千五百二十七号，一三页，批牍）

浙江都督吕批

云和县详称警佐杨锡琦种种荒谬行为饬查由

详悉。警佐有保护地方之责，现在时局甫宁，治安所系，尤为重要。乃近闻各属警佐，奉公勤职者固不乏其人，而擅离职守、奔走营谋，甚至凌蔑长官、交通非类、恃符勒诈、扰害良善者，亦往往而有。平时食禄奉私，所司何事，昧良至此，殊堪痛恨。据详该县警佐杨锡琦种种行为，如果属实，尤为谬妄已极。仰民政厅迅即查明撤究，以儆效尤，并通饬各县知事，将所属警佐是否称职暨有无前项情弊，限一个月内具详加考，由该厅汇核转呈分别察办，以肃官方而裨治理。此批。抄详发。

附原详

详为沥陈困难情形请求鉴核作主事。窃知事于民国三年冬季到省，历蒙前届都督于巡按使任内委查各案，四年蒙前届都督于巡按使任内派作出巡随员，均以朴实耐劳，历蒙嘉奖。十月委署云和。接印视事以来，虽不敢以循吏良吏自方，然嫉恶如仇，于司法案件决不以他人为耳目，极力求好之心，当为舆论所首肯，一切成绩历蒙届前都督于按使任内嘉许并记功在案。诚以读书筮仕，天良具在，官厅能认真一分，地方必受一分利益。无论在职久暂，交卸以后，返车乡里，尚无劣声为祖宗亲族羞，斯为一生幸事。居官之心，时时以自勖。乃有警佐杨锡琦其人者，自到任以来，种种玷辱官箴事件，前详已登钧鉴，知事分居所长，何以缄默，不遽上闻？第该警佐实年二十有七，血气未定，冶游赌博，礼法之所必无，人情之所或有，孺子苟可挽回，何必形诸公牍,予以毕生污点,且晚近时代,擅自开罪他人,终无良好结果,隐忍不发之苦衷,实由于此。乃浙省独立以来,该警佐狂妄尤甚,日与当地一二刁生在外招摇,"本省人非本省人"七字为口头禅语,此种议论,流俗管见,无怪其然。然警佐职属官厅,出此无稽之言,于地方影响甚大。且又言,"省垣某某稔熟,目的达到以后,任尔为课长,任尔为课员",受其愚者不惮弹力以从事。近五日内,巷议街谈几如新闻纸之传播,似此情形,形同诓骗。闻该警佐及其利用之一二人,早已禀电分投,谅达钧鉴。揣其用意,无非捏名架词,力主推翻知事,本应静候饬查。惟知事为守土之官,在任一日须负一日治安之职,该警佐捣乱若此,取缔则有所不敢,听任则有所不能,若自行辞职,又碍于前届都督暨都督前后两电谆谆诫语,不敢首先启口,是以缕述情形,请求钧署派员速查。如知事有违法举动及不职声名,或撤或参,钧署自有权衡;万一知事尚无卑劣行为,清、慎、勤三字官箴,稍有符合一二之处,钧署或尚留备驱策,知事实不愿与该警佐同城办事,或将知事另调他县,或将该警佐酌量处置,均乞钧裁。盖前起容忍之愆,知事已不能免;此后再不愿为他人受过,且恐当地酿生事端也。困难情形,尚祈垂鉴。为此谨详。

（原载《浙江公报》第一千五百二十七号,一三至一四页,批牍）

浙江都督吕批

第陆师师长呈为骑兵团连长管籥等请予记升加薪由

呈悉。骑兵团连长管籥、中尉排长朱友熊二员升级未久,所请分别记升加薪,应无庸议。其余各员,除司务长马云程业已升充少尉排长外,所有连长赵凤藻,排长吕学良、陈延生,司务长全瑜、吴望华等五员,准各照现职十成支薪,仰即转饬遵照。此批。六月八日

（原载《浙江公报》第一千五百二十七号,一四至一五页,批牍）

浙江都督吕批

吴兴县详报孙耕元家被劫一案由

详悉。仰即派同营警严缉正盗真赃务获究报，所获顾和尚一名，是否与此案确有关系，应即详慎讯明，毋稍纵滥，切切。此缴，图表、单存。

附原详

详为报明盗案附图表失单请查核事。本年五月十一日，据县署雪字第五十七庄善连西栅人民孙耕元状报伊家被盗劫一案，即经驰往勘明：该事主家系被撬洞进内，开门而出，屋内箱物有损坏翻毁情形，查验该事主左臂略有微伤，饬令医治务瘥。讯据事主邻人，供词相同，当场填表、绘图、录供，附卷盗遗各物，并带回储库。即据菱湖保卫团以"查获嫌疑犯顾和尚一名，业经解交行警第三区"等情详报前来。除由知事咨提归案审办，一面分别咨饬营警严缉是案真赃正盗，务获并究外，理合将勘验情形连同图表、失单先行通详，即请察核。谨详。

（原载《浙江公报》第一千五百二十七号，一五页，批牍）

浙江都督吕批

淳安县知事呈保卫团县警缉捕得力造册请奖由

据呈，该县团警等此次办理方三喜家劫案，"六日之内全案破获"等情，尚属勤奋可嘉，应准酌予给奖，仰民政厅查案酌拟呈候核夺，仍先饬该县知事知照。此批。原呈抄同册发。

附原呈

呈为保卫团暨县署兵警等缉捕得力，开具名册，拟请分别核奖以彰劳勘而资策励事。案查本年一月三十一日夜,县署北乡司马坪地方方三喜家被盗,六七人抢去财物,并微伤事主一案,经该乡保卫团总王嘉谟闻警率队追捕,并于二月四日据情飞报前来,当由知事亲往勘验属实,即派兵警协同该团牌长何宇开、何子昌、王道达暨团丁二十八名分头踩缉。二月六日,据获盗犯吕洪鲁、赵朝水、吴老四、王得财、陈永兴及嫌疑犯尹儿等六名。至二月九日,复据东乡保卫团牌长王茂盛率同团丁九名,获送盗犯程金龙即刘金龙,并起获原赃衣服、布匹等件到县。据即先后研讯取具确供,除尹儿一名无罪释放外,其余程金龙等六名分别律究详报在案。知事有地方之责,戢盗安民,自是应尽天职,本无足言,惟该保卫团丁暨县警队法警人等勠力效命,勇为缉盗,自饬缉日起算,六日之内卒能将全案破获,并起获原赃,其缉捕勤奋、办事迅速不无微劳足录,而该团总王嘉谟,牌长何宇开、何子昌、王道达、王茂盛等身先士卒、督率有力,尤属难能可贵。知事详加察核,此次该保卫团暨县署兵警人等缉捕出力,成绩较为优美,有功必录,未敢壅于上闻,合依《保卫团条例》第十八、十九两条及《县警队警察缉捕命盗案奖惩规则》第六条之规定,所有缉捕出力之团丁三十七名,本署兵警共六名,拟请每名给赏洋一元,准予在准备金项下开支;其团总一名、牌长四名,应如何从优给奖,出自逾格鸿施。为此将缉捕得力人员造具名册,据情备文详请,仰祈察核俯准,分别给奖,以彰劳勘,而资策励,至为公感。谨呈。

(原载《浙江公报》第一千五百二十七号,一五至一六页,批牍)

浙江都督吕批

龙泉县详送征收人员请奖表纸由

详、表均悉。仰财政厅核议具报,并饬行该县知事知照。此批。

抄详连同表发。

附原详

详为遵章奖励呈表考核事。案查《修正征收地丁暂行施行细则》第十五条，有"征收主任及经收人劝惩之方法，如照应征额全数征起者，由县知事酌给奖励，倘不及九成者，有分别扣提额薪"等语。查三年征收地丁，业经前县遵照规则将征收出力人员奖励在案。兹据征收主任翁作梁将四年分自四年上忙五月一日开征起，至五年三月末日下忙截数止，征收地丁银数，并将征收人员分别开收《成数简明表》呈送知事查核，各员所征银数虽未全额征完，但均已超过九成以上，征缴无误，办公尤称勤奋。知事职责所在，不敢妄希奖饰，惟经征主任翁作梁征收得力，拟奖给银质徽章一枚并记大功一次，征收人员拟各给银奖章一枚并记功一次，以示奖励而彰劳绩。今将出力人员各缘由并《成数简明表》及《历年征收比较表》，理合备文详送，仰祈都督察核示遵。再，地丁月报各表册，容俟另文详送，合并声明①。谨详。

（原载《浙江公报》第一千五百二十七号，一六至一七页，批牍）

浙江都督吕批

发警政厅为外海水上警察厅呈请核委警察队长分队长由

准如呈委用，除总队长应呈候本都督加给任命外，其督队官、队长、分队长以下各员，仰警政厅即行核委，饬知具报。此批。抄呈连同名单、履历及编制表并发。

（原载《浙江公报》第一千五百二十七号，一七页，批牍）

---

① 底本脱"合"字，径补。

浙江都督吕批

发萧山县据张承绂禀盗就获请饬县追究巨赃由

据禀各情关于劫盗巨案,仰萧山县知事迅派干警会营勒限严缉余匪原赃,务获究报,其已获各犯,仍并仰集讯明确,依法办拟,追赃给领可也。此批。单存。

附原禀

具禀公民张承绂禀为盗已就获请求饬究追赃事。窃承绂于四月二十一日夜间,在萧山县临浦镇谭家埭地方谭鸣春亲戚家,突来盗匪数十人,开枪恫吓,明火执杖,破扉而入。彼时承绂等惊惶无措,任其搜括殆尽,呼啸而去。事后检查所失衣饰银洋等件,共约计值洋九千三百八十余元,当即具禀萧山县及该处警备队严同缉捕在案。迄今事隔两旬,闻已获多名解县讯办,均各供认不讳,惟所失赃物仍无着落。伏思盗既就获,据此根追,自不难水落石出;况承绂所失颇巨,受此创痛,心实难甘。为此沥情具禀,请求恩准迅饬萧山县及该警备队严行缉获余匪、追出原赃,俾偿损失而弭盗风。除禀警务厅长外,理合据情上禀,伏乞察核施行,实为德便。谨禀。

(原载《浙江公报》第一千五百二十七号,一七页,批牍)

浙江都督吕批

瓯海道尹陈光宪转呈平阳县查复商民 孔幼臣禀黄可贵等私收埠费由

详及章程均悉。埠头私费固应革除,而以进出口货物尽归塘行经理,尤易启把持垄断之弊。该县原详所叙各节,颇觉持之有故,言之成理,查该附送《经管处章程》所订尚为周密,如果办理得宜,尚不致过滋弊窦。仰民政厅悉心核议,饬行平阳县知事赶速详定妥法并督所属警察严密稽查,务在便商利民,毋任奸商觊觎藉端牟利,是为至要。此批。抄详发,《章程》附。六月七日

（原载《浙江公报》第一千五百二十七号,一七至一八页,批牍）

浙江都督吕批

财政厅呈报移交矿务事项由

呈悉。此缴。

附原呈

呈为呈报事。本年五月二十日准民政厅咨开,"案查本厅《组织条例》业经拟就,呈奉都督核准公布在案。查《条例》第八条第五项,实业科职掌农田、水利、林垦及工商矿事件,所有前隶属贵厅之矿务科人员、经费及其文卷、档册、仪器等项,应即划归本厅管辖。此咨行贵厅,烦请查照开摺咨送过厅,以便接收办理"等因到厅。准此,当经饬科将关于矿务事项结束完竣,所有人员及各项文卷、表册、执照、仪器、药品,分别开具清单,于五月二十九日一并移送民政厅接收办理。除咨行外,理合具文呈报,仰祈钧督鉴核备案。谨呈。

（原载《浙江公报》第一千五百二十七号,一八页,批牍）

浙江都督吕批

兼代第二十五师师长呈为加派九十八团补充兵各军官由

准如来呈办理,仰将发到副官徐行等十六员委任状转给祗领遵照。此批。

计发委任状十六张。

附原呈

呈为请派九十八团补充兵军官并恳给委示遵事。窃查九十八团补充兵归并就绪,亟应派员教练,业于六月一日经职师呈请,将王强、吴宗树二员调充九十八团上尉团附,史鉴、吕佐、柏顺安、吕名扬、徐云显等五员调充九十八团连附核委在案。兹查有职师差遣徐行,堪以调充该团补充兵副官,月薪照中尉支给。前呈原调九十八团上尉团附王强,拟请改调该团补充兵第一连连长;原调九十八团上尉团附吴宗树,拟请改调该团补充兵第二连连长,以上两员月薪均照上尉支给。职师差遣陆军步兵上尉赵振华,堪以调充九十八团补充兵第三连连长;第六师差遣萧清濂,堪以调充九十八团补充兵第四连连长,以上二员月薪均照上尉八成支给。又,前呈原调九十八团连附史鉴、吕佐、柏顺安、吕名扬四员,拟请改调该团补充兵连附,月薪均照少尉支给;第六师差遣俞振邦、陈凤标、姜良、何文渊、金德、马维桢等六员,堪以调充九十八团补充兵连附,月薪照少尉支给;陆军步兵少尉,现充内河水上警察第三署一等巡官赵双庆,堪以调充九十八团补充兵连附,月薪照中尉支给。四十九旅补充营司务长柴镜蓉,堪以调充九十八团补充第一连司务长,九十七团记升准尉沈一鸣,堪以升充九十八团补充兵第二连司务长,补充兵第二营司务长毛奎光,堪以调充九十八团补充兵第三连司务长。除司务长三委由职师给委,并函请第六师将指调各员即日来师发往任差,其赵双庆一员,亦经函商内河水上警察厅厅长徐则恂允准调充外,理合备文呈请都督鉴核给委示遵。谨呈。

（原载《浙江公报》第一千五百二十七号,一八至一九页,批牍）

浙江都督吕批

第六师呈为炮兵团副官姚永安与该团二连长祁荣祖对调由

呈悉。炮兵第六团副官姚永安与该团第二连连长祁荣祖对调,

委状随发,仰即分别转给祗领。此批。六月八日

计发委任状二张。

(原载《浙江公报》第一千五百二十七号,一九页,批牍)

浙江都督吕批

高等审判厅呈报桐乡县判处盗犯陆阿三等死刑由

详及供、判均悉。桐乡县盗匪陆阿三、金阿七、沈才林、李保才四人纠众行劫钱贵琴等八家,并伤事主周桂林,既据该县讯明,供证确凿,按法判决,经该厅查核无异,情罪相当,自应照判执行,以昭炯戒。仰即转饬提犯陆阿三、金阿七、沈才林、李保才四名,验明正身,执行枪毙,仍将行刑日期呈报备案,一面饬警会营严缉逸犯原赃,务获究报。此缴。供、判存。

(原载《浙江公报》第一千五百二十七号,一九页,批牍)

浙江都督吕批

高审厅呈报开化县判处盗犯樊作观死刑由

呈及供、判均悉。开化县盗犯樊作观起意劫财勒毙江常荣身死一案,既据该犯迭次供认不讳,又经共犯一致证明,核与《新刑律》第三百七十四条之罪相当,该县知事依据《惩治盗匪法》第三条第二款判处死刑,又依法宣告从刑,该厅查无违误,自应按法惩办,以昭炯戒。仰即转饬提犯樊作观,验明正身,执行枪毙,仍将行刑日期呈报备案。此缴。供、判存。

(原载《浙江公报》第一千五百二十七号,一九至二〇页,批牍)

浙江都督吕批

高审厅呈报鄞地审厅判处盗犯王金广死刑由

呈悉。此案鄞县盗犯王金广听纠在海洋行劫,掳禁事主王祖康

不放,并为看守赃物,既据该犯认供不讳,并经被害人及同伙供述被抢情形,是供证明确,应即按法惩办。仰即转饬提犯王金广一名,验明正身,执行枪毙具报。余如所拟办理,仍饬勒缉各逸盗务获究办。缴。供、判清册存。

（原载《浙江公报》第一千五百二十七号,二〇页,批牍）

浙江都督吕批

交涉公署呈为奉到发交文件逐案呈明分别办理由

呈悉。所称拟办交涉文件,凡本府对于各领事、教士函牍,发由该署拟稿,送判签发,即准照办。至关于对内文件,分批发、交两种,批发之件由本府批示大概情形饬发该署,由该署长自行遵批核办；交发者径将原件或特开事由封发该署,由该署长代行拟稿,仍送核判行,均候本府临时分别斟酌办理。此批。摘由发。六月七日

（原载《浙江公报》第一千五百二十七号,二〇页,批牍）

浙江都督吕批

高审厅呈桐庐县详裁请撤承审员由

据呈复桐庐县知事请裁撤承审员一案,业经批斥不准等语,察阅所陈各节,俱系实情,该知事妄挟私意,希图藉端改革,殊属不明政体,应即严予申斥,仰即转饬知照,并录咨民政厅查照注册可也。此缴。

（原载《浙江公报》第一千五百二十七号,二〇页,批牍）

浙江都督吕批

高检厅呈请任命陈灏为杭县典狱长由

据呈,以陈灏为杭县监狱典狱长,应照准,任命状随批并发,仰即转饬祗领具报。此缴。履历存。

（原载《浙江公报》第一千五百二十七号,二〇页,批牍）

浙江都督吕批

民政厅为平阳公民控知事溺职业已派查
并分派各员赴各属明密查访由

呈悉。各县绅民控告官吏案件,应准如详依照向章办理。至称该厅为察吏起见,业经派员分赴各属明密查访,以整顿吏治而察舆情,办法尚为周密,仰将所派员名密报备查。此批。摘由发。六月八日

（原载《浙江公报》第一千五百二十七号,二〇页,批牍）

浙江都督吕批

民政厅呈为宣平县知事请撤换该县警佐雷钺如由

详悉。该县警佐雷钺如办事预颟,不听调度,实属有忝厥职,应即撤换,仰民政厅遴员委充具报,并转饬该县知事知照。此批。原详摘由发。六月八日

（原载《浙江公报》第一千五百二十七号,二〇至二一页,批牍）

浙江都督吕批

民政厅呈报委员王右庚等均已就道接收各道尹该管事宜由
呈悉。此批。摘由发。

附原呈

浙江民政厅呈为呈复事。案奉钧督饬开,"案查本省废除道制,派员接收各道尹该管事宜,业经本都督分别电饬在案。兹据代理会稽道道尹周琮电称,'漾电奉悉。署务诸待画商,请饬委速来'等情,合行抄电饬仰该厅迅即查照核办"等因。奉此,查本省道制奉饬废除,业由厅长呈准派员接收在案,现该员王右庚等均已束装就道前往接收。兹奉前因,理合备文呈复,仰祈钧督鉴

核施行。谨呈。

（原载《浙江公报》第一千五百二十七号，二一页，批牍）

浙江都督吕批

发民政厅为玉环县知事详请将该县四等
警佐因防守出力请进叙由

据详，该县四等警佐王杰为楚门匪案，防守出力，请从优奖叙等情，仰民政厅查案照章核奖具报，并转饬该县知事知照。此批。

附原详

详为楚门匪案警佐防守出力详叙始末恳请从优奖叙事。窃查本年三月间，楚门改设北监场署，盐民聚众反抗，串诱外匪侵扰，迭与官军抵敌。业经知事先后电陈派兵防剿，并将详情及一切善后事宜历次详报在案。惟是案发生伊始，知事为预先防范之计，督同楚门警佐王杰亲赴外塘一带查勘布置，缉捕首要，该警佐地形熟悉，随处赖其导引，以致外塘莠民张贴传单，扬言先毁场署后杀警佐，其时谣风盛传，一夕数惊，几同四面楚歌，民无宁日。该警佐力事镇静，筹画一切，可见其实心办事，不辞劳怨。旋因盐民要结邻县土匪数千人，连日攻扑楚门，城内商铺居民异常恐惧，停市播迁，纷纷不绝。该警佐一面妥为劝止，竭力维持，一面昼夜巡逻，严密防守，每至终日游巡守御不遗余力，前后约有半月；与土匪昼夜激战，多次枪林弹雨，不避艰险，卒使城内保全，商民无损。末后外塘一带匪退民亡，又随知事筹办招抚，一切善后事宜，无不力任勤劳，勇于任事。现已全案结束，该警佐值此非常事变，乃能躬冒前敌，竭力防卫，自始至终，不稍懈怠，地方藉获安全，场署赖以保护。知事责在地方，此次办理剿抚事宜，虽艰苦备尝，亦地方官应尽之职务,不敢妄冀邀功,惟该警佐身先用命,实属异常出力,成绩卓著,非请从优奖叙,不足以彰劳绩。查该警佐王杰原列四等,在职四年,有功无过,可否恳请钧督查明原案,俯赐破格优给奖励,准将该警佐进叙二等或酌量升用,俾昭激劝之处,出自逾格恩施,理合备文详请,仰祈钧府鉴核施行。谨详。

（原载《浙江公报》第一千五百二十七号,二一至二二页,批牍）

浙江都督吕批

发财政厅据桐乡统捐征收局长窦炎
呈请捐务困难恳予辞职饬厅另委由

据呈,“捐务困难,拟请辞职”等情,应否照准,仰财政厅察核该局捐务情形暨历来比较成绩分别核拟复夺。至所称“排挤倾轧,揣测观望”等语,如果确有此等情弊,捐务前途影响滋巨,仰并饬谕各该局长一心勤职,专顾考成,毋得轻信浮言,自生疑虑,但期始终勤慎,不误职守,决不至好事纷更,轻为进退,况劝惩黜陟,皆有定衡,亦非他人所能排挤也。此批。原呈抄发。

（原载《浙江公报》第一千五百二十七号,二二页,批牍）

浙江都督吕批

民政厅呈荐任吴万里为镇海县知事由

呈及履历均悉。据称新委镇海县知事樊光辞职,遗缺以吴万里接充,应即照准任命,仰将发去任命状转给祗领,并饬克日前往接任具报。此批。摘由并任命状发。履历存。六月八日

（原载《浙江公报》第一千五百二十七号,二二页,批牍）

浙江都督吕批

为代理象山县知事廖立元呈报交卸日期由

呈悉。缴。

附原呈

呈为呈报事。本年五月十七日奉前会稽道尹第一二六八等饬开，"本年五月八日奉都督饬开，'案据原任象山县知事张鹏霄详称，奉准给假回籍治丧，现届百日期满，理合详请销假'等情。据此，除批准销假并饬克日回任外，合即饬仰该道尹转饬该县代理知事遵照，俟原任到署，即行妥为交卸具报备查"等因。奉此，知事遵于本年六月一日将象山县印信一颗并一切文件、案卷等项概行咨送原任接收，知事即于是日交卸，除会算交代再行会呈外，理合将卸任日期先行备文呈报，仰祈都督察核施行。谨呈。

（原载《浙江公报》第一千五百二十七号，二二至二三页，批牍）

浙江都督吕批

发民政厅据青田县公民王超等控十一师范校长
冯豹侵吞校款败坏教育请撤换由

查此案前经丽水教育会暨该校校长、学生等迭电前来，业经饬民政厅查复核办在案。据禀各节，是否属实，仍仰民政厅迅即饬派妥员前往该校，将所禀各条逐项切实查明，详细呈复，听候核夺。此批。

（原载《浙江公报》第一千五百二十七号，二三页，批牍）

浙江都督吕批

发民政厅据天台县知事被控历述实在情形由

呈悉。据称，该县署内并无领收诉状处名目，只有收领文件处，系奉厅饬办理,尚无不合。所用前清胥吏,业经斥革,应免置议。至征收主任罗永昌,既据历办征收成绩可观,准予暂行委用,惟须认真督察,以专责成,仰民政厅查核备案并转饬该县知事遵照。此批。抄详发。六月八日

（原载《浙江公报》第一千五百二十七号,二三页,批牍）

浙江都督吕批

发黄岩县知事据该县人民唐尚云等禀控胡宗悍
倚乃兄胡永胜之势横行乡里由

据禀称,该处人民胡宗悍,倚乃兄胡永胜在杭充当排长之势,横行乡里等情,如果属实,自应从严惩究,仰黄岩县知事秉公查办具报。此批。抄禀发。六月八日

（原载《浙江公报》第一千五百二十七号,二三页,批牍）

浙江都督吕批

民政厅呈诸暨县知事周铁英辞职荐魏炯接充由

据呈称,诸暨县知事周铁英因病辞职,遗缺以魏炯接充,应即照准,合就填给任命状,随批并发,仰即转给祗领具报。此批。摘由发。履历存。

附原呈

浙江民政厅呈为知事辞职遴员荐请任命接充事。案奉都督发交诸暨县知事周铁英电,称"因病恳予辞职"等情到厅。遵查诸暨县缺重要,该知事既因病辞职,自应遴员接替,以重职守。遗缺查有魏炯才识优长,堪以接充,拟恳俯准任命为诸暨县知事,俾资治理,是否有当,理合取具履历,备文呈请钧督鉴核施行。谨呈。

（原载《浙江公报》第一千五百二十七号,二三页,批牍）

浙江都督吕批

台州镇守使转饬台州第二游击队统领陈步棠
为呈送各营官长履历清单请予给委由

呈及履历、清单均悉。哨官以上各员，准由本府分别加给委任各状，其余各员，仍照向例办理，仰台州镇守使转饬遵照，并将发到任命状及委任状转发祗领。再，单内差遣叶绍衡一员，前因由译学馆逾限未回原差，业经该使呈准撤销在案，应即一并饬遵。此批。履历存。原呈及清单抄发。六月八日

计发任命状二张、委任状十三张。

照抄清单

台州第二游击队统领兼带第一营陈步棠，谨将统部及一、二、三三营官佐姓名开具清单，送请鉴核。

计开：

统部

统 领	陈步棠	稽 查	张以忠
会计官	田毓奇	书记官	孔 良
差 遣	叶绍衡	差 遣	卢连升
候差员	池晋祥	司 书	廖玉祥
司 书	任秀山		

第一营

管 带	统领兼	会计兼书记	曹典荣
司 书	孙有鉴	副官兼一哨哨官	张玉标
第二哨哨官	余星灿	第三哨哨官	郑骏秀
第四哨哨官	薛尚先	第一哨哨长	韩富贵
第二哨哨长	锁殿元	第三哨哨长	徐兆元

第四哨哨长　潘胜得

第二营

管　　带	陈朝杰	会计兼书记	胡鼎勋
司　　书	陈赞衡	副官兼一哨哨官	萧复胜
第二哨哨官	黄成云	第三哨哨官	陈寿松
第四哨哨官	李春庭	第一哨哨长	周瑞鉴
第二哨哨长	戴先和	第三哨哨长	杨涛溶
第四哨哨长	应福瑞		

第三营

本队帮统兼第三营管带	吴茂林	会计兼书记	蓝蔚云
司　　书	金少春	副官兼一哨哨官	刘有亭
第二哨哨官	李绍芳	第三哨哨官	田鹤鸣
第四哨哨官	王治林	第一哨哨长	潘邦用
第二哨哨长	洪炳元	第三哨哨长	王元春
第四哨哨长	王得胜		

以上共计四十一员名。

（原载《浙江公报》第一千五百二十七号，二四至二五页，批牍）

浙江都督吕批

发民政厅为余姚县呈防乱情形并各项费用清册发厅核议由

据详报该县"防御乱徒情形，并请开支用款"等语。查该县此次报有匪警，该知事颇能先事预防，免滋事故，平情而论，不无劳勚。惟匪中何人主谋、如何大举、来于何地、散于何处，既云抵御，有无损伤，既称穷追，有无弋获，均不叙明实在事实，惟以含糊恍惚之词，架空描画，如胜大敌，殊属张皇过常。姑念是项用款究为临时防卫起见，所有册列支用防费八百八十一元，请于该县准备金支给等情，应即量予照准，仰民政厅会同警政厅逐款厘核，分别饬遵具报，并咨行财政厅

查照办理可也。此批。抄呈连清册并发。六月八日

附原呈

　　呈为报明浙省宣布独立,乱徒谋姚,调拨各处军警防御及专车、专电各费用,请准在本县准备金项下开支事。窃属县地处宁绍中心,背山面海,轮轨交通,倘敌军由海面进兵,则余姚实为绍、杭之屏蔽;倘土匪由嵊、奉窜扰,则余姚又为甬、镇之藩篱。当前月浙省宣布独立之时,各外县风声鹤唳,王金发余党即于四月十三、十五等日,择余姚地势之便利,据以倡乱,遂乘机亟亟谋姚。十三日,党来不多,经知事立破机谋,当时逐退,幸未成事。嗣于十五日黎明,乱徒又复于海北率领多数羽党大举图姚,骤哄至城。当时,姚城仅县警队五十名、城区警察四十名,知事遂严督各队奋勇抵御,自早五时起至十一时半,乱徒始向北方退走。当时因余姚城中队警已劳顿不堪,且兵力单薄,既未敢穷兵远追,轻弃守地,然诚恐乱徒乘晚再行卷土重来,即势有难支,因由知事亲至车站,一面电知百官洪统带求援,一面嘱车站特放专车迎洪统带所派一哨兵队,即日下午六时赶到姚城援助,并专派侦骑多名分赴海北一路查探,又飞函调原驻浒山警备队一哨回城,调驻胜山之半哨即时开往浒山填札。惟时深虑地方土匪乘机蠢动,扰乱秩序,于是飞速饬知各乡警佐督警分守各要隘,并合集保卫团各按地段查防。按此办法俾海塘以南节节设防,防御周密,策应灵便,既以寒乱徒之胆,复以壮军警之威。戒严五日夜,幸得仰赖威德,乱徒遂若鼠兔之逸,地方未受风鹤之惊。惟此次所用专车、专电及供应行军饭食、调遣军警舟川,以及守夜油烛各项,计共用去八百八十一元五角六分五厘。查属县奉规定之行政经费每月仅五百五十元,均已各有额定常支,此项临时费用委系因公实用,自应在本县准备金项下开支,理合造具用费详实

清册,恳请都督俯赐察核准予在本县准备基金项下如数开支,以免赔累。再,专车调兵各事均经随时电禀有案,现在早已解严,各队均经撤回,惟浒山一哨暂留城镇慑,藉资控御,地方安谧,合并声明。谨呈。

(原载《浙江公报》第一千五百二十七号,二五至二七页,批牍)

浙江都督吕批

叶金氏禀为夫叶仰高阵亡能否援案补领恤金由

禀悉。查辛亥改革时,所有浙省阵亡官兵均照《浙军恤赏暂行章程》给恤办有成案。该氏故夫事同一律,所请碍难照准,仰即知照。此批。六月三日

(原载《浙江公报》第一千五百二十七号,二八页,批示)

浙江都督吕批

民人黄勉为控告前温岭县知事纵盗吞赃不准由

禀悉。事关控告官吏纵盗吞赃捏详冒功等情,案情重大,必粘同各种确实证据方能核办。察阅来禀所称各节,事近两年,语多惝恍,碍难率准。此批。

(原载《浙江公报》第一千五百二十七号,二八页,批示)

浙江都督吕批

民人马士元禀请抚恤由

禀悉。该民人既经开释,已属格外体恤,自应另谋生计,不得来府晓渎,所请无庸置议,仰即知照。此批。六月五日

(原载《浙江公报》第一千五百二十七号,二八页,批示)

浙江都督吕批

新昌公民俞观旭等禀请知事辞职恩叩以警佐沈衍箕升任由

该公民等前请留警佐沈衍箕,业经批斥在案。此次复请升任知事,尤属荒谬。属官之任用迁擢,长吏自有权衡,岂能任听一二妄人挟私干渎,本应严加惩儆,姑念该氏年老昏耄,或系受人愚弄,从宽准免深究,特此再斥。此批。六月八日

(原载《浙江公报》第一千五百二十七号,二八页,批示)

浙江都督府饬军字第三百八十二号

饬任命陈华为本府谘议官由

为饬遵事。兹任命该员为本府军事谘议官,月支薪水洋八十元,合将任命状饬发祗领遵照。此饬。

计发任命状一张。

都督吕公望

右饬陈华。准此。

中华民国五年六月十日

(原载《浙江公报》第一千五百二十八号,一九一六年六月十四日,首页,饬)

浙江都督府饬军字第三百八十四号

饬任命王凯成为第二十五师帮办参谋由

为饬遵事。查有王凯成/该员堪以任命为该师/第二十五师司令部帮办参谋,月支薪洋一百五十元。除分饬/饬该师师长知照外,合行饬仰该师师长知照/将任命状饬发,仰即祗领遵照。此饬。

计发任命状一张。

都督吕公望

右饬兼代第二十五师师长周凤岐/王凯成。准此。

中华民国五年六月十日

（原载《浙江公报》第一千五百二十八号，首页，饬）

浙江都督府饬军字第三百八十五号

饬为本府参谋副长董绍祺兼充测量局局长

自本月起月给夫马费洋一百元由

为饬知事。查该员以本府参谋副长兼充测量局局长，除照支局长薪水外，自本月起，每月另给夫马费洋一百元，以资办公，合行饬仰该员知照。此饬。

都督吕公望

右饬本府参谋副长董绍祺。准此。

中华民国五年六月十日

（原载《浙江公报》第一千五百二十八号，首页，饬）

浙江都督府饬军字第三百八十六号

饬护国军预备第一旅旅长为调派该旅排长

陈宗琳充宪兵第三连一排排长由

为饬知事。据宪兵司令官王桂林呈请调该旅排长陈宗琳充宪兵第三连一排排长等情，除批准并委状随发外，合行饬仰该旅长转饬知照。此饬。

都督吕公望

右饬浙江护国军预备第一旅旅长俞炜。准此。

中华民国五年六月十一日

（原载《浙江公报》第一千五百二十八号，二至三页，饬）

浙江都督府饬军字第三百八十八号

饬为委陶铸为本府谘议官由

为饬遵事。任命该员为本府谘议官,月给薪水洋一百五十元,合将任命状饬发祗领遵照。此饬。

计发任命状一张。

都督吕公望

右饬陶铸。准此。

中华民国五年六月十日

（原载《浙江公报》第一千五百二十八号,一页,饬）

浙江都督府饬政字第一百八十六号

饬财政厅照参议会议决本会按月预算支给由

为饬知事。案准参议会造送按月预算册一分前来,此项预算既经参议会公同决议,自应照给。除咨复并公布外,合行饬仰该厅查照册列预算数目,按月支给可也。预算清册并发。此饬。

都督吕公望

右饬财政厅厅长莫永贞。准此。

中华民国五年六月九日

（原载《浙江公报》第一千五百二十八号,一页,饬）

浙江都督府饬政字第一百八十八号

饬嘉兴公民孙仿鹤等电禀合盛叶行张慎之
挟款潜逃请饬发封赔偿由

为饬知事。本年六月八日,据该县公民孙仿鹤等电禀称,"嘉兴合盛叶行张慎之挟款潜逃,电禀在案。控案如山,有司莫理,群情愤激,特再电乞都督钧长飞饬知事,发封串保之原丰酱园赔偿而救乡农,并乞电复,惶恐待命。公民孙仿鹤等四十一人同叩"等情。据此,查此案先于本年五月三十一日,据该公民等以前情电禀,当以诈欺取财,有干刑律,究竟该合盛叶行行主何人、开设何地、资本若干,因何开秤骤倒,甚至酿成命案,控情是否实在,有无别情,即经饬知该县逐款查办呈复在案。据电前情,合再饬知,饬到该县即便遵照前饬各节,刻日查明,秉公办结,呈报核夺,并传谕该公民等知照,毋稍徇延。切切。此饬。

都督吕公望

右饬嘉兴县知事袁庆萱。准此。

中华民国五年六月十日

(原载《浙江公报》第一千五百二十八号,一至二页,饬)

浙江都督府饬政字第一百八十九号

饬民政厅交涉署为嘉兴天主堂司铎韩日禄
函称堂中被窃请饬查缉由

为饬知事。本月九日,据嘉兴天主堂司铎韩日禄函称,"敬启者。敝铎以禾地人民麕集之区,富者固多,贫者亦属不少,一旦疾病,苦工之人,医药无资,殊觉堪怜。爰将车辐滨女堂迁入禾郡,既便各官厅可就近保护,又便施药治病,俾贫苦者不致缺望,诚一举两得也。讵自去岁迁禾后,堂中窃案叠出,损失不赀。上月初六夜被窃,穴洞三处;二十二夜,有窃匪二人逾墙而入,踏破墙头瓦片,均函报戒严司令官张师长暨袁知事,请加意防维各在案。兹于本月初七夜中,痛被恶窃由门旁穴大洞而入,失去物件约计二千余金,业将失单分别呈送县、警二署,要求缉追。查该管警察侦探平日但知酗酒聚赌,一遇发生事项,敷衍其间,从未破获一案。敝堂损失甚巨,为此不得已函恳贵都督准如所请,迅檄警厅严饬嘉禾警务处追缉务获,不胜感祷"等情。据此,除饬交涉署函复韩司铎/民政厅饬县勒缉外,合行饬仰该厅长/署长转饬该县知事迅即饬警勒限侦缉,务获具报/查照并先将办理情形函复韩司铎,藉资接洽。此饬。

都督吕公望

右饬民政厅厅长王文庆、交涉署长张嘉森。准此。

中华民国五年六月十日

(原载《浙江公报》第一千五百二十八号,二页,饬)

浙江都督吕批

兼代第二十五师师长呈为规定《准尉及上士补充暂行条例》由呈及《条例》均悉。应予备案,仰即知照。此批。六月八日

附原呈

呈为呈送职师《准尉及上士补充暂行条例》仰祈鉴核施行事。窃查《准尉及上士补充办法》亟应规定,以资遵守而作士气。查此项办法业由师长前在四十九旅旅长任内规定详报有案。惟该旅从前系独立旅,与现隶职师不无异点,爰特根据从前《办法》酌加修正,订印成册,定名职师《准尉及上士补充暂行条例》。除分发各属通饬遵照外,理合检同前项《条例》十册备文呈送,仰祈都督鉴核施行。谨呈。

计附呈《条例》十册。

陆军第二十五师准尉及上士补充暂行条例

第一条　本条例为规定本师准尉及上士之补充办法而设。

第二条　具备左列各项资格者,得记名为候补准尉。

一、充任上士满二年以上(但无俱有此项资格之人员时,得以挑选为候补上士及有上士资格者拔升之);

二、学术科平均分数在十六分以上;

三、平日勤务奋勉熟练、志趣纯正、品行端方；

四、文理清通；

五、考绩各项（附参观表第一）亦无特别劣点。

第三条　充任中士满一年以上，并具备前条二、三、四、五各项资格者，得记名为候补上士。

第四条　各连长按第二、第三两条之规定，于每年一月二十日前调制《考绩表》（附表第一，举其一例，不填分数），送由营长审查；营长审查后附加所见，汇送团长。由团长定期行学术试验，择其合格者，召集各营、连长会议，决定其他各项分数，分别填入《考绩表》考语门分数栏内，并加其所见，分类汇订成册并调制《补充顺序表》（按附表第二）一并呈送旅长，由旅长审查后转详师长核办备案。在独立营，以营长行使以上所规定团长之职权，并直详报于师长；在各本部及各司令部，由副官及该管长官按照上定手续行之。

第五条　因时机急迫，无经过第四条规定手续之人员时，则以与第二、第三条所定资格相当者，先行代理之。

第六条　已记名为候补准尉及候补上士者，各该官长得派该候补者兼代相当职务，以资练习。

第七条　凡候补者，于候补期间发见不合于第二、第三条规定之事实时，各该管长官应速将事实密报团长（独立营长）（司令部之该管长官）处置之。若因此注销候补者之资格或降等时，均须递报师部备案。

第八条　准尉补充由师长命之，上士补充由团长（独立营长、司令部该管长官）命之，其服务皆以团（独立营）为范围补充之，次序依《顺序表》行之，但司令部之人员，除升补于本部服务外，得与各部队之人员对调。

第九条　任职后犯有监守自盗及窃款潜逃等罪，查非直属上官违背定则宽纵酿成者,原考绩之营、连长亦酌予处分,为擢拔非人之戒。但犯罪在任职一年以后者,免予原考绩长官之处分。

第十条 凡核准之候补准尉及候补上士,除认有第七条情形外,在营期间不取消其资格,其有续核准者,补充次序仍以旧者为先。

第十一条 上士由中士升充者为军职,凡转职人员其阶级相同、服务相继续者,其服务期间皆加入计算。

第十二条 本办法自颁布之日起实行。

附表第一:候补准尉候补上士考绩表之一例

附表第二:候补准尉候补上士补充顺序表

附表第一

陆军步兵第　团第　营第　连候补准尉(候补上士)考绩表			
履　历　门			
队　号 阶　级 姓　名	第　连　士兵某姓名	三代	曾祖父母 祖父母 父　母
别　号			
年岁及 生年月	岁 　年　月　日生	家属	兄 弟 妻 子女
籍　贯	省　县人		
住　址	县	入伍 前之 职业	业
入伍 前之 经历	一某年　月在　县　小学毕业 二　年　月在　处经商 三　年　月由　处应征入伍当兵	入伍 后之 经历	一　年　月应征入第　团第 　连充当二等兵 二　年　月升充一等兵 三　年　月升充上等兵 四　年　月升充　连下士 五　年　月升充　连中士

续 表

赏罚	一 年 月 日因何事得何项奖赏 二 年 月 日因何事得何项惩罚 （专记入伍以后者）	战役	一 年 月 日参与某战 二 年 月 日随赴 处剿匪 （不论入伍前后一切记入）

考 语 门

判 定	分数以二十分钟满格	说 明
性 质	18	正直刚毅,有持久力。
志 趣	20	纯粹高尚,淡于名利。
品 行	20	廉洁信实。
言 语	16	言语清楚,惟声不洪亮。
体 力	18	强壮,惟目光稍近。
气 概	18	庄重。
勤 务	18	奉职至勤,有义务心。
学 科	16	通浅近军事学,一般均能了解。
术 科	20	操法精炼,技术亦佳。
文字程度	16	能作五十句以内浅近文字,书法亦可。
特别技能		稍精医术。
家计景况		小康。
交 际		不滥交友,既交必厚。

民国 年月日 考绩官第 连长某姓名印

上官所见	一某连长所判定某项应改为（云云） 民国 年月日第 营营长某姓名印
	一某营连长判定确认无误,经审查后堪任为何项候补者。 民国 年月日第 团团长某姓名印

纸用毛边纸,以铅笔绘之。

长宽尺寸均照此格式制之。

附表第二

陆军步兵第　　团候补准尉(候补上士)补充顺序表							
候补准尉(即补上士)				候补上士			
连　号	阶　级	姓　名	顺　序	连　号	阶　级	姓　名	顺　序
第　连	士			第　连	中　士		
民国　　年　月　日某团团长某姓名印呈							

纸用毛边纸,照此格式,以铅笔绘之。

竖格及人数之多寡酌定之。

（原载《浙江公报》第一千五百二十八号,六至一一页,批牍）

浙江都督吕批

高检厅呈现行审检两厅办事权限不合条理请示由

据详称"现行审、检两厅办事权限不合条理"各节,所言具有至理。现在浙省官制业经由护国军政府更定组织,本无拘泥从前省官制之必要,惟关系司法行政职权,应须力求妥慎,仰即会同高等审判厅长妥议办法,呈候核夺可也。此缴。六月七日

（原呈已见本月十一日本报"呈"门）

（原载《浙江公报》第一千五百二十八号,一一页,批牍）

浙江都督吕批

杭县呈保护院改组教养局并送预算由

据呈,请在该县准备金项下拨银三百元充改组教养局经费等情,事属可行,仰民政厅查核饬遵可也。此缴。六月七日

(原载《浙江公报》第一千五百二十八号,一一页,批牍)

浙江都督吕批

萧山县彭延庆详巨盗张阿标等六名
未获照章酌拟赏格购缉请示遵由

详及格、表均悉。该逸犯张阿标、张冬狗、傅阿狗、孔庆水、韩炳奎、张阿五等六名,既系著名巨盗,犯案累累,应准如拟悬赏购缉获案严惩,仰高等检察厅通饬各属并分行民、警两厅一体协缉究报,勿稍漏网。此批。格、表抄详并发。六月八日

(原载《浙江公报》第一千五百二十八号,一一页,批牍)

浙江都督吕批

发高检厅平湖县详报僧连庆在庵被盗由

详及图表、失单均悉。该僧庵被盗强劫并伤一人,既据勒限严缉,应即上紧督促,务将案内正盗原赃依限破获究给具报,毋延干处,仰高等检察厅转饬遵照,并咨民、警两厅查照。此批。图表、失单抄详并发。六月八日

附原详

详为详报事。本年四月二十五日,据县属北扶行坊保丰庵僧连庆状称,"窃僧在保丰庵住持,日昨进城经忏,庵中剩小徒一人、老佛婆一人。是夜三更,突有盗匪多人打穿墙洞而入,将小

徒等缚住,击伤手臂及胸等部,僧众衣物尽被搜括而去,开单诉请勘缉"等情。据此,查该处离城六里,系荒僻处所,并无营警驻扎,当即饬委一等警佐前诣勘明,系属挖洞进内,先窃后强,填表绘图,详复前来。除选派干警勒限严缉,并分别咨饬营警一体协缉赃盗务获究报外,理合先将查勘情形绘图列表并附具失单备文详报,仰祈钧督察核。谨详。

计开失单

羔皮僧袄 一件　羔皮僧领褂大小共三件　羔皮海青 二件 纺绸海青 二件　洋布海青 二件　拷皮衫裤 二件　洋布衫裤 八件　白官纱裤 一条　白纺绸裤 一条　夹被 一条　红棉绸被 一条　白夏布帐 一项　白铜烟袋 一只　银环磁茶壶 一把　又老佛婆皮褂肩 一件　寿衣 全套　铜脚炉 二个

（原载《浙江公报》第一千五百二十八号,一一至一二页,批牍）

浙江都督吕批

两浙盐运使呈送岁出岁入经费暨盐斤产销额数清册由

呈悉。册载嵊上余住地四年实销数四万三千余担,担税二元,计收入八万余元,岁入预算册内列收十七万九千余元,核诸四年份收数加过一倍,何以增销如是之速。预算自以多数为准,册载浙西肩地杭县、余杭、海宁、崇德、平湖、海盐四年份实销十一万二千余担,担税两元,应收二十二万四千余元,何以预算岁入册内仅列二十万九百余元,转减少二万余元,究竟预算以何为标准,是否确实,增减之原因安在? 台、温各属厘课自改章后,每担收课多少、闽盐输入岁数若干,水乡灶课浙属课额已较册载各场局、杂税杂捐、各县场征解杂税规费两项之数为巨,此外煎灶换照、牙秤换照、酱坊酱销册、盐店牌照等费,是否均纳入此两项内? 商缴巡费向章按引抽收,岁出册内既将巡缉营警各支销全数列入,何以岁入册内商缴巡费项下仅列杭县及钱清场、温处六千八百二十元，是否遗漏，仰即查明切实声复，并将民国元年以后至五年预算为止，逐年产数、销数、煎晒成本、场价、销价、岁入捐课、杂征、岁支政费、巡费分别详细列表，逐年比较，附加说明，及浙东肩住宁、台、温程课，各地近年改革之案，编成要略一并详送备核。苏五属建平各引地，现虽归松运副管辖，究属浙盐范围，应并列入表册，以备检查。该运使平素实心任事，整理有方，其悉心筹划，裕课阜财，务收实效，有厚望焉。此批。摘由发。册存。

六月九日

两浙盐运使署暨所属各机关岁出经常各款清册

政费

本公署	三千元
常广督销局	四百四十元
仁和场	四百元
徽州督销局	三百十八元
岱山场	三百元
海沙场	三百元
玉泉场	二百八十元
许村场	二百八十元
鲍郎场	二百八十元
黄湾场	二百八十元
鸣鹤场	二百八十元
大嵩场	二百八十元
清泉场	二百八十元
穿长场	二百八十元
芦沥场	二百八十元
富阳查验卡	一百六十元

桐庐查验卡　　　一百六十元

严州查验卡　　　一百六十元

杭州批验所　　　一百六十元

嘉兴批验所　　　一百六十元

新坝查验所　　　一百九十元

濠河头批验所　　二百十八元

大道头缉私卡　　一百五十元

象山批验所　　　一百三十八元

温处督销所　　　六百六十元

永穗场　　　　　六百四十元

上望场　　　　　四百九十二元

长林场　　　　　五百二十元

南盐场　　　　　二百八十元

北盐场　　　　　四百八元

绍属督销局　　　四百四十元

钱清场　　　　　四百元

东江场　　　　　三百元

金山场　　　　　二百八十元

三江场　　　　　二百八十元

绍兴批验所　　　二百八十元

曹江掣验所　　　一百五十元

余姚场　　　　　四百元

台属督销局　　　八百三十六元

黄岩场　　　　　二百八十元

长亭场　　　　　二百八十元

杜渎场　　　　　二百八十元

政费总计一万五千九百八十元。

盐巡警费

杭县盐警　　　　五百八十九元

嘉湖第十二营　　一千四百六十九元

嘉湖第十三营　　一千五百六十一元四角

嘉湖第十四营　　一千六百五十五元

嘉湖第十五营　　一千一百七十六元五角

嘉湖第十六营　　四百四十二元

常广督销局盐警　七百五十一元八角五分八厘

富阳查验卡盐警　四十九元

衢属三区盐警　　四百三十七元四角

江山巡商　　　　五十元

金华巡商　　　　一百元

严属巡商　　　　七十五元

钱江巡商　　　　二百二十五元

诸义浦巡商　　　一百二十五元

温处督销局盐警　一千五百元

闽盐稽征盐警　　四百八十一元六角

南盐场警　　　　二百八十七元六角

北盐场警　　　　二百八十七元六角

长林场警　　　　二百二十七元二角

壶镇查验卡盐警　二百七十六元八角

玉环巡船　　　　一百九元二角

长林巡船　　　　一百九元二角

余姚缉私队　　　八百五十五元

绍属督销局盐警　八百九十四元

钱清场警　　　　二百三十八元

金山场警　　　　一百四十元

三江场警　　　　　一百四十元

东江场警　　　　　一百四十元

许村场警　　　　　一百四十元

黄湾场警　　　　　一百四十元

台属督销局盐警　一千二百九十元

警费总计一万五千八百六十二元三角五分八厘。

以上政、巡两费均系五年份预算之数,如有盈余,仍须按月缴还稽核分所,合并声明。

两浙各场产额

仁和场　煎盐　六万四千六百七十担七十斤

钱清场　煎盐　五万三百四十二担六十斤

余姚场　煎盐　三千八百五十五担五十斤

　　　　晒盐　五十七万七千七百五十三担二十六斤

双穗场　煎盐　八万四百八十担四十斤

　　　　晒盐　二千三百四十四担六十七斤

长林场　晒盐　六万四千三百三十五担四十斤

东江场　煎盐　二十六万六千六百十八担

岱山场　晒盐　四十九万八百四十六担十二斤

海沙场　煎盐　一万六千四百九十二担七斤

金山场　煎盐　十五万七千二百六十六担

玉泉场　煎盐　五万八千一百九十三担

　　　　晒盐　九千一百五十九担

黄岩场　煎盐　五千四百五十五担三十二斤

　　　　晒盐　三千四百二十八担三斤

许村场　煎盐　六万六千七百二十四担三十斤

鲍郎场　煎盐　三万二千一百六十四担五十斤

黄湾场　　煎盐 七万六千五百八担六十二斤

鸣鹤场　　晒盐 七千二百五十六担四十四斤

大嵩场　　煎盐 七千三百六十九担四十九斤

清泉场　　晒盐 一万三千五百八担七十三斤

三江场　　煎盐 十七万九千六十九担三十四斤

穿长场　　晒盐 三千四百十三担八十二斤

杜渎场　　煎盐 四千六百二十五担二十八斤

　　　　　晒盐　七千九百七十三担七十七斤

长亭场　　煎盐 四万五千六百二十五担七十斤

　　　　　晒盐 一千六百五十四担二斤

芦沥场　　煎盐 二千一百三十三担五十四斤

上望场　　煎盐 五万六千八百七十三担三十九斤

南监场　　甫经建设，未据详报。

北监场　　同上。

以上系四年分全年实产之数，共计煎盐一百十七万四千四百六十七担七十五斤，晒盐一百十八万一千六百七十三担二十六斤，总共煎、晒盐二百三十五万六千一百四十一担一斤。

两浙各地销额

浙东纲　　歙县　　　三万四百十八担十六斤

　　　　　休宁　　　七万七千七百十七担七十三斤

　　　　　黟县　　　三万八千三百五十六担七十九斤

　　　　　广信　　　十三万五千五百七担十二斤

　　　　　常山　　　九千一百六十五担十八斤

　　　　　开化　　　三万九十九担八十八斤

　　　　　衢县　　　一万六千九百六十六担五十斤

　　　　　江山　　　一万八千四百七担五十斤

	龙游	一万九百十九担十斤
	金华	一万二千四百六十三担
	兰溪	一万六千七百六十五担二十斤
	汤溪	四千二百七十二担
	建德	一万三百六十九担五十斤
	淳安	三万一千四百八十五担五十四斤
	遂安	二万五千九百四十一担四十八斤
	寿昌	九千一百五十二担
	桐庐	九千三百九十担
	分水	八千七百五十五担
	诸义浦	五万六千一百十五担
	富阳	七千四百七十二担七十九斤
	於潜	一万四千一百二十一担二十四斤
	新登	四千九百三十二担
	昌化	一万三千六十三担二十斤
	东阳	八千一百四十一担八十斤
浙西纲	临安	七千一百五十担
	嘉禾善桐	二万八千二百六十五担五十六斤
	程广武德	十一万四千八百二担八十六斤
浙西肩	杭县	五万四千二百十九担
	余杭	九千五百五十八担
	海宁	一万五千五百八十四担
	崇德	二万一千十五担
	平湖	六千九百八十一担
	海盐	四千八百四十一担
住	嵊县	三万六千七百七担七十六斤
住	上虞	一千一百二十八担

住	百官	一千二百四十六担
住兼肩	余姚	四千四百五十七担
厘课	宁属	六万三千四百五十二担
厘课	象山	四千一百十担
浙东肩	绍萧	十万六千四十六担六十一斤
厘课	温处	二十八万六千五百三十二担二十四斤
厘课	台州	十八万五千四百九担四十七斤

以上系四年份全年实销之数,共计一百五十五万一千五百三担二十三斤,按比较只一百三十九万担,计溢销十六万余担,实为近数年所仅见。又,馀、岱两场晒盐由苏五属捆运,每年约五六十万担,此册以非运使直接管理,故未列入销数,而产、销两数供求适足相抵,合并声明。

两浙盐运使署暨所属各场局五年分岁入各款预算清册

计开:

一 浙东西纲课 一百九十二万二千七百十五元

按纲课,每盐一担收税二元五角,该款系由各地纲商直接缴解稽核分所。

一 嵊上馀住课 十七万九千四百七十八元

按住课,每盐一担收税二元,该款系由各地住商直接缴解稽核分所。

一 浙西肩课 二十万九百十元

按肩盐,一担收税二元,该款系由各地肩商直接缴解稽核分所。

一 绍萧肩课 二十五万元

按收税课,则与浙西肩课同,该款系由各商直接缴由分所所派收税官核收。

一 宁属象山引课 八万四千元

按引课,每盐一担收税一元,该款系由各引商直接缴解稽核分所。

一 宁台渔课 五千九百元

按渔课,每系由认商包缴解司转缴解稽核分所。

一 乐平玉渔盐税暨闽盐入口税 四万九千八百十九元

案该款系由稽核分所所派温处收税官直接征收。

一 台属厘课 十一万二百五十元

按该款系由稽核分所所派台州收税官直接征收。

一 温处厘课 二十八万六千八百元

按该款系由各分局报解温处收税官核收。

一 各场局杂税杂捐 四千八百九十元

按该款系由各场局就近报解各属收税官核收。

一 商缴巡费 六千八百二十元

按该款系杭县各商暨钱清场缴由司署转解稽核分所,温处则由收税官报解分所。

一 各场局功盐补课充公 七千一百六十八元

按该款除已设收税官地方由收税官征解分所外,其余缴由司署收入转解。

一 各县场征解杂税规费 二万四千七百八十元

按该款除已设收税官地方直接征收外,其余缴由司署转解稽核分所,作为正税列收。

总计岁入各款三百一十三万三千五百三十元,此系五年份预算之数,如果整理得法,或尚可增加,合并声明。

(原载《浙江公报》第一千五百二十八号,一二至二〇页,批牍)

浙江都督吕批

据模范警队营详请饬缉逃兵黄克明一名解营严惩由

详、单均悉。仰警政厅分饬江山县知事暨省城警察厅饬属一体严缉务获解究。此批。抄详及单并发。六月九日

附原详

详为详请饬缉逃兵解营严惩以肃军纪事。上月二十日据职营第一连连长李寿康报称，"窃职连二排一班兵黄克明，于本月二十八日午刻，声称赴葛总队长处有要事接洽，向该排代理连附陈泽兰请假，两点钟外出，至晚尚未回营。二十九日晨，即派该班班长刘绕武从严查拿，毫无影响。至晚八点钟时，该兵将所穿去之军服、符号等，外信三封，由车夫送交卫兵，当由卫兵长转交营值日官转饬该代理连附收下，该连附当即检查，军械毫不缺少。又查信三封，一致本排薛连附，一致班长刘绕武，一致保人徐国强"等情前来。据此，窃查该逃兵黄克明系于本年三月补警备队一区选送经汪前营长批准销差兵士彭子春遗缺。查该逃兵籍隶江山，寄居省城望江门，除咨请江山县知事暨省会警察厅分别缉拿外，拟请都督严饬江山县知事暨省会警察厅按照详送清单内开列住址，勒限缉拿，务获解究，以肃军纪而儆效尤，实为公便。谨详。

附录清单

逃兵黄克明，年二十八岁，本省江山县二十八都人，身长一米突六十，生的兄四弟一，妻陆氏，子女均无，寄住省城望江门。保人徐国强，军界人，住杭州。

（原载《浙江公报》第一千五百二十八号，二〇至二一页，批牍）

浙江都督吕批

民政厅呈拟云和县造林应给奖励请汇案办理由

准如呈办理。此批。摘由发。六月九日

附原呈

浙江民政厅呈为奉饬核拟云和县造林应给奖励请准汇案办理事。案奉都督批发云和县详为筹办造林情形绘具图说并拟订管理规则详请察核备案示遵由，奉批，"详及附件均悉。据陈筹办造林情形，规画缜密、条理井井，具见办事热心，至堪嘉尚，应予从优给奖，以示鼓励，仰民政厅迅即核拟具复察夺。抄详连同图说、清单、规则并发。此批"等因。奉此，查各县筹备造林竣事，本应由道派员视察汇报省署查核，分别奖惩，以重林政。现在道署奉裁，前项派员视察事宜，自应由厅接办，所有该县应给奖励，拟俟将来派员视察后，再行汇案核拟，呈请察夺。至该县绘送图说、规则等件，核尚详细，应即存查。奉饬前因，理合先行呈复，伏乞都督鉴核示遵。谨呈。

（原载《浙江公报》第一千五百二十八号，二一页，批牍）

浙江都督吕批

发民政厅为遂安县详查办花会吗啡及
员役并无收费情弊由

详悉。仍着督饬警佐从严查禁，并将王德星一名随时察看，毋再弛纵，仰民政厅转饬遵照。此批。钞详发。六月九日

（原载《浙江公报》第一千五百二十八号，二一页，批牍）

浙江都督吕批

玉环县详楚门匪散兵扰会同陆军弹压
妥筹善后并请酌减盐税由

详悉。该知事办理此案尚属妥速,颇堪嘉许,所请酌减盐税一节,能否照准,仰盐运使核办饬遵可也。此缴。六月九日

（原载《浙江公报》第一千五百二十八号,二一页,批牍）

浙江都督吕批

外海水警第一总署长
温 岭 县 知 事 详遴选查米局稽查员会请委任由

据详请遴委黄城玑为该县查米局稽查员等情,仰民政厅查核办理饬遵具报,并转警政厅饬行奉总署长知照。此批。钞详发。六月九日

（原载《浙江公报》第一千五百二十八号,二一至二二页,批牍）

浙江都督吕批

发民政厅为平湖县详报史槐庭史槐堂家被劫由

详及图表、失单均悉。该事主史槐庭、史槐堂等家夤夜被盗二十余人持械伙抢,案情綦重,既据咨饬限缉,应即上紧催督,务将案内盗犯原赃依限破获,究给具报,毋延干处。仰民政厅转饬遵照,并咨高等审检厅查照。此批。图表、失单并发。六月九日

附录史槐庭名下失单

金如意一只五钱　金吉戒一个二钱　金印戒一个二钱　包金环子一对珠二十粒　金圈二付重三钱　包金扁镯三付　金元宝簪一只前清五钱　金元宝簪一只五钱壬子年　银绞丝镯二对银如意扁、方各一　目珠珠二十粒　本洋十三元白钱乾隆二千

康熙钱一千　宝蓝杭纺长衫一件　灰色湖绉夹衫一件　官纱长衫一件　元色花缎白皮马褂一件　宝蓝宁绸珠皮马褂一件　天青白皮领褂一件　元色西缎花皮袍子一件　元色法布花皮马褂一件　蓝芝麻呢翻绵紧身一件　天青杭缎套子一件　元色法布花皮褂子一件　蛋青花缎领褂一件　灰色湖绉白皮紧身一件　元色布白皮领褂一件　盖蓝青湖绉夹衫一件　灰色花缎紧身一件　元色湖绉裤子一条　元色湖绉单裙一条　元色湖绉白皮紧身一件　元色湖绉白皮领褂一件　元色布花皮领褂一件　元色湖绉裙一条　元色生纺裙一条　宝蓝丝绸紧身一件　丝绸绵线布裙共十条　丝绸染色十一个本色二个　绵线绸二个　扣布蓝白共计一百个　天青缎披风一件

史槐堂名下失单

金元宝簪一只五钱　金押发簪一只一钱五分　金圈二付四钱　金印戒二个四钱　银桂花镯一付　银绞丝镯一付　银手镯一付　银百锁一把　银披肩一个一切玉器在内　银花三对　银凤一对　老光珠百余粒　大红湖绉被面一条　瓯绸被一条　被一条　披风一件　大红湖绉裙一条　雪红湖绉裤一条　灰色春绸羔皮袍子一件　灰布花黑皮袍子一件　元色花缎皮马褂一件　元色截法布皮马褂一件　元色湖绉皮领褂一件　皮蛋青花缎羔皮女衫一件　元色花缎羔皮女衫一件　蓝绵绸花羔女衫一件　元色湖绉羔皮女领褂一件　元色湖绉女夹衫二件　青灰花缎女夹衫一件　元色湖绉裙二条　天青宁绸女领褂一件　青官纱女衫二件　青灰花缎女夹衫一件　元色湖绉裙二条　天青宁绸女领褂一件　青官纱女衫二件　蓝纺绸女衫一件　元色纱裙一条　元色拷皮女裤一条　元色湖绉女裤一条　灰色湖绉裤料六尺五寸　蓝柳条布三个　白柳条布三个　芦席花布一个　双蓝布一个　本色布四个

拷花布一个　本色丝绸一个　寿衣　元色花缎棉领褂一件

（原载《浙江公报》第一千五百二十八号，二二至二四页，批牍）

浙江都督吕批

发警政厅为外海水上警察厅长详报第五队
获匪叶三玉梁洪福二名由

详悉。积匪叶三玉即孟土三玉、梁洪福即二头等二名，既据获解台州镇守使讯办，应准备案，仰警政厅转饬严缉逸匪真赃，并查救难民，分别究报。此批。抄详发。六月九日

（原载《浙江公报》第一千五百二十八号，二四页，批牍）

浙江都督吕批

警备队第二区统带洪士俊详为第四营三哨哨长晋等
暨一营四哨什长记升由

详悉。该哨长徐凤来、什长王荣贵，既据声称侦缉得力、训练勤奋，应准酌予升叙，以励勤能，仰警政厅核议转饬遵照。此批。抄详发。六月九日

（原载《浙江公报》第一千五百二十八号，二四页，批牍）

浙江都督吕批

内河水警厅详报第九队获匪张阿荣一名由

详悉。获匪张阿荣即王金标一名，既据解送平湖县收讯，应候该知事讯实依法详办，仍仰督饬该区长等侦缉余匪务获解究，仰警政厅转饬遵照。此批。抄详发。六月九日

（原载《浙江公报》第一千五百二十八号，二四页，批牍）

浙江都督吕批

嘉兴县详报计篮田家被劫由

详及图表、失单均悉。该事主计篮田家被盗数十人黉夜伙抢巨

赃并伤事主,案情重大,既据咨饬严缉,应即上紧催督,务将案内盗犯原赃依限破获,究给具报,毋延干处。仰民政厅转饬遵照,并咨高等审检厅查照。缴。图表、失单并发。六月九日

附录计篮田家被劫各物失单

现洋五百七十元 元色集法布羔皮女袄一件 小洋二百余角 元色绉纱女皮背心一件 铜元六百余个 元色绉纱女皮背心一件 白钱二十余千 元色线绫绸女皮背心一件 赤金戒子四只 元色花缎皮背心一件 赤金如意一只 桃灰花缎灰鼠女袄一件 赤金圈两付 菜青素绸棉袍子一件 雪青绉纱长夹衫一件 珠圈两付 元色绉纱长夹衫一件 赤金宝簪一只 元色花缎夹马褂二件 老光珠子一百余粒 荷色熟罗长夹衫一件 小儿银镯两付 元色花缎夹马褂一件 表金镯一付 官纱长衫二件 小儿项钳一付 官纱短衫裤一身 银如意两只 白纺绸短衫裤一身 银扁方一只 白绵绸短衫裤二身 红宝石两粒 桃灰线春女夹衫一件 大银镯两付 红绿绉纱被二条 元花缎紫毛马褂一件 蓝绉纱被二条 元色洋缎羔皮马褂一件 大红尺三绸被一条 桃灰花缎紫毛马褂一件 瓯绸被二条 元色洋缎羔皮马褂一件 三尺绸三匹 桃灰羔皮长皮袄一件 串绸一匹 菜青绉纱羔皮长皮袄一件 连半绸一匹 桃灰紫毛长皮袄一件 蓝绵绸四匹 菜青绉绸皮袍子一件 白绵绸一匹 洋绉绸皮女袄一件 本色杜布十八匹 黑灰尺五庄料三两 蓝杜布十一匹 五色洋布料约三十元 黑灰线春料二十两 元色花缎羔皮背心二件 荷色绉纱长夹衫一件 桃灰线纱羔皮女袄一件

(原载《浙江公报》第一千五百二十八号,二四至二五页,批牍)

浙江都督吕批

宁海县知事江恢阅详为警探破获伪币机关
奉批奖赏恳请核明给发由

据详,该警探朱昌宝、薛志刚等二名,查获私铸出力,于《长警赏罚规则》既无适当条文可资援奖,应准每名改给赏银,即在该县准备金项下支给,仰民政厅核数转饬遵照。此批。抄详发。六月九日

(原载《浙江公报》第一千五百二十八号,二五页,批牍)

浙江都督吕批

瑞安统捐局长陈乃揖详报接钤任事由

详悉。缴。六月九日

附原详

详为详报事。五年四月二十九日,奉前财政厅长吴饬委办瑞安统捐局务,遵即由省束装抵瑞。五月二十六日,准俞前局长将钤记、单票、文卷、器具等件移交前来,局长逐一点收,即于是日接钤任事。所有俞前任五年五月以前经收款项,据称按月解清奉掣库收在案。惟是五年五月一日起至二十六日交卸前一日止,所收捐款,经俞前任移交前来,即由局长照数接收,汇月报解,合并声明。伏乞都督警核备案[①]。谨详。

(原载《浙江公报》第一千五百二十八号,二七至二八页,批牍)

浙江都督吕批

第六师师长呈为二十一团连长蒋棠遗缺
以叶衍桐等分别署代由

呈悉。步兵第二十一团十一连连长缺,准以排长叶衍桐升充,照

---

① 警核,疑为"鉴核"之误。

上尉八成支薪;递遗该团十连一排长缺,准以候补尉官陈希旦代理,照中尉八成支薪。委状随发,仰即转饬祗领。此批。六月十日

计发委状二张。

（原载《浙江公报》第一千五百二十八号,二二页,批牍）

浙江都督吕批

兼代第六师师长呈为炮兵团连长潘藩积资
已在四年以上请予升级加薪由

呈悉。查该师前次造送实任军职在三年以上各正式军官名册内,并未列有该连长潘藩一员,因何致误,应由该师长查明,承办人员惩罚具报。至该员潘藩资格既合,应准记升少校,照少校八成支薪,以示鼓励而昭公允,仰即转饬遵照。此批。六月十日

（原载《浙江公报》第一千五百二十八号,二二页,批牍）

浙江都督吕批

缙云县知事警备队第四区第五营管带汇详敬举贤才
可否准予注册县知事分道录用由

详、折均阅悉。查《县知事任用章程》现正拟订颁布,该员如果资格符合,自可量为录用,无庸代为推荐。本省道尹现经裁撤,该知事等何得犹以分道录用为请,殊属疏忽,此斥。缴。清摺二扣发还。六月十日

（原载《浙江公报》第一千五百二十八号,二五页,批牍）

浙江都督吕批

接收金华道尹文案委员呈缴印信密码电本由

呈悉。此缴。印信、密码电本分别存销。六月十日

（原载《浙江公报》第一千五百二十八号,二五至二六页,批牍）

浙江都督吕批

民政厅为遂昌县警佐章问拟请照
《警察官吏奖励规则》办理由

呈悉。仰民政厅查核办理,并饬遂昌县知事遵照。此批。呈抄发。六月十日

附原呈

呈为转呈事。案据遂昌县详称,"城警察所警佐章问,自四年四月间奉委任事以来,凡关于警务范围以内事项均能遵守定章,勤奋办理。对于各处饭铺恐有宵小混迹,晚间督率长警严密稽查;冬间各乡向有花会赌徒,该警佐不避劳怨,亲率长警购线拘拿,先后破获周礼保、李客丏、周小妹、叶水发、张保寿等,送县分别罚办,用能肃清赌风。至所辖境内关于窃盗案件,破获尤为迅速。如四年七月间杨仁发偷窃黄马珠、四年九月间刘开根偷窃何兆扬等案,均能临时破获。自四年四月以后并无盗案,又能鼓励所属长警勤勉职务。可否照奉颁《修正浙江全省警察官吏奖励规则》第四条第四款、第六款,分别记功,详祈核转"等情。据此,理合具文转呈,仰乞都督鉴核示遵。谨呈。

(原载《浙江公报》第一千五百二十八号,二六页,批牍)

浙江都督吕批

余姚县商民余开祥禀店被盗劫延不缉获乞饬县勒缉由

禀悉。仰余姚县知事迅速会督营警上紧侦缉,务将案内赃盗破获给究具报,毋延。此批。禀抄发。六月十日

附原呈

为纵盗不缉渎职殃民,叩请恩迅饬县勒缉获案究办,以靖地

方而安商业事。切商民住余姚林东乡小桥头地方,在本村开设余干一开记杂货米铺。上年旧历十一月二十六日夜半,突被群盗数十人,明火执仗,撞破牌门,劫去货物并洋二百七十余元。业经开单报县,当蒙知事派委履勘,民又迭次禀催严缉各在案。诅王知事一遇盗劫案件,因循敷衍,每以履勘为已了事,置民间损失祸害于不顾。虽经商民迭请缉获而始终高搁,置之不理,迁延迄今已逾四月,仍未一缉。切思人民应尽纳税之义务,官厅应负保护之责任。王知事既为地方官,为地方尽职,责无旁贷,何以一味延纵,一至于斯?商民既遭盗劫,复穷呼吁,试问锄暴安良,天职何在?嗟我小民,其何以堪?为此不得已奔赴辕门,上叩都督恩迅饬县勒缉,务获究办,以靖地方而安商业。激切上呈。

计开余开祥家被劫失单

银元六十五元　小洋七十六角　竹布五疋另　元洋布六疋另　蓝洋布七疋另　交布六疋另　电光布四疋另　细漂白一疋　印花布一疋另　爱国布一疋另　元西缎五丈另　元洋纱一疋另　蓝夏布一丈另　五彩瓯绸一疋另　寿被面拾余床　各色小布七疋　白洋绒一疋零　蓝洋绒一疋零　妃红绒一疋零　丝线一斤　毛巾五打　丝巾七打　大小绒袜八打零　布夹棉衣拾余件

（原载《浙江公报》第一千五百二十八号,二七页,批牍）

浙江都督吕批

孔教会浙江支会会员范耀雯等禀为军队迁让文庙请通饬垂为定宪由

禀悉。军队屯驻文庙,系一时权宜之计,前已明白批示,且原驻之补充兵既经饬迁,来禀所请,未免拘泥,应毋庸议。此批。六月十日

（原载《浙江公报》第一千五百二十八号,批牍,三〇页）

浙江都督吕批

军法审判处处长呈为军法审判处司法官张尚宾办事勤慎
请照三等军法正七成支薪由

呈悉。该处司法官张尚宾，既据称办事勤慎，准自本月一日起，月薪照三等军法正七成支薪，以示鼓励，仰即转饬遵照。此批。六月十一日

（原载《浙江公报》第一千五百二十八号，二二页，批牍）

浙江都督吕批

宪兵司令官呈为一等副官及连排长遗缺
请以吴冠军等分别升充由

呈悉。该司令处一等副官及备补连连长、第一连一排排长各缺，准以吴冠军等分别任委，月薪照拟办理。除饬浙江护国军预备第一旅旅长知照外，仰将发到吴冠军任命状、吕阳和等七员委任状分别转发祇领遵照。此批。六月十一日

计发任命状一张、委任状七张。

（原载《浙江公报》第一千五百二十八号，二二页，批牍）

浙江都督吕批

上虞县知事张应铭电军警恩饷各给一月
是否连同实洋两元一角发给请示由

微电悉。查本省宣布独立，所有出力军警，经前浙军总司令部第九号饬，"每名犒赏洋两元"。嗣于二十七号饬开，"兹将前定犒赏洋二元，改发恩饷一月，以示优异"。饬文既云改发，即使当时先将犒赏垫给，亦应就恩饷项下扣回，断无仍将是项犒洋一并发给之理。乃各属纷纷详请，辄援总司令部第九号规定犒赏，暨屈前都督一五八号指

示"各县在地方收入项下动支饷款"之饬文,而不及二十七号饬开"犒赏改发恩饷"等语,殊属意存朦混。兹该知事又以应否连同发给电请,尤为疏谬。特此明白批示,仰民政厅迅转该知事遵照办理,并将此批钞登《公报》,使各属咸共知之。此批。钞电、摘由发。

(原载《浙江公报》第一千五百二十八号,二六页,批牍)

浙江都督吕批

会稽道尹周琼呈为该道署裁缺人员准予酌量提前委用请由

呈及履历均悉。准予提前分别量为委用可也。此缴。履历存。

(原载《浙江公报》第一千五百二十八号,二六页,批牍)

浙江都督吕批

为遂昌县呈请添设助理程乃縠由

呈及履历均悉。准予注册,仰民政厅备案,并转饬该县知事知照。此批。钞呈、履历并发。

(原载《浙江公报》第一千五百二十八号,二七页,批牍)

浙江都督吕批

财政厅长呈为发行军需公债拟具简章由

据呈请"查照成案发行浙江军需八厘公债一百万元以资接济而策进行"等语,事属可行,应即照准,拟具简章大致周妥,兹就各条略有整改之处,仰即查照遵行可也。此批。改正简章抄发。

附原呈

呈为筹办公债拟具发行简章呈请鉴核事。窃以理财之道,惟筹之于预,斯用之不竭。浙省自此次举义以来,武备扩张,军需浩大,若非筹集款项,不足以资接济而策进行。查民国初年,浙省曾发行爱国公债券,按年给息,分期偿本,商民乐购,信用久著。兹特查照成案,仿制公债券,名为"浙江军需八厘公债",额定一百万元,券分五元、十元、百元、五百元四种,照券面九七折发行,年利八厘,以茧捐收入为担保品。自民国六年九月十五日起,每年用抽签法,分还二十五万元,四年偿清。理合拟具发行简章,开摺具文,呈请钧督鉴核批示祗遵。谨呈。

改正拟定军需八厘公债暂行章程

谨将《拟定浙江军需八厘公债发行简章》开摺,呈请鉴核。

计开:

一、本公债定名为浙江军需八厘公债,由浙江护国军政府担负偿还责任,以浙江全省茧捐收入作抵。

一、本公债发行总额为银元一百万元,券面分五元、十元、百元、五百元四种。

一、本公债照券面价格九七折发行。

一、本公债年息八厘,于每年三月十五日、九月十五日各付息一次,自交款之日起息。

一、本公债附有息券,取息时连同债券陈验发给。

一、本公债交款,一次交清,除照章折扣外,准计日预扣第一期应得之息。

一、本公债募集后,留置一年,自第二年起至第五年止,四年之内全数偿清,每年九月十五日用抽签法分偿二十五万元。

一、本公债交付及偿还均以浙省通用银元暨浙军政府准其流行之兑换券为准,以生金生银交付者,准照时价合算。

一、本公债券统用无记名式,不论何人,均可流通买卖。

一、本公债对于官厅或他种应纳保证金,由浙军政府认为适当之保证,照券面额价与现金同一效用。

一、浙省发行兑换券之银行,得以本公债为准备,其成数由财政厅长核定之。

一、本公债券须由浙军都督暨财政厅长签名盖章后始能发行。

一、本公债券由浙军政府财政厅委托殷实银行及各商会为发行所。

一、本公债章程自发布之日起即有施行效力。

(原载《浙江公报》第一千五百二十八号,二八至二九页,批牍)

浙江都督吕批

警政厅呈请以常荣清为该厅总稽查准填给任命状由

呈悉。准予填给任命状,随批并发,仰即转饬祗领,并取具该员履历一并具报备查。此批。摘由发。任命状一纸附。

附原呈

为呈请事。窃职厅业已组织成立,所有厅内各职人员,除参事及各科科长,曾经职厅荐请都督任命助理秘书、各科科员。查差遣、录事等职,经由职厅分别遴委汇案呈报外,查有前警务厅总稽查常荣清久握兵符,素隆资望,拟请任充职厅总稽查,藉资督率各稽查,力图整顿。理合备文呈荐,仰祈都督察核准予任命,实为公便。谨呈。

(原载《浙江公报》第一千五百二十八号,二九至三〇页,批牍)

都督率属上黎大总统就任贺电

北京黎大总统钧鉴:照民国元年《约法》,我大总统当然继任,区区下情,早经电请。今奉钧电,敬悉我大总统就任,全浙军民同声欢忭,伏望实行职权,以奠国是。恭祝大总统万岁!中华民国万岁!浙江都督吕公望，参谋长周凤岐，师长童保暄、张载阳，镇守使顾乃斌，旅长王桂林、李炜章、韩绍基、潘国纲、俞炜，民政厅长王文庆，财政厅长莫永贞，警政厅长夏超，高等审、检厅长范贤方、王天木，交涉署长张嘉森，盐运使胡思义暨合属军民同叩。庚。（中华民国五年六月八日）

（原载《浙江公报》第一千五百二十八号，三一页，函牍 电，又见《申报》一九一六年六月十三日，七版地方通信）

附 黎元洪复电

吕都督并转参谋长、镇守使、各师旅厅署长官均鉴：

庚电悉。奖饰逾恒，益深惶悚。元洪材轻任重，时惧弗胜，惟有遵循法律，拥护共和，政务责之阁僚，国是公诸舆论，藉酬厚望，期免愆尤。尚望协力匡扶，藉资针导。惭复。黎元洪。蒸。印。（中华民国五年六月十日）

（原载《浙江公报》第一千五百三十号，一九页，北京来电）

致童保暄电

为本府参谋魏斌请仍留湖办理防务由

湖州童司令官：虞电悉。魏斌准仍留湖办理防务。都督吕。佳。印。六月九日

（原载《浙江公报》第一千五百二十八号，三一页，电童司令官）

浙江都督府饬军字第三百九十六号

饬知特编游击队营长委李锦标程登瀛充该队差遣由

为饬知事。查有李锦标、程登瀛二员，均堪发交该队差遣，月各支薪十四元，合将饬委文二封，饬发该营长分发祗领遵照。此饬。

计发饬委文二封。

都督吕公望

右饬本府特编游击队营长黄在中。准此。

中华民国五年六月十二日

（原载《浙江公报》第一千五百二十九号，一九一六年六月十五日，首页，饬）

浙江都督府饬军字同上号

饬为委李锦标程登瀛充特编游击队差遣由

为饬委事。查该员堪以委充本府特编游击队差遣，月给薪水洋十四元。除饬该队营长知照外，合行饬委，仰即遵照到差。此饬。

都督吕公望

右饬李锦标、程登瀛。准此。

中华民国五年六月十二日

（原载《浙江公报》第一千五百二十九号，首页，饬）

浙江都督府饬军字第三百九十八号

饬为委何埒聪充军务厅差遣由

为饬委事。查有该员堪以委充本府军务厅差遣，月给薪水洋三十元，合行饬委，仰即遵照。此饬。

都督吕公望

右饬何埒聪。准此。

中华民国五年六月十二日

（原载《浙江公报》第一千五百二十九号，首页，饬）

浙江都督府饬军字第三百九十九号

饬发准尉及上士补充暂行条例由

为饬遵事。据兼代陆军第二十五师师长周凤岐呈送拟订《准尉及上士补充暂行条例》，请予鉴核等情。本都督复核上项《条例》，尚属妥洽,应准照办。除批示外,合将《条例》发仰该兼代师长转饬所属一体遵照办理。此饬。

计发《准尉及上士补充暂行条例》一本(已见本月十四日本报"批牍"门)

都督吕公望

右饬兼代陆军第六师师长王桂林。准此。

中华民国五年六月十二日

(原载《浙江公报》第一千五百二十九号,一页,饬)

浙江都督府饬军字第四百零一号

饬照准兼代二十五师师长详请委拱宸桥邮局
检查员洪捷为四十九旅差遣由

为饬委事。查有该员堪以调充步兵第四十九旅差遣,月给薪水洋二十四元。除分饬外,合行饬委,仰即遵照到差。此饬。

都督吕公望

右饬拱宸桥邮局检查员洪捷。准此。

中华民国五年六月十二日

(原载《浙江公报》第一千五百二十九号,一页,饬)

浙江督都吕批

民政厅为嘉兴县详报王柴氏家被劫由

详及图表、失单均悉。该事主王柴氏家被盗,十余人贪夜伙抢并伤事主,案情重大。既据咨饬严缉,应即上紧催督,务将案内盗犯、原赃依限破获,究给具报,毋延干处。仰民政厅转饬遵照,并咨高等审、检厅查照。缴。图表、失单并发。六月十日

附录王柴氏家被劫失单

金线圈重二钱两付、银发簪一只、黑绢女皮背心元缎镶一

347

件、元布男背心一件、绵绸童皮棉袄一件、红绢翻絮女棉袄一件、红绉裙一条、红绢被二条、天青宁绸男夹背心一件、蓝棉绸童夹裤一条、红绢女棉袄大袖一件、红绵绸女翻絮一件、女皮棉袄一件、蓝绵绸女棉袄一件、黑棉绸单裙一条、黑棉绸女棉背心一件、本色棉绸四段、本色棉布二段、本色棉绢二段、细丝一斤、童银镯一付、银洋二十元、元布女皮背心一件、元布童皮背心一件、红绢女棉袄一件、黑绢单裙一条、蓝棉绸男夹裤一条、蓝棉绸童棉袄一条、红绢女棉袄小袖一件、蓝绢女棉袄一件、绿绸女夹袄一件、女寿衣七件、绿棉绸女棉袄一件、青莲色棉绸女皮袄一件、白洋纱女衫一件、青莲色棉绸二段、花布一段、粗丝半斤、红绢夹女裤一条。

（原载《浙江公报》第一千五百二十九号，九页，批牍）

浙江都督吕批

财政厅呈请加给该厅科长及所属各捐局长任命状由

呈及清摺均悉。准予一律加给，任命状随批并发，仰即分别转给祗领。此缴。清摺存。任命状四十七张附发。六月十一日

附原呈

呈为呈请事。窃照本厅所属各科科长及各捐局局长等，除总务科科长王文炳，先经厅长呈钧督核发任命状转给祗领外，其余征榷科科长陆庆楹，帮办征榷科科长梁寿臧，制用科科长吴文熊，以及另开摺呈之杭县统捐局长汪曾保等，自应一律呈请加委，以重职守而观后效。理合具文呈请，仰祈钧督鉴核俯赐，分别颁发任命状，以凭给领，实为公便。谨呈。

浙江财政厅谨将本厅所属各统捐征收局局长、特别捐局长姓名开摺，呈送鉴核。

计开：

杭县统捐征收局局长　　汪曾保　　海门　　　　　　　　蒋　冶

闸口	陈亚春	兰溪	汪 莹
硖石	汪龙标	龙游	徐鼎勋
海昌	沈 钧	常开	汪张黻
塘栖	吴启璋	严东关	章 桢
馀东关	谢宸慈	威坪	殷李铣
嘉兴	许鬻鹏	清湖	田 程
嘉善	谭锡瓒	永嘉	李寿慈
海盐	廖维纲	瑞安	陈乃楫
桐乡	另文请委	平阳	吴葆诚
平湖	钟 寅	丽水	叶 纲
吴兴	杜述琮	龙泉	王乃禄
南浔	朱元树	青田	陈 韶
菱湖	郭曾程	松阳	王敬培
双林	李 颐	宁波洋广货捐局局长	盛鸿焘
霅水桥	刘凤起	温州	朱鼎新
乌镇	陈炳业	宁镇船货捐局局长	顾思莪
新市	黄又望	宁波闽货捐局局长	黄皞芬
长兴	秦肇煌		
武康	邓心芬		
鄞县	吕敬敷		
绍兴	朱 璐		
萧山	祝履中		
闻堰	李彦铭		
安昌	郭芳春		
余姚兼安馀慈镇花捐	李光邺		
曹娥	翁庚孙		

（原载《浙江公报》第一千五百二十九号，九至一一一页，批牍）

浙江都督吕批

桐庐县知事为据呈请领伤兵宋浩然恤金恩赐照发归垫由

呈、领均悉。仰即派员来府照领归垫可也。此批。领存。六月十二日

（原载《浙江公报》第一千五百二十九号，一一页，批牍）

浙江都督吕批

平阳县知事为据呈请领故兵杨继安生前减饷请核发归垫由

呈及印领、领结均悉。该县垫发退伍故兵杨继安生前减饷银十三元三角五分，业已发交中国银行代领归垫矣。此批。领结均存。六月十二日

（原载《浙江公报》第一千五百二十九号，一一页，批牍）

浙江都督吕批

永嘉县知事为据呈遵批呈送周委员奉拨征兵费收据由

呈及收据均悉。该县垫付征兵费银二千元，准予随批交由中国银行汇发，仰将收到日期具报。此批。收据存。六月十二日

（原载《浙江公报》第一千五百二十九号，一一至一二页，批牍）

浙江都督吕批

陆军被服厂厂长薛炯呈为呢料缺乏
价值昂贵拟改制棉夹衣裤由

呈悉。查制备士兵服装，其必要注意之点有二，一须采办之便利，一期实际之适用。前者有关经费之预算，时日之迟速；后者有关军容之观瞻，保存之期间。该帮厂所称呢料价昂，且不易办，拟改夹棉二种，核与采办上、穿用上均属利便，自可照准。惟此项夹棉各服，

除色用深灰外,究以何布为宜,每套各需价值几何,保存期限之长短能否与呢衣相等,预算经费可否较呢服减省,仰即一并妥速查议,呈候核夺。缴。六月十二日

(原载《浙江公报》第一千五百二十九号,一二页,批牍)

浙江都督吕批

兼代第二十五师长呈为四十九旅调
洪捷陈焜二员为该旅差遣由

呈悉。洪捷、陈焜二员,准派充第四十九旅差遣,月各给薪水洋二十四元。至该师部差遣吕岐一员,本府另有差委,姚寿冲一员,已准由浙江护国军预备第一旅调充差遣。除分饬外,仰即转饬知照。此批。六月十二日

(原载《浙江公报》第一千五百二十九号,一二页,批牍)

浙江都督吕批

预备第一旅请调姚寿冲充差遣由

呈悉。姚寿冲准调充该旅差遣,除分行外,仰即知照。此批。六月十二日

(原载《浙江公报》第一千五百二十九号,一二页,批牍)

浙江都督吕批

嘉湖戒严司令官呈为军需副官应镇藩任职
已在三年以上请升级加薪由

呈及履历均悉。查应镇藩自民国元年一月起,其实任上尉正式军职年限,除在学及充当差遣、随员时间外,核未届满三年。惟该员平时办事勤奋,著有成绩,应特准记升少校,自本月份起,照少校八成支薪,仰即转饬知照。此批。履历存。六月十二日

(原载《浙江公报》第一千五百二十九号,一二页,批牍)

浙江都督吕批

兼代第二十五师师长呈为中尉副官叶庆就
请晋级上尉月薪照八成支给由

呈悉。步兵第四十九旅中尉副官叶庆就,准升为上尉,照上尉八成支薪,仰即转饬遵照。此批。六月十二日

（原载《浙江公报》第一千五百二十九号,一二页,批牍）

浙江都督吕批

守备队司令长呈为连长王德庆等三员成绩优美
月薪请照少校八成支给由

呈悉。连长王德庆、彭龙骧、周训等三员,既据称成绩均属优美,准自本月份起,月薪照少校八成支给,以示鼓励,仰即转饬遵照。此批。六月十二日

（原载《浙江公报》第一千五百二十九号,一二至一三页,批牍）

浙江都督吕批

为江山县呈追租事宜能否改为行政处分办理由

呈悉。此项追租事宜,旧行政公署既有处分暂行法之规定,应即循旧援用,仰民政厅核明饬遵具复。缴,呈抄发。六月十二日

（原载《浙江公报》第一千五百二十九号,一三页,批牍）

浙江都督吕批

为钱塘道呈复查明海宁县承审员汪濂被控各节由

呈悉。该承审员汪濂被控各节,既经查无实据,应即免其置议,仰高等审判厅转饬海宁县知事分别传谕知照。此批。原详抄发,缴。送各件存。六月十二日

（原载《浙江公报》第一千五百二十九号,一三页,批牍）

浙江都督吕批

高检厅呈为陈毓琳吴兴交代案内解款
被倒请撤销非法处分由

此案前据该革员禀请撤销监追处分,当经批饬财政厅查复核办,嗣据该厅以"应否准其交保,自向日升昌号清算,以了交案"等情呈复。又经批饬"取具殷实银钱商号,人、款并保切结,由该保人负完全责任,暂以一月为限,如届期未清,再行详细查明,切实办理"等因批示在案。据呈前情,仰即知照。至旧巡按使奏请监追一节,似系根据与国体不相抵触前清条例继续有效之规定办理,并即转饬遵照。缴。六月十二日

（原载《浙江公报》第一千五百二十九号,一三页,批牍）

浙江都督吕批

发民政厅据缙云县知事欧阳忠浩
详报警费项下提给缉匪赏金由

据详该警察等办事尚属勤奋,此项赏金应即准予核销,所获匪犯卢学溪并即迅予详讯明确,具判覆夺,仰民政厅转饬遵照。此批。抄详发。六月十二日

（原载《浙江公报》第一千五百二十九号,一三页,批牍）

浙江都督吕批

高审厅呈报江山县判处盗犯毛增流死刑由

详及供、判均悉。江山县盗匪毛增流屡犯抢劫、掳赎、杀人各罪,积案累累,既经该县讯明,供认不讳,自应按法惩治,以昭炯戒。仰即转饬提犯毛增流,验明正身,执行枪毙,并将行刑日期具报备案。余犯仍饬勒缉,务获究报。此缴。供、判存。六月十日

（原载《浙江公报》第一千五百二十九号,一三页,批牍）

浙江都督吕批

高审厅呈报金华县电准枪毙施森鑫由

呈及供、判均悉。据称,"著匪施森金,数罪俱发,原县以一罪论断,既属不合,且被告人身有手枪、刀子,遽依《惩治盗匪法》第四条第一款处治,引律亦系错误"等语,均系实在。仰即转饬更正判词,具报备案。所有本案缉捕各员受伤医费暨奖励金,准在该县准备金项下支给,仰并咨行民政厅查照饬遵。此缴。供、判发还。六月十二日

(原载《浙江公报》第一千五百二十九号,一四页,批牍)

浙江都督吕批

高审厅请示发给承审管狱各员委状办法由

呈悉。查第九十八号饬开,系指该厅长所属各厅之委任职秩而言,缘各厅委任职员,本由该厅长自行委任,按照前例,自可援用。至如各县承审员、管狱员各职,向例该厅长只有详荐之权,应由本省最高长官核委。盖以各该职责任重大,究非各厅委任各职可比,故虽同例委任职秩,而办法不同,原系慎重职责起见,并非本府批饬先后歧异,该厅长查核陈案,自能明晰。所请依据第九十八号饬开,殊多误会之处,仰即遵照前批办理可也。此缴。六月十二日

(原载《浙江公报》第一千五百二十九号,一四页,批牍)

浙江都督吕批

嘉善县详报王荣海家被劫失赃由

详、表悉。王荣海家被盗劫去银洋、衣物,既据履勘确实,仰即勒限严密缉捕正盗原赃,务获究报。案关盗匪,毋稍玩忽,切切。此缴。单、表、图存。六月十二日

附录失单

蓝杜绸皮小棉袄二件、锡大香案三副、元色皮领褂二件、铜脚炉三个、蓝棉绸男女皮袄二件、元色布皮马褂二件、青柳条布六个、蓝棉绸行絮棉袄八件、红绸大红被二条、男女绵绸布单裤共廿件、花青棉绸被二条、新被絮二条、帐子二顶、银手镯三副、官箱二只（内有衣物）、锡饭盂二只、大龙洋十元。

（原载《浙江公报》第一千五百二十九号，一四至一五页，批牍）

浙江都督吕批

嵊县详报宋宝兴被匪徒张庄福等轰毙由

详及格结均悉。宋宝兴即殿奎，被匪徒张庄福等枪伤身死，既据勘验属实，当时缉获凶犯王桃老即王潮老一名，讯据供认行凶不讳，惟究系何人主使，因何起衅，自应详细推鞫，务得确情，按律惩办。逸犯张庄福等仰即迅派干警严密缉拿，务获到案，集讯明确，并案办理。此缴。格结存。六月十二日

（原载《浙江公报》第一千五百二十九号，一五页，批牍）

浙江都督吕批

发高检厅为宣平县详报破获兴林庵盗犯及
发现该犯拐骗人妻一案由

详悉。仰高等检察厅核饬提犯戴坑儿，并董胡氏质讯明确，一并按律拟办，并由厅通缉未获各犯，务获究报。嗣后并饬改用呈文，毋再错误。缴。摺存。六月十二日

附录清摺一件。

宣平县兴林庵被劫案内未获各盗年貌、籍贯清摺。

一、阿银，金华开藻地方人，年二十八岁，身中、眼大、面圆，

带黑色。

一、阿银表弟,姓名未详,金华赵宅人,年约二十余岁,身体肥胖,约长四尺余,面长、下尖,带白色。

一、兰溪人,姓名未详,寄居金华吴海塘地方,年五十余岁,从前做过侦探,身长,不甚肥胖,面长,带黑色,无须。

一、金华人,名叫老三,住金华下坂地方,距城十五里,从前开过肉店,身长四尺余,面长、带白色、厚发批到脑上①。

（原载《浙江公报》第一千五百二十九号,一五页,批牍）

浙江都督吕批

高审检厅呈送四年分十十一十二三个月
各属命盗案件考核表由

据呈考核四年分十、十一、十二三个月,各县知事办理命盗案件,分别拟定功过办法,均尚允当,应准如呈办理。至於潜、萧山二县知事拿获邻境盗犯,江山县知事拿获前任命案凶犯,向办均援用《知事奖励条例》第十一条第二项办理。现在统一政府尚未完全成立,未便转咨,应改准各记大功一次,以示奖励,仰并咨行民政厅分别查照注册可也。缴。表、单存。六月十二日

（原载《浙江公报》第一千五百二十九号,一五至一六页,批牍）

浙江都督吕批

发永康县据该县郭洪贵禀被匪害请饬营县拿办由

该民被匪抢劫,未据该县具报有案,查阅粘抄县批,案已咨营严拿,仰永康县查案分别咨饬拿办具复,勿稍匿延。此批。禀抄发。黏附。六月十二日

———————————————

① 批,当为"披"字。

附原禀

具禀人郭洪贵,年五十九岁,永康孝义乡四十七都七保西井庄人,业农。

为纵匪贻害,恳请转饬营队拿办,追回赃物,以扶良懦事。窃民冤遭匪害一案,迭控匪犯郭中拯、中意、镇美、镇抚、宪保、钟荃、张洪楩等,奉批数次,均粘呈电,该批雷厉风行,异常铭感。奈就近驻防张副官承恩尸位素餐,纵容酣嬉,迄未发兵缉拿,竟以玩时愒日,便可了事,独不思身受者创巨痛深,疮痍未复,寝馈不忘。矧此辈反侧无常,脱任其逍遥法外,难保不呼啸成群,再为民害。俯念民被抢之猪羊、牛只、衣服、食物,均在匪处,若长此宕延,不一赴辕恳请转饬营队拿办,追回赃物,则沉冤莫雪,尽人可不耕而食矣。情理奚容,法律何存?为此不已。合并粘批,恳请都督吕察阅施行,不胜切祷。谨禀。

（原载《浙江公报》第一千五百二十九号,一六页,批牍）

浙江都督吕批

发高检厅据江山县盗犯叶春桂饬即通缉由

呈及折、表均悉。盗匪叶春桂,既迭在浙、赣境内犯有命盗重案,应准悬赏购缉,缉获后赏洋作正开支,仰高等检察厅按照发去折表通饬各属缉拿,务获解办,并饬该知事遵照。缴。呈及折、表均钞发。六月十二日

附原呈

呈为陈请核示遵行事。案查奉颁《修正积匪巨盗悬赏购缉办法》内开,"已奉密饬或详准通缉之积匪巨盗,县知事因屡拿不获,准在五百元以下范围内,酌拟赏格,查叙案情以及盗匪姓名、年貌、籍贯,详报核办"等因,奉经遵办在案。兹查盗匪叶春桂,系江邑东烘人,迭在江西玉山及江邑境内犯有命盗重案,经玉山

县知事详奉江西巡按使咨准前都督届在巡按使任内通饬缉拿有案。此等匪犯,若不悬赏缉拿,从严惩办,实不足以戢匪胆而安闾阎。现拟请求将该匪叶春桂悬赏洋三十元,是项赏洋并请按照同《办法》第四条规定,俟缉获后呈请于正税项下拨款给领,并请再行通饬严缉。惟是否可行,理合造具案情清摺,并该犯年貌说明表,备文呈请,仰祈钧督察核俯赐批示祗遵。谨呈。

附录清摺

江山县公署谨将盗匪叶春桂所犯案情开具清摺,呈请鉴核。

计开:

民国元年五月十三日,叶春桂纠同徐长达等,在本邑吴村地方侵入王德茂南货店内抢劫,据原告王炳成诉,经勘验有案。

民国二年十月五日,叶春桂纠同姜景云等,在江西玉山县葛塘沿地方侵入陈世富家抢劫,并将伊弟陈世良拒伤身死,据共犯姜景云供明属实,并经玉山县王知事验勘属实,函请协缉有案。

民国三年十二月二十二日,叶春桂纠同姜长余等,在本邑吴村地方侵入姚学书家抢劫,并将伊妻祝氏拒伤,据事主姚学书诉,经勘验有案。

民国四年二月六日,叶春桂纠同姜茂柏等,在本邑新塘边地方侵入姜昌华家抢劫,并将伊妻徐氏拒伤,据事主姜昌华诉,经勘验有案。

填载匪犯姓名、年貌、籍贯等项说明表。

姓名:叶春桂,又名金桂。

籍贯:江山县东烘人。

年岁:约二十八九岁。

身长:约四尺左右。

肥瘦:瘦。

容貌：面尖。

面色：面白。

须：无。

发：约四五寸长。

语言：江山音。

执业：无。

住址：无定。

家属：无。

亲友：与盗匪姜长余等相识。

服装：粗布衣服。

特志：无。

经历：不详。

相片：无。

附记

（原载《浙江公报》第一千五百二十九号，一六至一八页，批牍）

浙江都督吕批

据临海县知事呈送振市公司收回天主堂沿江涂地由

呈及图、摺均悉。仰民政厅核存，咨行交涉公署备案，并饬行临海县知事转饬振市公司知照。此批。抄呈，连同图、摺发。六月十二日

（原载《浙江公报》第一千五百二十九号，一九页，批牍）

浙江都督吕批

桐乡县德泰典主朱春藻赔偿当货请饬县派警弹压由

禀悉。该商以悬案日久，恐当户藉口扰累，愿照商会议决，以五成扣利开赔，尚无不合，所请届时派警弹压，应予照准。仰民政厅查核，即饬桐乡县知事饬知桐乡、屠甸两商会转知遵照。此批。抄禀摘

由发。六月十二日

（原载《浙江公报》第一千五百二十九号，一九页，批牍）

浙江都督吕批

发民政厅据本省公民谢揖等呈诉捐税病民由

来禀不合诉愿程式，所称契税、烟酒公卖牌照捐，关系大宗入款，军需待用，万难改革，应无庸议。惟苛细捐税应否酌改，姑仰财政厅核议复夺。此批。禀抄发。

（原载《浙江公报》第一千五百二十九号，一九页，批牍）

浙江都督吕批

义乌人民禀伊子充当邮差被护送兵士枪毙请察核惩处由

此案前据邮务局详请饬缉，迭经饬限该管营、县缉获究报矣，仰知即知照。此批。

（原载《浙江公报》第一千五百二十九号，二二页，批示）

浙江都督吕批

海宁陆宗渊等禀承审员汪濂劣迹照彰请查办由①

本案业经钱塘道尹派员查复具报到府，该民等所控并无实据，业经批准免议，毋庸多渎。此批。六月十三日

（原载《浙江公报》第一千五百二十九号，二二页，批示）

浙江都督吕示

为标卖旧废铜铁定于本月十三日派员监视开标由

为牌示事。照得浙省各属所遗之旧废铜铁，业经拟订办法，招买投标在案。兹定于本月十三日上午十时，在本府二门内派员监视开

---

① 照彰，疑为"昭彰"之误。

标,仰各投标人届时来府,听候开标,以昭公允。特此牌示。

中华民国五年六月十二日

(原载《浙江公报》第一千五百二十九号,二三页,牌示)

浙江都督吕批

高检厅呈余姚县案犯宋广大可否执行枪毙由

呈及抄判均悉。核阅所拟宋广大罪名,尚无错误,应即执行死刑,以免久稽显戮。至死刑用绞,《刑律》久经规定,该犯既非盗匪,亦未干犯军法,未便援用枪毙,仰即转饬仍照定律办理,将行刑日期报查。嗣后凡死刑复判报部案件,均改由该厅呈报本都督复核饬遵,并即通饬遵照。缴。钞判存。六月十二日

(原载《浙江公报》第一千五百三十号,一一页,批牍)

浙江都督吕批

民政厅长呈送孝丰县模范森林清册并拟定看青通则由

呈及清册、《通则》均悉。所拟《通则》,尚称周妥,仰即通饬遵照。摘由缴。附件存。六月十二日

附原呈

呈为遵饬核复事。案奉都督政字第一百十九号饬开,"据钱塘道尹详转送孝丰县筹办森林经费清册等情,除批该道尹外,仰该厅长即将开支各款,查核具覆,缴还清册,再候核办。又,该县拟具《看青办法》颇有可采,现在提倡森林,尤以保护为第一要义,应将该县所陈各条,酌采成篇,印刷颁发,通候各县遵办"等因[1],并附件。奉此,查册列造林银一百二十七元五角三分,未逾规定数

---

[1] 通候,疑为"通饬"之误植。

目,拟请准予照案在准备金项下支销。至《看青办法》经已遵照酌采,拟订《通则》饬发各县遵办。奉饬前因,理合缮具拟订《通则》,检同原发开支清册,具文呈复,伏乞都督鉴核施行。谨呈。

计呈送原发清册一本、拟订《看青通则》一纸(《通则》已见本月十日本报"饬"门)。

(原载《浙江公报》第一千五百三十号,一三至一四页,批牍)

浙江都督府饬政字第一百九十号

饬民政厅查办郑秉范所递公函章程由

为饬知事。本年六月九日有递本府公函一件,署名为提察晋按使郑秉范,盖有"提察晋按使"钤记,并粘有郑彝名片一纸,暨《督办贡税委视局章程》,词句荒谬,显系匪徒捏造图害,不法已极,亟应严行查拿惩办,合亟饬知。饬到该厅即便转饬丽水县严密查禁拿办,刻日具报察夺,并咨财政厅知照,毋稍违延,切切。此饬。

都督吕公望

右饬民政厅厅长王文庆。准此。

中华民国五年六月十二日

(原载《浙江公报》第一千五百三十号,一九一六年六月十六日,首页,饬)

浙江都督吕批

兼代第二十五师师长周凤岐呈请将石国柱
马玉成王本成三员记升加薪由

呈悉。查营长石国柱一员,业于第四十九旅各军官升级加薪案内准予记升中校,照中校十成支薪;该师部副官马玉成,准照代理中校支薪;一等军需王本成,准照三等军需正七成支薪。仰即转饬知照。此批。六月十三日

(原载《浙江公报》第一千五百三十号,九页,批牍)

浙江都督吕批

兼代第二十五师师长呈为补充营司务长
董瑞麟请升级加薪由

呈悉。补充营司务长董瑞麟,准予记升少尉,照少尉十成支薪,仰即转饬知照。此批。六月十三日

(原载《浙江公报》第一千五百三十号,九页,批牍)

浙江都督吕批

兼代第二十五师师长呈为九十八团排长陈启明
成绩优美请予记升中尉照中尉支薪由

呈悉。第九十八团第六连排长陈启明,既据办事勤能,成绩优美,准予记升中尉,照中尉十成支薪,以示激劝,仰即转饬知照。此批。六月十三日

(原载《浙江公报》第一千五百三十号,九页,批牍)

浙江都督吕批

第一军司令官/第六师为参谋赵南等
未到差以魏旭初等委充由

呈悉。该司令部参谋赵南、徐明超二员,既未到差,应准另任原充第六师参谋魏旭初、林蔚二员为该部参谋,并准委胡鸿逵为该部副军法官,丁玉璜为该部军法处二等书记,仰将发到任命状及委任状转给祗领,并仰第六师知照。此批。(呈抄发)

计发任命状二张,委状一张(发司令官)。

计抄发原呈一纸(发第六师)。

(原载《浙江公报》第一千五百三十号,九页,批牍)

浙江都督吕批

财政厅长呈拟军用票发行处暂行简章即准照行由

据呈所拟《暂行简章》，尚属妥洽，应准照行。此缴。《简章》存。

六月十三日

附原呈

呈为谨拟《军用票发行处暂行简章》，呈请鉴核事。窃本厅前以军费浩繁，金融阻滞，拟查照民国初年成案，发行军用票，以维持市面而资周转。曾将发行缘由，并拟就告示底稿及发行章程，呈请核示祗遵在案。兹经续拟《发行处暂行简章》八条，理合缮具清摺，备文呈请钧督察核示遵。此呈。

谨将拟定《浙江军用票发行处暂行简章》开摺，呈请鉴核。

第一条　本处属于浙江护国军政府财政厅，为发行军用票之机关，定名为浙江军用票发行处。

第二条　发行处附设于省垣中国银行。

第三条　本处经理一人，副经理一人，经理本处一切事宜。

第四条　本处设监察一人，监察本处一切事宜。

第五条　本处设办事员若干人，办理本处一切事宜。

第六条　本处经理、副经理、监察员，由财政厅委任之，办事员由经理、副经理酌用之。

第七条　省外各县发行事，由各该处中国分银行号暂行代理之。

第八条　此项章程，如有应增应改之处，由财政厅随时修正之。

（原载《浙江公报》第一千五百三十号，九至一〇页，批牍）

浙江都督吕批

海宁县知事呈报积匪沈和尚图谋反狱由

据呈该县监犯沈和尚即下塘和尚,本系著名积盗,迭次犯案,今又主谋反狱,实属愍不畏法,应即讯明确供,从严惩办具报,仰高等检察厅转饬知照。此批。抄呈发。六月十三日

（原载《浙江公报》第一千五百三十号,一〇页,批牍）

浙江都督吕批

高检厅呈杭县分监监犯暴动消弭情形由

据呈已悉。该分监管狱员谢福慈,于狱犯暴动时,能临机应变,立即镇夷,殊堪嘉许。嗣后仍宜始终勤勉,切勿积久生懈,仰转饬遵照。此缴。六月十三日

（原载《浙江公报》第一千五百三十号,一〇页,批牍）

浙江都督吕批

会稽道呈复象山县王载廷控俞赓夔侵占官道由

呈悉。本案既据象山县知事履勘明确,王载廷所控俞赓夔填截水道、毁坏水堰、拆毁城石各款,均无实据,应准将原案撤销。至王载廷因借钱不遂,架词诬陷,殊属刁狡,本应澈究,从宽姑交该地方官严加管束,以儆效尤,仰民政厅转饬该县遵照办理。此批。图存。呈抄发。六月十三日

（原载《浙江公报》第一千五百三十号,一一页,批牍）

浙江都督吕批

发民政厅为私立法政专门学校校长阮性存
禀请仍设别科以储法政人材由

据禀请仍设法政别科,以储法政人材,所陈理由各节,至为正当。

惟时局解决在即，此时未便省自为制，应俟正式政府成立后，据情咨商教育部核准设立，再行知照可也。仰民政厅转饬该校长查照。此批。禀抄发。六月十三日

附原禀

私立法政专门学校校长阮性存禀为请予仍设别科，以储法政人材事。

窃维学校原为储材而设，储材宜宽求学之途，吾国法政学校学生虽有本科、别科之分，其实别科与本科之毕业期限及所习科目大致相同，不过本科多预科一年，暨外国文等科学数种耳。至言人材，本科学生多系少年英俊，精研学术，或较别科为优，然别科则多老成练达之人，社会信用及治事之才，均远胜于本科学生，此为有识者所公认。乃因北京政府蹂躏民权，痛心法治，遂迁怒于法政人材，已毕业者固深加挫折，未入学者尤预为防闲，于是有二年十一月二十一日停止招考别科学生之教育部令。案部令大旨，不外因法政别科有专门之名，无专门之实，是以急行截止，以杜流弊。窃谓不然，法政学术，本自外国输入，而日本实为东洋之先进，彼邦私立法政学校皆设大学与专门二部。所谓大学部，参用外国文教授，即于我国之本科相等；所谓专门部，专用邦语教授，即与我国之别科相等。数十年来，并行不悖，初未闻有所限制，亦未闻有何流弊。而法政学术，日益昌明，获收人材之效。吾国学制多仿日本，独于法政教育乃欲躐等而进，举日本所不能限制者而加以限制。此证之邻国成例而不能停办别科者一。吾国自停科举甫逾十年，有旧学根柢、无新学知识者，不乏其人，既非中学毕业，年纪又均在中年，不及研习外国文字，惟以汉文教授法政，则新旧融会，成材者什得七八。今专办本科，此辈欲学无由，而社会中间，此辈最有势力，因不得学习法政之

故，即不免有排斥法治之思。此证之吾国社会情形不能停办别科者又一。或谓自各省设立法政学校以来，毕业生已有供过于求之患，则停招别科，未始非计。然日本区区三岛，国立法科大学东西对峙，而私立大学之教授法政者，尚有数校，大学部外均设立专门部，以宏造就。我国幅员数倍日本，历年法政毕业生总数，远不及日本之多。前两年政府励行专制，偏重经验立法，及自治机关根本取消，司法机关一意减缩，法政毕业生无可致用，有类供过于求。若励行法治，不独国家机关需用明习法政之人，即社会各方面之需要，亦必百倍于今，已毕业之法政学生断断不敷采用，尤应亟加扩充，以备遴选。此核之用途不能停办别科者又一。且二年部令停招别科，原在国会解散之后，出于一种摧残法政学校、减少法治人材之政策，今既共和复活，法政人才只患其少，不患其多，中央政府成立后，司教育者对于前此反对法治之施政方针，自必根本改变，吾浙尤应先为提倡，以示各省之准则。至二年部令所言流弊，无非藉口各处法校招收别科新生，动辄数百，故谓亟行截止。现在只须定明每年招收新生，均须本科、别科同招，不得专办别科。又，每班别科生名数，应照前清学部定章，不得逾二百人，即无前项流弊矣。敝校开办由前清至今，收受学生尚取严格主义，然为豫储将来法治人材起见，既有所见，不能不缕晰陈明。所有请仍兼设别科缘由，合行具禀，仰祈都督鉴核照准，批示遵行，实为公便。谨禀。

（原载《浙江公报》第一千五百三十号，一一至一二页，批牍）

浙江都督吕批

临安县知事呈为捐资兴学遵例请奖由

呈及表册均悉。该绅等热心学务，慷慨输捐，殊堪嘉许。所请遵例给奖之处，仰民政厅核办具复，并转饬临安县知事知照。此批。抄

呈,连同表册发。六月十三日

附原呈

呈为呈请核奖事。案据金永区自治委员梁殿燮暨中正学校校长夏时中等详称,"窃临邑金永区地僻山陬,寡闻孤陋,人民知识大半狭隘,其风气最难开通者,莫如兴学为甚;其经费最难筹画者,亦莫如兴学为甚。敝区自民国二年创办中正国民兼高等小学校,四年于兹矣。校中基本金,仅奉拨迎神赛会之产,计民田共七十一亩七分正,自拨归校产后,又屡受旱灾,田租无几,历年开支不敷之处,均由夏君时风借垫,已于历年学期一览表内声明在案。嗣去年蒙准举行高小学生第一次毕业之后,清理收入支出各款,亏垫颇多,幸夏君时风众望素孚,劝同蓝君益清乐捐洋五百元,李君康华乐捐洋三百元,丁君曰海乐捐洋一百元,黄君致中乐捐洋一百元,游君瑞寿乐捐洋一百元。此外,尚亏垫洋一千三百元,悉归夏君时风自行捐助。慨思诸君家道固非殷实,其急公好义之心,有如是之乐善不倦者,无非为地方维持风化,为国家培养人材,理合缮具捐资兴学事实表册,备文详请察核,分别给奖,以昭激劝"等情前来。知事查该绅等捐资兴学,热心教育,殊为难得。且核与《捐资兴学褒奖条例》第二条第一、第二、第三、第四等项,均无不合,自应代与请奖,以示激劝。除批示并将该绅等捐资兴学事实表册各抽存一份备查外,理合检同原表,备文呈送,仰祈察核施行。谨呈。

(原载《浙江公报》第一千五百三十号,一二至一三页,批牍)

浙江都督吕批

临安县知事呈送培英国民学校校长潘兆昌捐资兴学事实由

呈及表册均悉。该国民学校校长热心公益,殊可嘉尚,所请遵例

给奖之处,仰民政厅核办具覆,并转饬临安县知事知照。此批。抄呈连同表册发。六月十三日

附原呈

呈为呈送事。案奉前钱塘道道尹批金前知事详为谷灵区区立培英国民学校校长潘兆昌捐资兴学遵例请奖由,奉批,"详悉。察核所送事实表册,未据该知事盖印,殊欠郑重。兹将原件随批发还,仰即补印县印,详送来道,以凭核转。此批。表册并发",并表册二分下县。奉此,知事遵即检同原表,补盖县印,惟钱塘道现奉裁撤,此项表册理合备文呈送都督,仰祈察核施行。谨呈。

(原载《浙江公报》第一千五百三十号,一四页,批牍)

浙江都督吕批

浙海关兼宁波交涉员呈报英国教士韩涌泉女教士费文兰二名游历浙江发给护照由

呈悉。仰交涉署查照办理。此批。原呈抄发。六月十三日

附原呈

呈为报明给发外人游历护照请通饬保护事。本年六月一日准驻宁英领事函开,"兹有本国教士韩涌泉、女教士费文兰游历浙江全省,护照二张送请盖印移还"等由。准此,除将该护照加盖印信给执外,理合备文呈报钧署,请赐通饬所属照约保护,实为公便。谨呈。

(原载《浙江公报》第一千五百三十号,一四页,批牍)

浙江都督吕批

发民政厅为上虞县知事呈报警佐渎职情形即准撤差由

据呈该县警佐蔡尊周种种渎职情形,殊属异常荒谬。至此次怂恿长警挟制长官,甚且不俟准假,擅离职守,其平日骄悍情形,尤可概见。应即日撤差,听候从严查办。至该知事职兼所长,平时对于该警佐未能认真督率,遇事依违容隐,不早揭发,及遇地方有事,不思悉心维持,率请辞职,尤属不合,并着先予记过一次,以示薄惩。仰民政厅注册饬知,并查明此次警察与警队冲突情形,详细具报核夺。此批。摘由发。六月十三日

(原载《浙江公报》第一千五百三十号,一五页,批牍)

浙江都督吕批

财政厅呈报归并清理官产处办法请核示由

呈悉。准如所拟办理,仰迅将该厅应行增加条例并预算妥拟送核。此缴。六月十三日

(原载《浙江公报》第一千五百三十号,一五页,批牍)

浙江都督吕批

民政厅为江山县警佐叶树蕃等独立后准予各记功一次由

呈悉。此批。摘由发。六月十三日

附原呈

呈为呈报事。案准浙江警政厅函开,"奉都督批发江山县详称给发警察恩饷造册请销一案,奉批,'据详请准于警捐余款地丁捐内提放该县警察警队恩饷,暨警佐叶树蕃、洪兆青、毛时昉,警队长朱葆林等量予奖叙各节,仰警政厅查核办理,并即转饬遵

照可也。抄详发。清册附'等因。奉此,除将关于款项一节,函请财政厅核办外,至于如何奖叙警佐之处,相应函请贵厅核示饬遵"等由。准此,此次本省宣告独立,该县警察所前警佐叶树蕃,现任警佐洪兆眘、毛时昉及县警队长朱葆林等,均能严密防范,维持地方,深堪嘉许,既据该县知事核请奖叙前来,应准各予记功一次,以示鼓励而策将来。除填发功状,饬仰该县知事转饬祇领外,理合备文呈请钧督察核备案,实为公便。谨呈。

(原载《浙江公报》第一千五百三十号,一五页,批牍)

浙江吕都督通电

北京黎大总统,段芝泉先生,广东岑都司令,陆都督,龙都督,李总司令,贵阳刘都督,广西陈署都督,云南唐抚军长,蔡、戴两总司令,川陕陈都督,湖南汤都督,各省区军民长官,上海唐少川、王亮畴、温钦甫、梁任公诸先生,时事新报转各报馆公鉴:

天祚中国,元首得人,破坏既终,建设方始,当务之急,厥有数端,谨述管窥,以供迩察。

一、申明元年《约法》,以定人心。民国元年,参议院所定《约法》,二年宪法会议所定《总统选举法》,为正式民意机关制定,袁氏以私意窜改,废去责任内阁,独揽统治大权,十年连任之,把持金匮石室之诡秘,实为帝制厉阶。近又以国务卿称责任内阁,手定《约法》已自毁弃。今京中通电,尚引不法之《约法》第二十九条,袁毁之,而复援引之,仓猝间或未及详加辨别。然人心不免因之淆乱,应请大总统明令宣布,以元年《约法》为根本法,自停止国会以后,袁氏私定之法律与根本法抵触者,悉归废弃。此系纠正不法行为,非以命令废止法律,当务之急,无逾于此。

二、宜惩治罪魁,以尊法律。筹安创议,天下骚然,生民辗转流离,酷胜水火,何莫非创议帝制之人,实遗之殃,不治罪魁,何以伸天下人民之公愤?然泄忿犹其小者,今之言救国者,必称法治、共和,叛逆得遒刑诛。法治之根柢不坚,后此之设施愈困。惩办祸首,为全国法律,非为个人报施,为保持将来共和之权威,非穷究前此帝制之徒党,择尤严惩,胁从罔治。霆威一震,万象为苏。

三、宜商组织临时内阁,以维危局。京中镇定危疑,不丧匕鬯,仰大总统如天之福,及段芝老维护之功,社稷生民,实利赖之。国会未召集以前,应请大总统明令段芝老组织临时内阁,慎简名流,共商善后,断不容附逆鄙夫滥厕其间。此外,骈枝机关均应立予裁撤,以一事权。

四、宜速定协商办法,以图统一。西南起义,兵革相加,阋墙之痛,事非得已。今大总统正式就任,推诚相与,底定非难,但能《约法》重申,罪人斯得,则军事宜若何收束,财政宜若何维持,民生宜若何筹济,必当会合英贤,共商进止。应如何选派代表,指定地点,当速电商,预为筹备。公望意谓协商代表,只须临时内阁与军务院各派数人,不必按省指派,致众杂言哤,蹈前此会议覆辙。

五、宜召集正式国会,以定大计。有合法之国会,遒有责任之内阁,参、众两院,袁氏非法停止,重行召集,已成定论,现议员既依法自行召集,请为维护,从速开会。在京之参政院,实为不法机关,应即立予解散。大计所存,主张不容歧异。

六、宜发布军务院宣言,以明素志。护国军起义,争国体、争人格,绝对无丝毫权利之见,足以取信于天下。今大总统虽已就任,一时形势尚难收束。社会不察,或多疑义,亟宜发表宣言,待国会召集,责任政府成立后,实行取消军务院,正中外之观听,示天下以大公。

上举各端,卑无高论,不自惜其颛愚,陈述左右。区区之心,所望乘此时机,为一劳永逸之计,不使国内再见操戈,生民重遭涂炭。临电神驰,无任屏营。浙江都督吕公望叩。覃。印①。(中华民国五年

---

① 底本空缺,据王正廷、殷汝骊等七人来电,径补。《申报》一九一六年六月十四日三版、《民国日报》一九一六年六月十四日六版、天津《益世报》一九一六年六月十七日三版发表此电,下无"覃。印"字样。

六月十三日）

（原载《浙江公报》第一千五百三十号，一七至一八页，电）

附　王正廷殷汝骊等致吕督电

杭州吕都督暨军政警界诸公均鉴：敬密。读覃日通电，所举申明
《约法》六端，巩固国本，解决时局，依法立论，正义大伸。同人等固
钦佩无穷，即旅沪各界，亦一致称颂。所望始终力本斯旨，协商军院
积极进行，务达护国目的。民国幸甚，浙江幸甚。王正廷、殷汝骊、许
燊、周钰、蒋著卿、杜士珍、张传保。寒。（中华民国五年六月十四日）

（原载《申报》中华民国五年六月十五日，第三版，公电；并见
于《民国日报》中华民国五年六月十五日，第二版，公电·王正廷
殷汝骊等致浙江吕都督电）

附　浙江之态度

飘　萍

自袁项城去世而后，陕西、四川省皆有取消独立之消息，论
者以其态度骤变，每多非议之谈。余谓今日独立各省固不宜为
激烈之主张，要不可不表明其如何方可解决时局之定见。吾以
为浙江之态度，尚合于中庸之道也。

观吕都督通电，凡恢复《约法》、惩治罪魁、协商统一、召集国
会、发布军务院宣言诸大端，不偏不倚，而又为不易之定理。苟
各省而一致执如是之态度者，吾知时局之解决，必不难矣。

（原载《申报》一九一六年六月十四日，第三版，编辑余谈）

浙江都督府饬军字第三百八十九号

饬省城卫戍司令官仰酌派妥员前往电话公司常川监视由

为饬知事。照得电话传达消息，关系至为重要，现在各机关、军

队事务殷繁,电话往来,尤贵迅速。凡未设军用电话之处,全赖普通电话为之补助,应如何认真将事,以期无误要公。乃近查该公司对于接线手续漫不经心,往往摇铃数次,竟置不答,或正值两方谈话之际,遽将电机拆落,甚且故意玩弄,语言搀杂,以致扰乱听闻,殊于传达要公,大有妨碍,应由该司令部酌派妥员前往该公司常川监视,倘仍有前项情事,准其随时报告,严予惩罚,以儆玩忽而利交通。合亟仰饬该司令官即便遵办具报。此饬。

都督吕公望

右饬省城卫戍司令官。准此。

中华民国五年六月十四日

(原载《浙江公报》第一千五百三十一号,一九一六年六月十七日,首页,饬)

浙江都督府饬军字第四百十二号

饬为委江畴黄乾郭建武等三员充本府军务厅厅附由

为饬遵事。查有该员堪以委充本府军务厅厅附,月给薪水洋五十元。合行饬委,仰即遵照。此饬。

都督吕公望

右饬江畴、郭建武、黄乾。准此。

中华民国五年六月十四日

(原载《浙江公报》第一千五百三十一号,首页,饬)

浙江都督府饬军字第四百十三号

饬兼代第二十五师师长预备第一旅旅长为委二十五师
差遣蒋宗敏充预备第一旅中尉副官由

为饬发/知事,查有该/第二十五师差遣蒋宗敏,堪以委充浙江护国军预备第一/该旅司令部中尉副官。除分饬知照/将委任状饬第二十五师师长转给祗领遵照外,合将委任状饬发该师师长转给祗领遵照/行饬仰该旅长知照。此饬。

都督吕公望

右饬兼代第二十五师师长周凤岐、浙江护国军预备第一旅旅长俞炜。准此。

中华民国五年六月十四日

（原载《浙江公报》第一千五百三十一号,首页,饬）

浙江都督府饬军字第四百十四号

饬预备第一旅旅长查有第二十五师第九十九团三等
军医正朱炳参调任该旅第二团三等军医正由

为饬知事。查有第二十五师第九十九团三等军医正朱炳参,堪以调任该旅第二团三等军医正。除饬知第二十五师并任命外,合行饬仰该旅长知照。此饬。

都督吕公望

右饬护国军预备第一旅旅长俞炜。准此。

中华民国五年六月十四日

浙江都督府饬军字同上号

饬第二十五师师长该师第九十九团三等军医正朱炳参
调任护国军预备第一旅第二团三等军医正由

为饬知事。查有该师第九十九团三等军医正朱炳参,堪以调任护国军预备第一旅第二团三等军医正,遗缺以原充第六师辎重第六营一等军医现充护国军第一军司令部军医林登衢升任。除林登衢任命状发由护国军司令部转给外,合将朱炳参任命状发仰该师长转给祗领具报。此饬。

计发任命状一纸。

都督吕公望

右饬第二十五师师长张载阳。准此。

中华民国五年六月十四日

浙江都督府饬军字同上号

饬第一军司令官该军军医林登衢升任
第九十九团三等军医正由

为饬知事。查有该军司令部军医林登衢,堪以升任第二十五师
第九十九团三等军医正。除分饬外,合将该员任命状发仰该司令官
转给祇领具报。此饬。

计发任命状一纸。

都督吕公望

右饬护国军第一军司令官童保暄。准此。

中华民国五年六月十四日

浙江都督府饬军字同上号

饬兼代第六师师长现充护国军第一军军医
林登衢升任第九十九团三等军医正由

为饬知事。查有原充该师辎重第六营一等军医、现充护国军第
一军司令部军医林登衢,堪以升任第二十五师第九十九团三等军医
正。除分饬并任命外,合行饬仰该师师长知照。此饬。

都督吕公望

右饬兼代第六师师长王桂林。准此。

中华民国五年六月十四日

(原载《浙江公报》第一千五百三十一号,一至二页,饬)

浙江都督府饬军字第四百十六号

饬为任命徐仁钊为本府顾问官由

为饬遵事。任命该员为本府顾问官,月支薪水洋二百元。合将

任命状饬发,仰即祗领遵照。此饬。

　　计发任命状一张。

都督吕公望

右饬徐仁钊。准此。

中华民国五年六月十四日

（原载《浙江公报》第一千五百三十一号,二至三页,饬)

浙江都督府饬政字第一百九十一号

饬玉环县据该县蔡思岳禀伊子如福
被哨官王树勋擅刑在押毙命由

　　为饬查事。据该县民人蔡思岳禀,伊子如福被哨官王树勋擅刑在押毙命,请提案讯究等语,虽邮递一面之词,未能尽信,惟控关人命,究竟蔡如福因何获押,该哨官有无私擅用刑情事,并在押身故之后,曾否经该知事验明呈报,合亟饬查。饬到该知事即便按照发去禀词及指饬各节,刻日详晰查明,据实呈复核夺,毋稍徇延。切切。此饬。

　　计发原禀一件,办毕仍缴。

都督吕公望

右饬玉环县知事秦联元。准此。

中华民国五年六月十五日

（原载《浙江公报》第一千五百三十二号,一九一六年六月十八日,首页,饬)

浙江都督府饬政字第一百九十三号

饬任命阮性存为本府机要秘书由

　　为饬遵事。兹任命该员为本府机要秘书,合将任命状饬发,即希克日到差,是为至要。此饬。

都督吕公望

377

右饬阮性存。准此。

中华民国五年六月十四日

（原载《浙江公报》第一千五百三十一号，三页，饬）

浙江都督府饬政字第一百九十四号

饬任命郑文易为本府民政主任秘书由

为饬遵事。兹任命该员为本府民政主任秘书，合将任命状饬发，即希克日到差，是为至要。此饬。

都督吕公望

右饬郑文易。准此。

中华民国五年六月十四日

（原载《浙江公报》第一千五百三十一号，三页，饬）

浙江都督府饬政字第一百九十五号

饬任命沈钧业为本府财政主任秘书由

为饬遵事。兹任命该员为本府财政主任秘书，合将任命状饬发，希即克日到差，是为至要。此饬。

都督吕公望

右饬沈钧业。准此。

中华民国五年六月十四日

（原载《浙江公报》第一千五百三十一号，三页，饬）

浙江都督府饬政字第一百九十六号

饬任命张浩为本府警政主任秘书陈簧为本府警政秘书由

为饬遵事。兹任命该员为本府警政主任秘书/警政秘书，合将任命状饬发遵照。此饬。

都督吕公望

右饬张浩、陈箎。准此。

中华民国五年六月十四日

（原载《浙江公报》第一千五百三十一号，三至四页，饬）

浙江都督府饬政字第一百九十七号

饬任命王理孚为本府民政秘书由

为饬遵事。兹任命该员为本府民政秘书，合将任命状饬发遵照。此饬。

都督吕公望

右饬王理孚。准此。

中华民国五年六月十四日

（原载《浙江公报》第一千五百三十一号，四页，饬）

浙江都督府饬政字第一百九十八号

饬任命陈时夏为本府秘书长由

为饬遵事。兹特任命该员为本府秘书长，合将任命状饬发，即希克日到差，是为至要。此饬。

都督吕公望

右饬陈时夏。准此。

中华民国五年六月十四日

（原载《浙江公报》第一千五百三十一号，四页，饬）

浙江都督吕批

会稽道尹呈联合师范讲习所应由民政厅直接管辖由

据呈称，旧道属联合师范讲习所本订归民政厅直接管辖，所云归同城知事管理，系为该厅未定办法以前恐致进行停顿为暂时救济方法，原文意义甚明。仰民政厅迅将管理手续汇案具拟，呈候察夺可

也。此批。抄呈发。六月十四日

（原载《浙江公报》第一千五百三十一号，一八页，批牍）

浙江都督吕批

会稽道尹呈送私立高小校附设国民学校章程由

呈及章程、各表均悉。仰民政厅查核备案饬遵，并咨交涉公署查照。此批。抄呈连同章程、各表发。六月十四日

（原载《浙江公报》第一千五百三十一号，一八页，批牍）

浙江都督吕批

发民政厅长据诸暨杨善等禀填复麻车坑
请遴派贤员秉公测勘由

此案前经该厅饬县查复，究竟麻车坑填复以后于江东畈水利有无妨碍，仍仰该厅饬知水利委员会派员会县查勘呈报，核办具复。此批。摘由、抄禀发。六月十四日

（原载《浙江公报》第一千五百三十一号，一八页，批牍）

浙江都督吕批

财政厅长呈为鄞县警察恩饷已准作正开支遵饬核议具复由

呈悉。既据称鄞县警察恩饷需数较巨，无款腾拨，尚属实情。已电复，作正开支，姑予照准。惟此外各县不得援以为例，仰该厅长咨会民政厅一体知照。此缴。六月十四日

（原载《浙江公报》第一千五百三十一号，一八页，批牍）

浙江都督吕批

崇德县呈送保节采访会刊印章程并执照式样
请通颁各县仿办由

呈及章程、执照均悉。该知事创设保节采访会，以维治化，所拟

《章程》亦尚详妥，殊堪嘉慰。所请通颁各县参照仿办之处，自属可行。仰民政厅查核饬遵，并转饬崇德县知事知照。此批。抄呈连同执照、《章程》发。六月十二日

附原呈

呈为呈送保节采访会刊印章程并执照式样，拟请颁各县酌量情形参照仿办，以维风化而广善举事。窃知事前以崇邑礼教寝衰，宗祧紊乱，蓬门弱息，间有薄产遗守节者，而见凌豪族，无计保全，采访不设机关，蒇行致多湮没。因会绅筹款组设保节采访会，拟具章程，详奉前巡按使批开，"详、件均悉。查立国之基，在敦风化，该知事创设保节采访会，藉以维持名教，阐显幽湮。所拟章程亦复详尽妥善，知所先务，殊堪嘉许。应准如详备案，仰即知照"等因。奉经转行该会，饬将原案详、批及缘起、章程刊印成帙，并由县函托上海商务印书馆精印五彩保节执照存备，填给各节妇收执。俾官符一纸，视逾华衮之荣；词藻十行，益励《柏舟》之志。别存深意，不徒饰观。现据该会详报，四月底，已由各采访员查报城乡节妇二十二人，造册送县。除分别入册按名给照并择其守节年限合例者，饬令查取事状，另文呈请褒扬外，兹将印就章程、执照备文呈请钧府察核。抑知事更有请者，郡邑采风之事，当官人尽应为；乡闾迫醮之风，各地谅所难免。愚虑偶有一得，推行终限于方隅；高呼自响应众山，提倡尚祈资大府。伏维我都督仁恩推暨，当期无远弗周；诸同官声气应求，定乐与人为善。倘使引为嚆矢，下采荢菲，通饬仿此以进行，藉得匡其所不逮，庶几哀此惸独，恩波同浙水长流，不仅俗挽浇漓，名节视泰山俱重。附陈管见，并候钧裁。除已检刊册八十本另呈民政厅核办外，为此谨呈。

崇德县创设保节采访会章程

计开：

一、本会以保卫节妇，使得安心守志，不致受人欺凌、迫夺其贞操为宗旨，先以采访为入手办理。

一、本邑原有抚节堂，凡无产节妇贫不能自存者，补助衣食；其原有奁产者或夫遗共有私有产业，志不愿醮而夫族不肖人等觊觎图占、恃强欺侮或设计诱迫者，由本会担任保护。先由县委任热心公益士绅按保采访，凡寡妇果能矢志守节者，由该亲族出具保证书（无亲族者乡里亦可），详列本妇姓氏、年岁、住址、故夫姓名、死亡年月及母族父母、兄弟、夫家翁姑、伯叔并其子女应得共有或私有不动产若干，一一开单，交由采访员登记入册送会，呈县查明，发给该妇保节执照。自此，该节妇即得享本会保护之利益，遇有被人欺侮、诱迫情事，得告诉本会，由会员审查确实，先向禁阻，不听，即由会详县提案究办。

一、妇女夫故，如在青年，实无依靠，自愿改嫁，照例不禁，采访员不必强令入册。如自愿守节，经亲属举报，已领执照之节妇，即应立志坚洁，不得先后易辙①。倘实有不得已事故，自愿再醮，须由该妇邀保到会陈明，经会员查明属实，先撤回其执照，方准改嫁。

（说明）按此条除撤销执照外，亦无其他之苛责。盖守节本至难之事，或有遗产无多，中生变故，丧其养生之资，不能终成其志，亦万不得已苦衷。若取缔过严，转致畏怯不敢具报。总之，以守节一日，得享一日之保护为断。

一、凡已给执照节妇，非由该妇自陈撤回执照，而他人为之媒合再醮者，经本会查明，即报县详请严惩媒人及主婚人。

_____

① 辙，底本误作"撤"，径改。

一、妇女青年丧偶改嫁，后夫又死，自此矢志靡他，不盟异志，亲族人等察看得实，愿为举报者，准一律入册，惟不给照。如有亲族迫逐或迫醮者，本会得干涉楚阻之。

一、本会经费由屠宰税项下附收之地方公益捐支给之。

一、本会设会长一人，副会长一人，采访员六人，均由县委任，名誉职，不支薪，惟酌给夫马及办公实费，月额数目由县知事核定之。至应办入册登记等事，须设书记，由机关人兼任，酌予酬薪。

一、本会每星期会集一次，报告采访情形及办入册登记手续。每月终汇造清册，详报县署一次，奉批准后，由会刊印两联保节执照，填注送县盖印发还，转给各节妇收执，其照根存会备查。

一、本会及采访经费，均由县筹给，节妇入册及领照并无分文费用，极贫节妇守节年例已届，无力筹措请旌费用者，由会支给，及奉给匾额无力制办者，亦由会给费。

一、本会系地方慈善事业，由县详请省宪立案外，拟定于民国五年四月一日成立。

一、本章程以该会成立之日为施行之期，如有未尽事宜，由县随时酌改行会遵办。

（原载《浙江公报》第一千五百三十一号，一八至二〇页，批牍）

浙江都督吕批

发民政厅诸暨楼桓登等为私筑堤埂请开复原流以随水势由

据禀，堵塞张村江，该县南区十三乡叠遭水患，与杨善等所禀各执一词，仰民政厅并案饬知水利委员会派员会县查勘呈报，核办具复。此批。摘由、抄禀发。六月十四日

（原载《浙江公报》第一千五百三十一号，二〇至二一页，批牍）

浙江都督吕批

民政厅呈复会稽道所请各县叙官证明文件并未送到由

呈悉。此批。摘由发。六月十三日

附原呈

浙江民政厅呈为呈复事。案奉钧督批发代理会稽道道尹周琮呈为据各县详请发还前送叙官证明文件仰祈察核示遵一案由，奉批"呈悉。仰民政厅查卷分别饬发各该知事给领可也。此批。抄详发"等因。奉此，卷查前巡按使公署并未据会稽道道尹将各该知事暨掾属等叙官证明文件转送前来，此项文件当系尚存道署。奉批前因，除饬鄞县知事查明道署档卷分别转行给领外，理合备文呈复，仰祈钧督鉴核。谨呈。

（原载《浙江公报》第一千五百三十一号，二一页，批牍）

浙江都督吕批

发警政厅据渔业太和等公所童能藩等为规则
苛求妨害渔业呈送护船规则乞鉴核由

据禀请"将取缔《护船规则》第十条预缴保证金一项免除"等情，仰警政厅查照该项《规则》妥加核议具复候夺。此批。抄禀同《规则》、名单发。六月十三日

（原载《浙江公报》第一千五百三十一号，二一页，批牍）

浙江都督吕批

据内河水上警察厅长呈议复民国三年裁减水警请饬拨款由

据呈请"将民国三年裁减水警酌量恢复"等情，并抄原减经费表附送到府。查此项经费不在本年度预算之内，惟防务吃紧，

地广船少，不敷分派，自属实情。仰警政厅会同财政厅通盘筹划，酌议呈复，再行核夺可也。此批。呈抄发，表并发，仍缴。六月十四日

（原载《浙江公报》第一千五百三十一号，二一页，批牍）

浙江都督吕批

瓯海关呈复瓯海关税收情形并造送各项表册由

呈及统计比较表、贸易论略、预算书及计算书、统计表等件均悉。详加察核，该监督于到任后历年税入颇资增益，深堪嘉慰，仰即始终勤职，加意整顿可也。此缴，附件存。六月十四日

（原载《浙江公报》第一千五百三十一号，二一页，批牍）

浙江都督吕批

浦江县知事呈为四年公债请照旧付息由

据呈，"三、四年公债照旧付息以保浙民血本"等情。此项债券为无记名式，一经付息，纷至沓来，是浙非浙，何从辨别？该知事狃于一隅之见，不知大局情形，致有此冒昧之请。至称内盐税项下截留归还，尤属昧于事实，将来大局平定，此项公债自有中央担任，万无落空之理，所请应无庸议。此批。缴。六月十四日

（原载《浙江公报》第一千五百三十一号，二二页，批牍）

浙江都督吕批

省会工程局呈请将该局裁并省会警察厅办理由

据呈，拟将该局裁并省会警察厅办理以资搏节等情，具见悉心擘画，实事求是，应即准如拟办理，仰将办事细则暨支付预算迅行编订呈核可也。此缴。六月十四日

（原载《浙江公报》第一千五百三十一号，二二页，批牍）

浙江都督吕批

江山县呈报执行盗匪金万达死刑日期由

据呈,已悉。盗匪金万达,既据该县验明正身,执行枪毙,应准存案备查,仍饬勒缉逸犯,务获究办。此缴。六月十四日

（原载《浙江公报》第一千五百三十一号,二二页,批牍）

浙江都督吕批

为前瓯海道署裁撤人员准予分别酌量提前委用由

呈及履历均悉。所有黄错等八员准予存记,俟汇案分饬各厅署分别酌量提前委用可也。此缴。履历存。六月十四日

（原载《浙江公报》第一千五百三十一号,二二页,批牍）

浙江都督吕批

乐清县呈报冯利宏被盗弹伤身死由

呈及格结、失单均悉。冯利宏被匪枪伤身死,卢元达被盗弹伤右手,劫去银洋、食米等物,既据该县勘验属实,事关盗劫伤人重案,应即迅派干警会营勒缉正犯原赃,务获究办。至原呈所称警侦报告,"此案系漏米出海,附近村民中途拦截,致肇此衅,并未失赃"等语,究竟本案是命是盗,有无失赃,因何起衅,该警侦所报是否实在,仰高等检察厅转饬该县一并查明,核办呈复。此批。抄呈发。格结、单存。六月十四日

（原载《浙江公报》第一千五百三十一号,二二页,批牍）

浙江都督吕批

衢县江纪纲禀为声叙代表由

陈请书悉。查前据该县知事详请遣派代表来省,业经本都督以

"现在浙省事局益形大定,凡百内政照常进行,该县即因距省较远,虑有地方利弊、人民疾苦不能邃达,仅可由该县知事随时分别电详核夺。公民等亦可具书陈请,听候采择,无庸再由各界遣派代表来省,致多跋涉"等语,明白批令转饬该人民等遵行在案,仰即知照可也。此批。六月十四日

（原载《浙江公报》第一千五百三十一号,二五页,批示）

浙江都督府饬政字第一百九十九号

饬任命诸宗元为本府文牍秘书由

为饬知事。查有该员堪以任命为本府文牍秘书,合将任命状饬发,仰即祗领,克日到差。此饬。

计发任命状一道。

都督吕公望

右饬诸宗元。准此。

中华民国五年六月十五日

（原载《浙江公报》第一千五百三十二号,一九一六年六月十八日,首页,饬）

浙江都督府饬政字第二百号

饬任命余名铨叶遇春汪希等为本府谘议官由

为饬知事。查有该员堪以任命为本府谘议,月支薪银　元。合将任命状饬发,仰即祗领遵照。此饬。

计发任命状一道。

都督吕公望

右饬余名铨、叶遇春、汪希。准此。

中华民国五年六月十五日

（原载《浙江公报》第一千五百三十二号,一页,饬）

387

浙江都督吕批

本府守备队司令长呈为朱炳参调任护国军预备旅
第二团军医正遗缺以林登衢升任由

呈悉。该团三等军医正准以第九十九团三等军医正朱炳参调任,除饬知二十五师并任命外,仰即知照。此批。六月十四日

（原载《浙江公报》第一千五百三十二号,四页,批牍）

浙江都督吕批

高检厅呈复瑞安江每奶控知事贿纵命案凶犯由

呈悉。此案既据该厅饬查明确,该前瑞安县知事林钟琪对于命案重犯率准取保,虽无故纵情弊,办理究属不合,应即追予记过一次,以示惩儆。仰即饬知,并饬令现任刘知事勒保,将林庆敖一名交案审办具报。缴。六月十五日

（原载《浙江公报》第一千五百三十二号,四页,批牍）

浙江都督吕批

发警政厅为邮务管理局长详严桐护警在途
枪毙邮差请再饬营县勒限获凶由

详悉。该护警无端枪毙邮差,迭据该邮务管理局长面禀呈催,本府迭次仰厅转饬营、县会拿,迄未破获,殊属玩弛。案情重大,仰警政厅分别饬行该区统带暨建德县知事迅即勒限缉获,毋得任意延宕,致干未便。切切。并转该邮务局长知照。此批。钞详发。六月十四日

（原载《浙江公报》第一千五百三十二号,四页,批牍）

浙江都督吕批

兰溪知事苏高鼎呈送本年四月分缉捕盗匪成绩表由

呈、表均悉。查表列盗案多起并有拒伤事主重案,迄未破案讯

结,只以拿获嫌疑犯数名列表塞责,捕务殊属玩弛。仰民政厅转饬该知事会督营警上紧勒限侦缉,务获究报,毋再延玩干咎。切切。此批。抄详同表发。六月十四日

（原载《浙江公报》第一千五百三十二号,四页,批牍）

浙江都督吕批

余姚知事王嘉曾呈报四月份警务各项
表册已详送民政厅存案由

据呈,"该县四月份警务各项表册、收据呈送民政长存案"等语已悉。查本省现行组织并无"民政长"名目,原文是否漏填"厅"字,该知事对于长官名称绝不注意,自非寻常疏忽可比。嗣后各项公牍,务须亲自加意检点,毋任率误。切切。此缴。六月十三日

（原载《浙江公报》第一千五百三十二号,四至五页,批牍）

浙江都督吕批

嵊县知事呈为警队恩饷可否由省支给
抑于警费余款动支请核示由

此项恩饷,除水陆警察警备队外,概由地方收入项下动支,仰民政厅查案转饬遵照办理。此批。呈发。六月十五日

（原载《浙江公报》第一千五百三十二号,五页,批牍）

浙江都督吕批

警政厅呈复牛痘传习所简章遵批议改情形并牛痘
传习所所长曾衡禀请通饬各县选送学生来所肄业由

准如呈办理。仰即转行省警厅传谕该所遵照。此批。摘由发,曾衡禀同《章程》并抄发。六月十五日

附原呈（曾衡禀同《章程》列批示门）

呈为呈复事。本年五月二十八日奉钧督批发省会警察厅厅长详送牛痘传习所简章请察核由，奉批，"据'详送该医生曾衡私立牛痘传习所简章，请予饬属选送学生入所肄业'等语，查行种牛痘关系婴儿生命，该所简章订十六岁以上为限，仅取文理通顺，又无他项学识资格，究竟以六个月之肄业期间能否胜施行业务之任，殊滋疑问。仰警政厅详细察核，具拟复夺。此批。原详、简章并抄发"等因。奉此，查该传习所于四年六月间拟具简章禀请届前巡按使立案，其修业期间原定一年，当经批，"仰省会警察厅查明，详议复夺"。旋据复称，"据该厅西医员包金琳称，习种牛痘四个月已可毕业，一年之期未免太长，拟饬改以六个月毕业，藉省经费而广造就"等情，节经批准照办。至本年四月间，该所长以"头班毕业学生仅十六人，二次招生势难踊跃，禀请届前都督饬属选送学生"等语，当以该所毕业学生究竟成绩若何，应否继续开办，批"仰省会警厅查明详复"。嗣据复称，"该所毕业各生种痘手术尚觉谙练纯熟，两月间种痘人数已达四百六十七人之多"等情，即经批准饬属选送各在案。是该所于六个月内能将规定各教科完全讲授肄业，学生又能于毕业后实施业务之任，则规定六个月毕业尚属适当，拟请暂予照旧办理。惟行种牛痘，婴孩生命攸关，虑以年龄稍长之人，并具有普通科学智识者执行较为稳妥，拟将该简章资格一项饬改为"年龄二十岁以上，在高等小学毕业或具有高等小学毕业相当之程度，身家清白者为合格"，庶免滥竽充数之弊而收保卫婴儿之效。奉批前因，理合详拟具文呈复，是否有当，仰祈都督察核施行。谨呈。

（原载《浙江公报》第一千五百三十二号，五至六页，批牍）

浙江都督吕批

缙云县知事欧阳忠浩详为胪陈防务
得力情形请将管带等奖励由

详悉。所称"防务得力,请将管带韩文彬等分别奖励"各节,仰警政厅咨会民政厅查察情形,据实酌议,呈复核夺,并先饬该知事知照。此批。六月十四日

（原载《浙江公报》第一千五百三十二号,六页,批牍）

浙江都督吕批

缙云县知事欧阳忠浩详为驻缙警备队
哨官娄旭东请予优奖由

详悉。所称"该哨官娄旭东防守有功,请予奖励"各节,已经该管统带详报,批令警政厅妥核复夺矣,仰即知照。缴。六月十五日

（原载《浙江公报》第一千五百三十二号,六页,批牍）

浙江都督吕批

警政厅呈请任命吴敦义姜映奎为该厅秘书与总稽查由

据呈请以吴敦义为该厅秘书,姜映奎为该厅总稽查,应并照准,任命状二道随批并发,仰即转饬祗领,并调取该员履历汇案呈报。此批。摘由发。六月十五日

（原载《浙江公报》第一千五百三十二号,六页,批牍）

浙江都督吕批

发民政厅为金华道道尹转呈常山县
改委掾属请予注册由

呈及履历均悉。准予注册,仰民政厅备查并转饬该县知事知照。

此批。钞、呈并履历发。六月十五日

附原呈

呈为转报常山县改委搽属请予注册事。本年五月二十二
日,据常山县知事赵钲铉详称,"窃查原委政务科主任晏荣甲,于
本年四月间因病辞职;财政科主任章润,亦于是日因事解职。遗
缺查有潘芝恩,谙习法政,明敏有才,堪以接充政务科主任;范寿
萱,经验宏富,稽核周详,堪以接充财政科主任。该员等历办行
政事务,核与《文职任用令》第五条第二款资格相合,除分别委任
外,理合取具潘芝恩、范寿萱二员年岁、履历,并加考填表备文详
祈察核转请注册"等情。据此,道尹查核无异,理合检同履历表
备文转呈,仰祈都督察核俯赐注册,实为公便。谨呈。

(原载《浙江公报》第一千五百三十二号,六页,批牍)

浙江都督吕批

警政厅呈请模范警队营教练官准以该队四连连长升充由

呈悉。据称模范警队营教练官以该队第四连连长江逊升充,仍
兼原职等情,应予照准,任命状随批附发,仰即转饬祗领,仍调取该员
履历汇报备查可也。此缴。六月十四日

(原载《浙江公报》第一千五百三十二号,七页,批牍)

浙江都督吕批

夏厅长呈复外海水警第四分队救护
水难多人分别记功给奖由①

如呈备案。摘由发。六月十五日

---

① 夏厅长,即警政厅长夏超。

附原呈

为呈报事。本月二十四日奉钧督饬开，"案据外海水上警察厅长王蕚详称，'第六署官警救护水难至二十余人之多，请予核奖'前来，经本都督批示，候饬警政厅照章核办，除批行外，合行饬仰该厅长查照向章酌予奖赏，以资鼓励，仍着具报备查，清单并发。此饬。计发清单一纸"等因。奉此，查该厅第六署第四分队长许陶祥，此次督警救护水难二十余人之多，并船货多件，足征服务勤奋，应即照章该分队长许陶祥酌予记功一次，巡警梁恩胜等十三名各给奖洋一元，以示鼓励。除注册并饬外海水上警察厅遵照外，理合具文呈报，仰祈都督察核备案。谨呈。

（原载《浙江公报》第一千五百三十二号，七页，批牍）

浙江都督吕批

发警政厅为警备队第四区统带详遵
饬查开现职人员名单履历核委由

详及名单、履历均阅悉。该区统部教练官葛钺、第二营管带吕建标、第三营管带王文彬、第四营管带易仁义、第五营管带韩文彬，均准给予任命状，随批并发，其余委任各职，仰警政厅分别给委可也。此批。抄详连件发。六月十五日

附原详

详为遵饬查明现有差职人员，开具名单履历，仰祈鉴核给委事。

案奉钧府第九七号饬开，"照得浙省现已宣布独立，所有省会暨各属原有各文武机关，业经本都督分别通告电饬，并由军事参议会议决，除奉都督命令有特别变置外，一律照旧供职在案。查警备队第四区统带一职，防守汛地，保护治安，责任至为重要，现在既已脱离中央关系，亟应特加任命，以清事限而重职守。兹

查有戴任,堪以任命为警备队第四区统带,为此合亟饬知。饬到仰即查明该属现有差职人员一律开具名单、履历,呈候本都督核准加委,凡关于权限统系、职务组制,应即遵照本都督府议决组织大纲并各旧制,藉免纷更而定专责,勉膺重付,以建殊勋。切切。此饬"等因,并发任命状一道。奉此,当经祗领在案,理合遵饬开具职区现有差职人员名单、履历,备文详送,仰祈都督鉴核俯赐给委施行。谨详。

计附名单一份、详细履历册五份。

统带　戴任

浙江警备队第四区统带戴任谨将职区现有差职人员开具名单详送鉴核给委施行。

计开:

统　部

教练官　葛　钺

差　遣　端木和

会计官　戴秉诚

书　记　林　仲

第一营

会计兼书记　贾　崧

第一哨哨官　杨锦春

又　哨长　裘陈福

第二哨哨官　陈　鳌

第二哨哨长　许景鸿

第三哨哨官　尹玉生

又　哨长　叶　藻

第四哨哨官　王积品

又　哨长　金殿鳌

第二营

管　　　带　　吕建标

会计兼书记　　程登云

第一哨哨官　　吕秉铨

又　　哨长　　何得开

第二哨哨官　　陈步青

又　　哨长　　潘振声

第三哨哨官　　周清鳌

第三哨哨长　　陈佐卿

第四哨哨官　　王正春

又　　哨长　　刘玉田

第三营

管　　　带　　王文彬

会计兼书记　　李　铸

第一哨哨官　　黄树勋

又　　哨长　　李鹤然

第二哨哨官　　祝开国

又　　哨长　　关福胜

第三哨哨官　　萧明亮

又　　哨长　　吴　淮

第四哨哨官　　潘仲道

又　　哨长　　祁　韶

第四营

管　　　带　　易仁义

会计兼书记　　葛之覃

第一哨哨官　　徐吉高

又　　哨长　　曹容义

第二哨哨官　周才富

又　　哨长　金秀华

第三哨哨官　黄先发

又　　哨长　金祖声

第四哨哨官　林德富

又　　哨长　周阜吾

第五营

管　　带　韩文彬

会计兼书记　王朝俊

第一哨哨官　娄旭东

又　　哨长　冯紫松

第二哨哨官　李盛轩

又　　哨长　郭召云

第三哨哨官　邬凤标

又　　哨长　黄开胜

第四哨哨官　阎道庸

又　　哨长　王开泰

（原载《浙江公报》第一千五百三十二号，七至九页，批牍）

浙江都督吕批

发龙泉县知事据该县李镜蓉禀前知事
陈蔚勒罚肥私请追缴由

据该民先后具禀到府，查阅旧卷案，经该县前知事查明蔡龄吞没受贿情形确系实在，业经朱前都督兼民政长任内批，由提法司令行省检事厅饬县依法审判在案，仍以至今延未讯结，仰龙泉县知事查案详细具复，听候核办可也。此批。前后两禀并抄发。六月十四日

（原载《浙江公报》第一千五百三十二号，九至一〇页，批牍）

浙江都督吕批

发永嘉县知事据该县郑吴氏为匪首郑家俊等
未办禀请饬县追办由

卷查此案饬讯究办，时阅数年，迄未结报，殊属宕延。据禀前情，仰永嘉县知事刻日查案讯办具复，毋再违延，切切。此批。禀抄发黏附。六月十五日

（原载《浙江公报》第一千五百三十二号，一〇页，批牍）

浙江都督吕批

发高检厅据会稽道呈据嵊县查复马耀章折案情形由

呈悉。此案既据该道饬查明确，该商务分会总理等所禀，助理员马耀章朦蔽纵盗，虽未尽实，惟鲁善等五犯开释，是否确系该前代理县陈元慎所主张，陈元慎禀道各节有无回护，仰高等检察厅即饬绍兴县知事传提马耀章务获咨解归案，讯明察办。缴。呈抄发。六月十五日

（原载《浙江公报》第一千五百三十二号，一〇页，批牍）

浙江都督吕批

据外海水警厅呈报拿获抢犯范厚生一名枪毙由

呈及供单均悉。该犯范厚生一名，既据讯明执行枪毙，应即补录指证之工人姓名、供词，同刘阿王一名，一并由县拟判核办。嗣后，抢劫案犯如无关军法之必要，仍应由县讯判办理，以期详慎。仰警政厅转饬知照，并咨高检厅查照可也。缴。呈、供均钞发。六月十五日

（原载《浙江公报》第一千五百三十二号，一〇页，批牍）

浙江都督吕批

嵊县知事呈报执行盗匪张大毛等
死刑日期并请开支罚金充赏由

此项供、判应照章呈由高审厅核转,以昭慎重而资接洽。至钱阿兴等,侦缉案犯不无微劳,所请在县警察罚金项下提给赏洋五十元,应准照办,仍录报民政厅备案,仰即遵照。缴。供、判姑存。六月十四日

（原载《浙江公报》第一千五百三十二号,一○页,批牍）

浙江都督吕批

嘉善县呈获盗犯薛小弟等讯明拟办请示由

呈及供、判均悉。获犯薛小弟等,如果情罪相符,合于《惩治盗匪法》条款,应即依法录具全案,呈由该厅核转,毋庸径呈请示,仰高等审判厅转饬遵照。缴。供、判姑存。六月十四日

（原载《浙江公报》第一千五百三十二号,一○页,批牍）

浙江都督吕批

发警政厅据德清绅商学界程森等
禀驻城水警吴所员请免调由

水警分配,本府自由权衡,所称"阖城惶恐,乞予免调"之处,迹近危词耸听,意存要挟,不准,仰警政厅转行内河水警厅查照。此批。六月十四日

（原载《浙江公报》第一千五百三十二号,一三页,批牍）

浙江都督吕批

省会工程局总办夏超为呈报接代日期由

呈悉。缴。六月十五日

附原呈

为呈报事。案奉都督饬开，"据省会工程局总办孙启泰详称，'窃总办素患肝疾，调治数月，见效甚鲜，入春以来，肝阳司令，火气上升，以致夜卧不宁，胃纳日减。据医者云，非静心调摄，难以见功，日内拟乞假赴沪就医。所有职局日行公务，拟请由职局会办、省会警察厅厅长夏超代理，伏乞俯准'等情。除批示照准外，为此饬仰该会办遵照办理，切切。此饬"等因。并准省会工程局总办孙启泰函录批示，定期交代等由前来，会办已于六月一日遵饬莅局接收视事，除将关防、文卷、银钱、账项以及各种现计表册点收明确，督员照常办理并分函外，理合将接代日期具文呈报，仰祈钧督察核备案施行。谨呈。

（原载《浙江公报》第一千五百三十二号，一〇至一一页，批牍）

浙江都督吕批

民政厅呈请加给各县知事任命状由

据呈并单开，现任各县在职知事姚应泰等七十员，应准予一律加委，以重职守。惟查象山县正任知事张鹏霄，业于本月一日回任，单内仍列廖立元，系属忽误，业经本府查明更正。仰将发去任命状七十道，分别转饬祗领具报，并饬各该知事等悉心勤职，毋负委任，是为至要。此批。摘由发，单存。六月十五日

附原呈

浙江民政厅呈为本省各县现任知事拟请一律加委以重职守事。窃查本省自宣告独立后，所有各官署职员均经分别加委在案。兹查现任各县知事，似应一律加委，以重职守。除开化县林知事暨泰顺县刘知事业由钧督加委①，又镇海、诸暨、淳安三县知事辞职，

---

① 林知事，指林应昌，湖南长沙人，民国五年四月至民国六年九月任开化县知事。刘知事，指刘钟年，福建人，民国五年六月至民国六年六月任泰顺县知事。

亦经分别遴员专案呈请任命外,理合将现任杭县等县知事姚应泰
等七十员开具清单,呈请钧督察核分别加委,实为公便。谨呈。

计开:

杭县	姚应泰	海宁县	刘蔚仁	富阳县	陈 融
余杭县	成 健	临安县	黄鹗之	於潜县	郭曾煜
新登县	李兆年	昌化县	鲍 湛	嘉兴县	袁庆萱
嘉善县	殷 济	海盐县	朱丙庆	崇德县	汪寿鉴
平湖县	张 濂	桐乡县	余大钧	吴兴县	张嘉树
长兴县	黄赞元	德清县	吴蜀皋	武康县	宗彭年
安吉县	姜 若	孝丰县	芮 钧	鄞县	祝绍箕
慈溪县	夏仁溥	奉化县	董增春	定海县	魏大名
象山县	张鹏霄	南田县	吕耀钤	绍兴县	宋承家
萧山县	彭延庆	余姚县	王嘉曾	上虞县	张应铭
嵊县	牛荫麐	新昌县	唐 玠	临海县	张 兰
黄岩县	汤赞清	天台县	田泽勋	仙居县	孙熙鼎
宁海县	江恢阅	温岭县	陆维李	金华县	钱人龙
兰溪县	苏高鼎	东阳县	张 寅	义乌县	邱 峻
永康县	吕 策	武义县	刘应元	浦江县	张鼎治
汤溪县	丁 燮	衢县	桂铸西	龙游县	庄承彝
江山县	程起鹏	常山县	赵钲铉	建德县	夏曰璈
桐庐县	颜士晋	遂安县	陈与椿	寿昌县	金兆鹏
分水县	李 洣	永嘉县	郑彤雯	瑞安县	刘泽龙
乐清县	钱沐华	平阳县	张朝辅	玉环县	秦联元
丽水县	陈赞唐	青田县	张 鹏	缙云县	欧阳忠浩
松阳县	余生球	遂昌县	程荫毅	龙泉县	张绍轩
庆元县	张国威	云和县	赵铭传	宣平县	涂贡琳
景宁县	秦 琪				

（原载《浙江公报》第一千五百三十二号,一一至一二页,批牍）

浙江都督吕批

外海警厅长王萼呈请给第三队故警王星浦恤金由

呈悉。查该巡官王鼓成详报巡警击毙猛兽一案,所开受伤巡警并无王星浦在内,当时既漏未列名,事后又未据补报,即使因伤身故属实,该巡官已难辞疏忽之咎。迄今事隔数月,忽以该故警攻虎受伤致命等语请予给恤,难保无饰词捏报情弊,仰警政厅转饬该外海水警厅长调查明确,据实呈复核夺。此批。抄详连表单三纸发。六月十五日

（原载《浙江公报》第一千五百三十二号,一二页,批牍）

浙江都督吕批

发民政厅据新昌黄勉禀控前温岭县
知事张绍轩饬厅查案办理由

既据声禀理由,仰民政厅查案办理可也。此批。原禀抄发。六月十五日

（原载《浙江公报》第一千五百三十二号,一二页,批牍）

浙江都督吕批

发民政厅据海宁县刘知事呈送三四两月
警察缉捕成绩月报表由

呈、表均悉。该县近两月间虽无盗案发生,从前积案仅破一起,殊属延玩,仰即认真严缉,务获究报。仰民政厅转饬遵照。此批。抄详同表发。六月十五日

（原载《浙江公报》第一千五百三十二号,一二至一三页,批牍）

浙江都督吕批

发警政厅据永嘉宁商日新号禀
护船陷商人掳货劫请追究办由

据禀,该商号金顺兴船于阴历三月二十八日,由瓯出口,有五号护船保护,初六日遇盗,初九日始将人货掳去,系由该护船中途抛弃,赶护冰鲜。护船系护商警局派拨,何得擅行抛弃,仰警政厅迅饬外海警厅查明踩缉,将被掳之金仁来连同被劫物件克日追回,并转饬该护商警察局长将护船因何抛弃情形详细声复核办①。此批。抄禀发。六月十五日

（原载《浙江公报》第一千五百三十二号,一三页,批牍）

浙江都督吕批

发警政厅据永康孔庆约为妻羊氏被兵士
朱金标奸淫逼夺请派干员澈查由

案经前巡按使批,"仰警备队司令官饬查究办",何以未据具复,仰警政厅查案饬行该管统带澈查具报察夺可也。此批。抄禀发。六月十五日

（原载《浙江公报》第一千五百三十二号,一三页,批牍）

浙江都督吕批

发民政厅据学员王人鉴等禀旅京学费支绌公恳接济由

据禀,该学员等入学津贴,四月以后陡行停滞,辍学堪虞,自应迅筹接济,除警政厅所属咨送各员已据该厅呈报设法汇寄外,其余各员现在是否并在该所照常肄业,仰民政厅分别查照,从速筹划照给,以

---

① 护商警察局长,即旧温属护商警察局长徐定超,尚未卸任。据《浙江都督吕批发警政厅据旧温属护商警察局长徐定超呈请饬撤船商球商两董事会由》(七月四日),见《浙江公报》第一千五百五十一号,第一三至一四页。

免废学而资造就。此批。原禀抄发。六月十四日

（原载《浙江公报》第一千五百三十二号，一三页，批牍）

浙江都督吕批

发警政厅据警备队戴统带详为第四营侦缉员
周福林缉获案匪潘立灿一名归县讯办由

据详，要匪潘立灿经四营侦缉员周福林带队拿获，业经该统带咨准乐清县提解归案，应候该县讯明法办。至请除赏格外，赏给该员银十元以示鼓励之处，应予照准，仰警政厅转饬该统带知照。此批。钞详发。六月十五日

（原载《浙江公报》第一千五百三十二号，一三至一四页，批牍）

浙江都督吕批

私立浙江牛痘传习所所长曾衡禀为恳请
迅予通饬各县选送学生来所肄业由

禀悉。已于警政厅呈复内批示矣。此批。六月十五日

附原禀

为恳请迅予通饬各县选送学生来所肄业事。窃衡为预防天花、芟除鼻苗起见，设立牛痘传习所，以养施种人才，曾于去年六月十五日禀请前巡按使立案，至八月间开学，迨今三月照章以六个月毕业，于三月二十六日举行毕业试验，并将学生成绩表、学生一览表、施种牛痘姓名册连同毕业证书存根一并由四区一分署详送省会警察厅转详前巡按使在案。嗣因第一班学生人数仅十余名，第二班续办恐难踊跃，复于四月五日禀前巡按使通饬各县选送合格学生来所肄业，以谋普及施种牛痘人才而收预防天花流行之效，即于五月十一日接奉四区一分署饬开，"本月八日

奉省会警察厅饬第三七一号，内开，为饬知事。五月五日奉前都督届批本厅详复奉批医生曾衡禀饬各县选送学生入牛痘传习所肄业由，批：'详悉。既据查明该所第一班毕业成绩尚佳，此次招生难期踊跃，自应准予饬属酌量选送，以宏造就，仰转饬该所迅缮招生简章一份送厅详转，以便核办。此缴'等因。奉此，合行饬仰该署长即便转饬该医生遵照办理，由该署克日详送，毋延。此饬"等因。奉此，衡即刻缮具简章一份，呈送四区一分署转详省会警察厅复详钧督在案。迄今事隔日久，未蒙饬属选送，谅以本省独立之后，军政浩繁，是项公文势难顾及。今敝所开学期迫，若再延搁，恐致贻误课程，为此不揣冒昧，除续行禀请省会警察厅外，理合具禀钧督迅予通饬各属酌量遴选学生来所肄业。再，敝所定于本月十五日为报到之期，以便甄录考试，倘路远各属，准予随到随考，合并声明。谨禀。

计附呈招生简章一份。

私立浙江牛痘传习所修正简章

天痘之害、鼻苗之险，尽人知矣。欲思除此二种之险害，而反有裨于婴赤者，惟有牛痘而已。鄙人有鉴于斯，纠同志，酿巨金，创设传习所，培养专科人才，禀请当道树案，并附设安怀医局，使学生实地练习。开办以来，成绩卓然，在省会附近各地莫不皆有口碑，而外县穷乡僻隅恐难周知，以故此次招生，节经禀请都督暨省会警察厅通饬各县保送来所肄业，以谋普及施种牛痘之效。嗣奉批示"该所开办以来，成绩颇佳，此次招生自应准予通饬各属选送合格学生肄业，以宏造就"等因。奉此，祗遵筹备，以副当道保赤之诚意。谨将修正简章条举缕述，惟愿关心斯事者共鉴之。

所长曾雨南附白

第一条定名　本所经费概由发起人筹垫,故定名曰私立浙江牛痘传习所。

第二条宗旨　本所为造就牛痘幼科人才,以备荄除鼻苗陋习、保婴免疫、推广慈善起见,特向前巡按使立案,通饬各县知事选送学生,以谋普及牛痘智识。

第三条资格　本所既以普及牛痘智识起见,凡身家清白、文理通顺,年在十六岁以上,有志医学者,除知事保送外,亦得准其入所研究。

第四条科学　牛痘理论、牛痘史、牛痘种法、牛痘真伪辩、痘苗处置法、儿科证治、天痘证治、瘄疹证治、药物学、中方论、生理学、卫生学。

第五条学费　本所学费概收大洋二十元,讲义费四元,于入学时一次缴足。如有退学及斥革者,概不返还。膳宿费各须自备。

第六条毕业期间　本所尊奉省长命令,限以六个月为毕业期。

第七条效用　毕业后,仍由本所禀请省长给发毕业证书,通饬各县设立官局派往任用。

第八条报名　报名时,须缴四寸照片一张,保证金一元,如不取者返还,取者于学费内扣除。

第九条地址　仍暂设江干南星桥江西会馆,倘城内有相当房屋,即行迁移。

(原载《浙江公报》第一千五百三十二号,一六至一七页,批示)

浙江都督府饬军字第四百十七号

饬为任命赵鼎华充本府谘议官由

为饬委事。查有该员堪以任命为本府谘议官,月支薪水洋一百二十元,合将任命状饬发,仰即遵照。此饬。

计发任命状一张。

都督吕公望

右饬赵鼎华。准此。

中华民国五年六月十六日

（原载《浙江公报》第一千五百三十三号,一九一六年六月十九日,首页,饬）

浙江都督府饬军字第四百二十一号

饬为任命警佐倪遇立章彬马振中等三员为本府谘议由

为饬遵事。查有省会警察厅警佐倪遇立、章彬、马振中等三员堪以任命为本府谘议,各给月薪洋八十元,合将该员等任命状饬发该厅长转发祇领遵照。此饬。

计发任命状三张。

都督吕公望

右饬本府警政厅厅长夏超。准此。

中华民国五年六月十六日

（原载《浙江公报》第一千五百三十三号,首页,饬）

浙江都督府饬政字第二百零三号

饬为任命楼金鉴充本府机要助理秘书由

为饬遵事。兹任命该员为本府机要助理秘书,合将任命状饬发遵照。此饬。

都督吕公望

右饬楼金鉴。准此。

中华民国五年六月十六日

（原载《浙江公报》第一千五百三十三号,首页,饬）

浙江都督吕批

高审检厅据萧山县呈监犯反狱格毙魏芝生等三名情形由

据呈，该县监犯反狱，登时格毙魏芝生等三名，追获孔官金等回监情形已悉。该监犯韩阿先等仓猝图变，该管狱、有狱各官，虽疏防范于先，惟临时格毙追拿，悉数就获，尚知奋勉，应准将管狱官蔡象熊宽免处分并记功一次。该知事并转谕嘉奖，以为办事迅速者劝。查该县监狱两年以来，脱逃监犯不一而足，看守人等显有情弊，此次郭渭桥先行逃匿，尤难保无贿串故纵别情，应即勒限严拿到案，提同韩阿先等严讯究办，以示惩创而肃法纪。一面慎选妥役，谨慎看守。嗣后再有疏虞，定将该知事等严行惩处，仰高审检厅转饬遵照。缴。记功状一纸并发。格结存。六月十四日

（原载《浙江公报》第一千五百三十四号，一四至一五页，批牍）

浙江都督吕批

杭县地方审判厅长呈报任事日期由

呈悉。缴。六月十五日

附原呈

呈为呈报任事日期事。案奉浙江高等审判厅饬开，"为饬知事。照得杭县地方审判厅长周衡，经本厅调署兰溪高等分庭庭长，遗缺兹查该员堪以补署，除饬杭县地方审判厅长知照并呈报外，合行饬仰知照，克日到任，妥为接收。此饬"等因。奉此，厅长遵于六月五日接印视事，除分别呈报并函知通告外，理合具文呈报钧府察核备案。谨呈。

（原载《浙江公报》第一千五百三十三号，一三页，批牍）

浙江都督吕批

警政厅呈复哨官娄旭东准予晋升一等照二等支薪由

呈悉。娄旭东准予升等支薪。此批。六月十五日

附原呈

为呈复事。本月二日奉都督批警备队第四区统带详报哨官娄旭东勤劳卓著请予优奖由,奉批"详悉。所称该哨官有功议叙之处,仰警政厅妥核具复转饬知照。此批。抄详发"等因。奉此,查该统带原详内称,"四月十五晚有卢炳奎纠党二三百人,强行假道缙云,攻打丽水,风声所至,阖城惊惶。该区第五营一哨哨官娄旭东,督率军队勒令解散,一面传谕商民各安生业,并镇夜督率梭巡附城各处,严密戒备,得无意外之虞,而卢炳奎亦因有备不克肆逞,旋即解散,地方迄无抢劫骚扰情事"等语。该哨官娄旭东应变有方,勤劳防务,地方秩序赖以维持,不无劳绩可录。该统带拟请将该哨官晋等支薪,系为鼓励属官起见,自应准予晋升一等照二等支薪,以示激劝。除饬该统带转饬知照外,理合具文呈复,仰祈都督察核备案。谨呈。

(原载《浙江公报》第一千五百三十三号,一五页,批牍)

浙江都督吕批

杭县知事呈为第十五区长桥保卫团请领枪弹铜帽由

呈、领均悉。价洋六十元,已饬照收。准给太字毛瑟枪二枝,子弹二百粒,前膛枪八枝,铜帽三千颗,填给联单一纸,随批并发,仰即查收转饬赴局领取。再,是项枪枝须饬遵章送县编号烙印,具报备查。此批。领存。六月十六日

计发联单一纸。

(原载《浙江公报》第一千五百三十三号,一一页,批牍)

浙江都督吕批

开化县知事林应昌呈为请领华埠
保卫团枪弹恩赐饬发给领由

呈、领均悉。查华埠保卫团请领太字毛瑟枪六枝，子弹六百颗，计价洋一百十四元，业经饬课分别验收照发，并填给护照一纸，一并交由来员运回。再，是项枪枝，应由该知事遵章烙印编号具报。此批。领存。六月十六日

（原载《浙江公报》第一千五百三十三号，一一页，批牍）

浙江都督吕批

发警政厅为湖南客民李懋卿续请酌给恤金以便归里由

禀悉。该民前请将终身恤金缩领二十年，业经批示，"无此办法，碍难照准。"兹又禀称，"续请酌给恤金，以便归里"等语。查该民前充兵士，因击匪受伤残废，如果属实，情殊可悯，仰警政厅饬行第三区统带查取给恤原案，酌议具复核夺。此批。抄禀及前卷发。六月十六日

（原载《浙江公报》第一千五百三十三号，一一页，批牍）

浙江都督吕批

警政厅呈复北京警察学员薪津准予
寄给分别转饬民政厅筹给由

呈悉。既据称该警察传习所各学员距毕业期止半年，应准将半薪津贴变通寄给，以竟前功。除刘雄韬、刘旭东、徐俊英、朱璋四员半薪径由内河水警厅筹寄，谷镛一员半薪业由外海水警厅缴送到府，已另案批发该厅领寄，暨包瑞芝一员现已回省可无庸议，仰该厅分别转饬知照外，其各属地方、厅保送之十四员已另于王人鉴等禀请接济案内批饬民政厅办理矣。此批。再，该厅所具公文向未备有副呈，嗣后

关于呈请核示之件须附备副呈，以凭批、缴。六月十六日

（原载《浙江公报》第一千五百三十三号，一一页，批牍）

浙江都督吕批

瓯海道尹陈光宪据景宁县详送警佐
何绣林办理警务成绩履历由

据呈，"警佐何绣林，任职满五年以上，开具事实履历，请予核奖"等语，仰民政厅查照警察奖章核议饬遵具报。此批。六月十六日

（原载《浙江公报》第一千五百三十三号，一一至一二页，批牍）

浙江都督吕批

警政厅据外海警厅长王萼呈报第五队在沙镬洋面
救回难民难船并获匪械情形由

呈悉。仰警政厅查核备案，转饬知照。此批。抄呈发。六月十六日

附原呈

呈为救回难船难民事。案据职厅第二区区长章翔绶呈称，"本年五月二十三日据第五队队长林承放报称，五月十一日据白底渔船护船管驾项池报称，'窃管驾保护白底渔船梭巡在洋，突于阴历四月初一日据渔民报告，有盗匪麻脸周贵等在沙镬洋踏底渔船，当即率勇丁追救。该匪知势不敌，回枪逃驶，迫追近难船时，该匪赴水毙命者四人，即将难船二只救回，见船舱有喊救者三人，一名江桃三、一名江子春、一名江再乐，又于船之前后头获得匪枪三枝。该难船当交失主陈广顺领去，遂将江桃三等三人讯问，见江子春、江再乐二人，手各有伤，诘问致伤原因，据说'前日在大陈卖虾皮，被匪拔去，逼勒代其撑船，当时不肯，因此两人手节均被打伤，不得已随落此船，意欲船撑到地时逃回'等

410

情。管驾看其情形均属朴讷,察其伤痕似系打破,今既获得,不敢擅放,理合一并送上,谨请讯明发落'等情。队长即行详细讯明,'该江桃三等三人均系温岭县属箬横地方渔民,被匪劫去胁从撑船,实非盗伙,且当讯问时,即有箬横公民郑燊、江撰、江厚道、江厚志、吴克明、江子怀来队出具甘结,恳请准保。队长以既已讯明非盗,又有公民等担保,自应体恤民难,准交该公民等保去,俾得捕鱼营生。合将毙匪落海及搜获匪枪、救回难民人船缘由,备文详报察核'等情,并解匪枪三枝到区队。据此,除将缴到枪枝另案汇缴并报台州镇守使外,理合据情呈报察核,俯赐转报备案施行"等情。据此,除批饬严缉各逸匪,并匪枪俟解到后汇缴外,理合备文呈报,仰祈都督察核备案施行。谨呈。

（原载《浙江公报》第一千五百三十三号,一二页,批牍）

浙江都督吕批

发民政厅为新昌县呈报梁士朝家被匪拷诈格毙一名情形由

据呈,梁士朝家被匪拷诈擒禁,经村团追获,格毙不识姓名匪徒一名。现据该知事查讯,供词相同,应准备案,所请奖励之处,仰民政厅核明饬遵具复。案既诣验,并饬填具格结,补报查考。缴,呈抄发。

六月十六日

（原载《浙江公报》第一千五百三十三号,一二至一三页,批牍）

浙江都督吕批

嘉兴县呈报陈永顺家被劫一案由

呈及图表、失单均悉。陈永顺被盗劫去银洋衣丝等物,既据履勘属实,应即迅派干警会同营汛一体严密缉拿。是案赃盗务获究报,仰高等检察厅转饬该县遵照。此批。抄呈连同单、表、图并发。六月十六日

附原呈

为呈报事。本年六月二日据馀贤分所警佐陈尧呈报,"本月一日据永十四中西七庄七家荡农民陈永顺报称,五月三十一日夜三更时分,被盗七八人打破大门,进内劫去银洋衣丝等物,开呈失单转请勘缉"等情到县。据此,查该处离城二十里,附近并无营警驻扎,当即前诣该处,勘得该事主家有坐北朝南平屋一所,共计六间,东南田野,西北河道。据该事主指称,"是夜三更时分,被盗打破大门,进内直入卧房搜劫银洋衣丝等物,携赃向北逃逸"等语。查看门户,确有毁损痕迹,房内箱笼亦有翻乱形状,勘毕当场列表绘图附卷随讯。据该事主供与报词,诣勘相同,除饬该事主开单补报,一面会督水陆警察,并饬本署警队一并严密缉拿是案赃盗,务获究报外,合将诣勘情形列表绘图备文呈报,仰祈钧督察核祗遵。谨呈。

计开失单

大洋五元　白银手镯重三两八钱 一付　蚕丝约重三百两 一十五车　三蓝棉绸夹袄 一件　夹子花杜绸裤 一条　花青棉绸女衫一件　玄色生丝裙 一条　玄色湖绉裙 一条　锡茶壶 一把　二蓝杜绸裤 一条　锡干重十斤 一付　锡饭盂 一个

（原载《浙江公报》第一千五百三十三号,一三至一四页,批牍）

浙江都督吕批

高检厅据新登县呈报拿获临安县盗犯张清法一名由

据呈,该县保卫团民缉获行劫临安县事主徐荣标家盗犯张清法一名,经该知事查讯无异,报获原赃,应即归案办理,仰高等检察厅即饬临安县提讯拟办,并饬该县知事知照。此批。六月十六日

（原载《浙江公报》第一千五百三十三号,一四页,批牍）

浙江都督吕批

慈溪县呈报枪毙盗犯胡银顺日期由

呈悉。盗犯胡银顺既据验明正身，执行枪毙，应准备案存查，仍饬严缉余盗，务获究办。缴。六月十六日

（原载《浙江公报》第一千五百三十三号，一四页，批牍）

浙江都督吕批

崇德县呈报执行积盗沈阿六死刑日期由

呈悉。既据更正判词，应候高审厅核转饬遵，仰仍勒缉逸盗三三赖和尚等，务获究报。缴。六月十六日

（原载《浙江公报》第一千五百三十三号，一四页，批牍）

浙江都督吕批

淳安阮知事呈为遵批查造巡警马麟积劳病故调查表诊断书送请赐恤由①

据呈，巡警马麟确系因公积劳，以致病故，所请恤典之处，仰民政厅核议转饬知照。此批。抄呈同书、表发。六月十六日

（原载《浙江公报》第一千五百三十三号，一四页，批牍）

浙江都督吕批

发高检厅为警政厅呈象山赵松筠家被劫获犯王有焜等仍饬缉追赃犯由

呈悉。前据象山县知事电禀，爵溪赵观璜家被劫，获盗四名，内

---

① 淳安阮知事，即阮陶镕(1882—1940)，号石泉，浙江乐清人。《淳安县志》载，一九一二年九月至一九一三年一月任淳安知事。据《浙江公报》第一五三一号载浙江民政厅饬第四百十九号《饬淳安知事阮陶镕奉都督批发该知事因病再请辞职由》(一九一六年六月十四日)，可推知一九一六年六月中旬，阮仍在淳安县知事任上。

周玉书一名,供证确凿,请依法惩办,即经电准执行,并饬严缉赃盗,提同现犯确讯惩办在案。据呈前情,核与前案地点、赃数、犯名相同,惟赵松筠是否即赵观璜,应饬查明声复。海盗纠劫巨赃,何以次日尚未离境,诚如来呈不无疑窦,究竟所获之王有焜等,是否赃盗,亟应确讯察办。前办之周玉书一名,并即照章详具供判呈厅核转,暨勒缉赃盗务获究办,均毋稍涉枉纵,仰高等检察厅转饬遵照,并知该厅知照。此批。摘由、抄呈发。六月十六日

(原载《浙江公报》第一千五百三十三号,一四至一五页,批牍)

复段祺瑞史履晋曲同丰电

北京府学胡同段芝师暨康侯、伟卿夫子钧鉴[①]:

寒电谨悉。公望亲受栽植之恩,义当图报。惟此次独立,近因在帝制,而远因实为政治不良。今项城虽逝,政治问题多未解决。吾师出任巨艰,应从根本着手,导国家于正轨,以免再见干戈,不应以消极之经营,了一时之残局。故文日通电所主张者,为百年非为一日,为国家非为个人。乃未蒙颁发明令,采纳一二,而遽令浙省取消独立,其如全浙之民意何?且浙省在独立时已加入军务院,今若不待解决,遽行脱离,在公望则失人格,在全浙则失信用,影响所及,贻误事机。如虑军务院有过度之要求,公望亦以国家为前提,自当掬诚劝告。民苦兵革久矣,衽席水火,责在吾师,翘首龙门,云霓望切。公望谨当竭尽心力,维持地方,以待解决。至江浙交界,两省均驻兵队,断无匪徒出没,沪电不知何据[②]。前电恳饬部通车,系为商民请命,务乞力赐主

---

① 康侯、伟卿夫子,即史履晋、曲同丰。史履晋,字康侯,新寨大港人,史梦兰三子,光绪十六年(1890)庚寅科进士。民国元年十一月,署理直隶劝业道,后任内务司长、实业司长等职。曲同丰,字伟卿,山东福山县人。民国四年九月,卸任保定士官学校校长,返京任训练总监部审查处处长。次年八月任山东军务会办,同年十二月,南下浙江,协助吕公望收束军政事宜。按《申报》一九一六年六月十九日六版要闻二以"浙省不允取消独立电"为题披露此电。

② 沪电,指北京国务院来电所引上海杨护军使电。

414

持,仍令部迅饬一律通车。相见以诚,则群疑自释,统求明察。临电屏营。吕公望叩。

（原载《浙江公报》第一千五百三十三号,一六页,吕都督通电）

附 北京国务院来电

杭州吕都督：

华密。顷据上海杨护军使电称,"沪、杭先开茧车,原系格外通融,体恤商人起见。现在浙江尚未宣布取消独立,交界地方亦不时有匪徒出没,货客各车如果一律开驶,深恐检查不便,倘滋疏虞,谁执其咎"等语。现在局势变更,应即举国合而为一,若不将"独立"二字速行划除,岂惟群情怀疑,商旅裹足,且恐争议无词,不免贻外人之笑。务望顾全大局,即日宣布取消独立,庶几泯嫌释怨,还我大同。岂惟国家之幸,抑亦桑梓之福,惟执事实图利之。掬诚布达,立候复音。寒。院。印。（中华民国五年六月十四日）

（按此事已经吕都督复电拒绝,见十九日本报专电栏①）

（原载《浙江公报》第一千五百三十六号,一九一六年六月二十二日,一九页,北京来电）

吕都督赞同废止军巡名称电

云南唐都督并转蔡、戴总司令,贵州刘都督,广西陆都督、陈护督,肇庆岑都司令转李总司令,湖南汤都督,上海唐少川、梁任公先生,时事新报转各报馆公鉴：

本日致黎段两公电,其文曰："顷读梁任公先生文电言,数年来,军民分治之弊,洞见症结,莫名钦佩,值此军政未结束时期,尤不能骤

---

① 底本夹注。

行分治,致生扞格。将军、巡按官制,本发生于国会解散以后,现在当然无效。且查辛、壬之交,独立各省长官称都督,未独立各省沿用总督、巡抚名称,项城就职即将督抚名称废止,一律改为都督,独立之迹,泯然无形,统一之局,转瞬以定,前例具在,恳速明断"等语,特此奉闻。浙江都督吕公望叩。篠。(中华民国五年六月十七日)

(原载《申报》中华民国五年六月二十日,三版,公电;并见于天津《益世报》中华民国五年六月二十三日,二版,公电录要)

浙江都督府饬军字第四百二十三号

饬第六师师长将该师差遣吕舜凯调充宪兵司令处差遣由

为饬遵事。据宪兵司令官王桂林呈请调该师差遣吕舜凯充宪兵司令处差遣等情,除批准以原薪调充外,合行饬仰该师长转饬遵照。此饬。

都督吕公望

右饬第六师师长童保暄。准此。

中华民国五年六月十七日

(原载《浙江公报》第一千五百三十四号,一九一六年六月二十日,一页,饬)

浙江都督府饬军字第四百二十五号

饬为参谋徐士镰勤劳卓著照中校支薪由

为饬遵事。查该员勤劳卓著,月薪照中校十成支给,以示鼓励。合行饬仰该员遵照。此饬。

都督吕公望

右饬本府军务厅参谋徐士镰。准此。

中华民国五年六月十七日

(原载《浙江公报》第一千五百三十四号,一页,饬)

浙江都督府饬政字第二百零四号

饬财政厅长加任为中国交通浙江三银行监督由

为饬遵事。兹任命该厅长为中国、交通、浙江三银行监督兼管理金库事宜,合将任命状饬发遵照。此饬。

都督吕公望

右饬财政厅长莫永贞。准此。

中华民国五年六月十七日

(原载《浙江公报》第一千五百三十四号,一页,饬)

浙江都督府饬政字第　　号

饬发民政厅为省教育会请拨公地建筑会所及运动场由

为饬知事。据本省教育会会长经亨颐公函称,"本会于民国元年奉前都督蒋将吉祥巷王姓没收房屋一区拨作会所,而偏僻湫隘,殊碍进行。历经邀集会员再三协议,金以形式乃精神所寄托,譬之于人,官骸既具,而后知觉。运动乃有所附属,以成其长育。释氏之庄严宝地,道家之宫观洞天,咸藉以收集侣徒,招邀檀信。即耶稣、天主各教几被沐于欧洲文物之余泽,而教会所在,必有高闳大闳、连墙峻宇,以布讲席而居神牧。盖非是不足以激引大众之信心,而求教泽之展布。青年会会所,亦必恢宏崇敬,若津若沪,皆巍然巩峙于通衢广道,足以动行者之目,其浸入于吾浙不过数岁,然已拓地湖滨,闻拟大兴建筑。本会为全省枢汇教育之中心,自应急起捷追。已在规募经费,拟建新会所一区,就中构大讲堂一座,预备讲说聚集,他若会议厅、办公室、陈列所、游息园等,均须应有尽有,而其尤要者为运动场,藉以提倡尚武之精神,养成合群之思想。以故东西各国虽偏小之市会,多有此项场所之设置。

前巡按使有公共运动场之计画,闻已编入五年预算,诚为切要之图。查平海桥西北工程局所在地留有公地二十余亩,中夹河道,当全垣之要冲,控西湖之南岸,以之办公共运动场,最为适宜,与原议开辟公园之意亦相吻合。盖公共运动场即为公园之一种,是项事业为本会所应办,拟请缴同预算,责由本会经营。该地夹河一小方,不能圈入场内,请予拨给本会作为建筑会所之用。如是两事,并成一起,本会既不须另行规画,公家亦可以节省经费。爰将恳请委办公共运动场并给地以资建筑会所缘由,附呈地图备核,准予饬厅遵办,实为公便"等情前来。查平海桥西北公地二十余亩,前经省会工程局规画留作建筑公园之用,准免标卖在案,惟现在公园建筑迄未进行,即该会函内所称省城公共运动场经费一节,虽经编入四、五两年预算,亦尚未能着手办理。兹据该会声请,即就该地议置省城公共运动场,责成该会办理,并以夹河一小方拨予建筑会所,是否可行,与原案有无窒碍,合行饬仰该厅查案核议,具复核夺。此饬。

都督吕公望

右饬民政厅长王文庆。准此。

中华民国五年六月十六日

(原载《浙江公报》第一千五百三十四号,一至二页,饬)

浙江都督吕批

金华沈道尹转呈永康县军警官佐巡防得力可否
酌予奖励并准支销会哨费缘由由[①]

据呈,永康县军警官佐巡防得力请予酌量加奖并准在县税准备金项下支销会哨费用各节,仰民政厅咨会警政厅分别核议,转饬永康县知事遵照。此批。抄呈同摘由发。六月十七日

(原载《浙江公报》第一千五百三十四号,一四页,批牍)

---

① 沈道尹,即沈钧业(1884—1951),字馥生,晚号复庵,绍兴人。民国三年六月,由浙江政务厅厅长调任金华道尹。民国五年六月十四日任都督府财政主任秘书。

浙江都督吕批

高审厅为诸暨县清理积案委员准予记功一次由

据复,"诸暨县清理积案委员涂景新办案得力,请量予记功,以资激劝"等情,应准记功一次。仰将发去记功状转饬该员祗领。此缴。记功状附发。六月十六日

(原载《浙江公报》第一千五百三十四号,一四页,批牍)

浙江都督吕批

高检察长王天木呈请因病辞职由

呈悉。该厅长任职有年,劳勋卓著,现值整顿司法,正资熟手,所请辞职之处,应毋庸议。此缴。六月十六日

(原载《浙江公报》第一千五百三十四号,一四页,批牍)

附　浙江高等检察厅长呈都督续请辞职由

呈为续请辞职,恳乞俯鉴下情,亟予核准,俾资调摄事。

窃天木前以病体孱弱,乞予解职,时已逾旬,未奉明谕。猥蒙传语,慰劳有加,顾己反躬,弥增惭悚。尝自思维,因缘运会,自任斯职,于今三年。发奸之效不著,素餐之讥以彰。亟思自劾,以避贤路。而赋性迂滞,因循未果。属浙江独立,百度维新,方谓凡百有司,悉合罢斥,何图区区一介,返蒙简擢?天木禀性短弱,才弗周用,过蒙不遗,感荷无任,岂敢固拒,以方大命?徒以病势益重,不克自支,虽图报有心,而任事无力,宁可以一人之私,致废所司之重?且共和国家,三权并峙,司法独立,尤为急务。以天木之薄劣,虽在平时已虑丛脞,况复一切更始,端资长才,而仍承乏其间,不予引退,人虽无言,能无内愧于心乎?盖闻古人处世,申于见知,陈力就列,不能者止。天木不才,敢附斯

义。所有续请辞职,俾早卸肩,藉资调摄缘由,理合陈请俯鉴下情,亟予批准,不胜待命之至。谨呈

浙江都督吕

浙江高等检察厅检察长王天木

中华民国五年六月　日

（原载《浙江公报》第一千五百二十四号，一一页，呈）

浙江都督吕批

湖属经商黄永源禀为巡疲销短请更委巡员情形由①

据禀，捕务废弛各情，如果实在，殊属不合，候仰盐运使澈查复夺，并严饬该统领认真整顿。至任用巡员之权，操之官厅，未便由该商等指名干求，所请应毋庸议。此批。六月十六日

（原载《浙江公报》第一千五百三十四号，一九页，批示）

浙江都督吕批

衢县公民江纪纲续请以该县代表名义驻省由

查该公民前次赍文来省，即经批县饬知并明白批示在案，既奉录批函知，仰即遵照前批办理。关于地方事宜，如有确见，自可随时具文陈达，用资采择，所请仍以衢县代理名义驻省之处，应毋庸议。此批。六月十六日

（原载《浙江公报》第一千五百三十四号，一九页，批示）

浙江都督吕批

银行监理处呈请加任财政厅长为银行监督由

据呈，请加任财政厅长为中国、交通、浙江三银行监督，事实可行，

---

① 经商，疑为"丝商"之误。

金库事宜暂由该厅长兼行管理，候另委饬遵可也。此批。六月十六日

（原载《浙江公报》第一千五百三十四号，一五页，批牍）

浙江都督吕批

据嘉善县知事呈城区枫泾各警佐不堪称职由

据呈，该县城区警佐苏炳瑶，平日办理警务既乏成绩，此次连界地方发生枭匪拒捕重案，并无觉察防范，至以无人报告为辞，殊属有忝厥职，应即撤任示惩。至枫泾代理警佐吴文标，对于该管境内出案藉口抱病，既不能先事预防，又无一字呈报，并属旷官溺职，应予一律撤惩。仰民政厅迅即分别遴委，并饬催已调警佐胡景辉克日到差，以重警政而肃官常，仍将办理情形克日呈报。此批。呈抄发。六月十七日

（原载《浙江公报》第一千五百三十四号，一四页，批牍）

浙江都督吕批

嵊县知事呈报祁条轩状报仁德当解洋至途被劫由

呈悉。仰速咨会防营，督饬干警认真侦缉，务获本案盗匪，追赃讯办具报。此批。六月十七日

附原呈

呈为祁条轩状报洋银被盗白日拦劫无剩一案报核事。案据绍兴商民祁条轩状称，"向充甘霖仁德当经理多年，本年阴历五月初五日辰刻，将现洋一千二百元雇令久用诚实之脚夫陈多老挑运崇仁仁寿当。行至半途招龙桥庄外，突被匪盗十余人，各有快枪、手枪、刺刀拦路伺截，将所挑现洋抢劫无剩，即往西边逸去，报请缉办"等情。当经讯供，与诉状相同，并据代理崇仁警佐王伦呈称，"本日上午十点钟时，据两头门仁德当主裘梦庚报称，伊'今日上午七点钟时，由两头门仁德当解送银洋交付脚夫挑至

421

崇仁镇仁寿当,路至雨前区招龙桥旁边,突来盗匪六七人,持枪威吓,被抢去现洋一千二百元'等语。警佐闻报随即饬警驰追,挨路逢人探闻,各山厂就地查察赶捕,盗匪已无踪迹。除饬警会哨严密侦缉外,报请察核"等情。据此,除再分别咨饬营警严缉犯罪人务获讯明律办外,理合先行备文呈报,仰祈钧督察核。谨呈。

（原载《浙江公报》第一千五百三十四号,一五页,批牍）

浙江都督吕批

黄岩县知事呈为金清乡保卫团请领枪弹乞赐核发由

呈悉。查金清乡地当要冲,办团需械,自应给发。惟查二年八月间,该县蒋前知事因办保安团①,借领毛瑟枪二百枝、子弹一万颗,并据该前知事电称,"团练取销,即由知事缴还,用去子弹亦由知事缴价"等语。嗣因团练取销,曾由前将军行署咨请前行政公署饬该知事将此项枪弹一律收回解缴,如该县警队或各乡民团认购,准将此项枪弹拨给,由县查照定章分别半价、全价缴款来署,以清手续在案。据呈前情,仰仍查照前案,将此项枪弹收回,酌量配给,并将配给情形详细列表,连同价款,克日解府为要。此批。六月十七日

（原载《浙江公报》第一千五百三十四号,一五至一六页,批牍）

浙江都督吕批

金衢严警备正司令官呈为警备地域
司令部各员请分别加委由

呈及名单均悉。查本省警备地域司令官均系兼职,向无另组司令部之成例,该属事同一律,自应照办。所需佐理人员,即以该旅部

---

① 蒋前知事,指蒋作藩（1875—1924?）,字屏侯,号植庵,浙江瑞安人。民国二年六月至民国三年一月任黄岩县知事。

原有职员兼充,但将应办事务由该司令官妥为分配,毋庸由府加委。至书记、司书及军需军士、护兵等,如果不敷使用,应准如呈添设,以便办公,仰即知照。此批。名单发还。六月十七日

附原呈

呈为筹备司令部供职人员拟请分别加委,以专责成而资遵守事。窃于本月四日奉都督饬"旧金衢严属地当冲要,应划为警备地域,特任陆军步兵第五十旅旅长潘国纲为警备正司令官"等因,遵将司令官开驻地点暨出发日期呈报在案。伏查警备司令部组织伊始,事务纷繁,亟应遴员助理,先就旅部现有人员分别酌量饬委兼充,仍支原薪,又添设执法、二等书记暨司书各一员,军需军士一名,护兵四名,薪饷照章支给。除书记等由司令官分别派委外,现各该员均已先后到差供职。惟事关警备,任务綦重,在事各员,拟请分别加给任命或委任状,俾专责成而收实效。所有添员暨请予加委各缘由,是否有当,理合将各该员原职暨兼职分别缮具名单,备文呈请,仰祈都督察核批示遵行。谨呈。

(原载《浙江公报》第一千五百三十四号,一六页,批牍)

浙江都督吕批

四十九旅旅长呈为镇海装设军用电话三处
所需贴费装费请备案由

呈悉。准予备案。此批。六月十七日

附原呈

呈为镇海添设军用电话三处,所需贴费装费呈请鉴核备案事。窃查军用电话之设,原以军事重要灵通消息而期敏捷起见,是以职旅于民国二年冬呈奉前都督朱批准拨款设置总机关后,

所有甬地各公署、各团营均已一律装设，遇事即可传达，至为便捷。惟经费困难，未能设及他处。现奉都督以宁波海岸关系重要，委任旅长为陆防司令官，并奉另饬庚续办理卫戍警备各事宜，事繁任重，遇有事变，即宜随时协商，以期无误戎机。查镇海地处要口，其炮台司令部、水上警察厅、九十七团第一营等三处均在镇海，且皆重要机关，迭与该台官等会晤，均以防务重要，甬、镇两地相隔，消息不灵，要请各设军用电话一具，禅便随时传达。幸该处离甬尚近，现已装设完竣，共需电线、工料等费银一百元，又每处装费十五元，共银四十五元，两共银一百四十五元，除汇案报销请领外，理合呈请都督鉴核备案。谨呈。六月十二日

（原载《浙江公报》第一千五百三十四号，一六至一七页，批牍）

浙江都督吕批

嘉兴县知事据呈报事主张凤高等家
被劫失赃一案勘缉情形由

呈及附件均悉。仰仍会督水陆营警认真侦缉，务将本案真正赃盗破获究报。此批。附件存。六月十七日

附原呈

为呈报事。本年六月一日据维三庄东大地圩盛家滨民人张凤高、张顺福、张财生、张凤坤、张凤生状称，伊等叔侄弟兄分先后两宅住居，于阴历四月三十日夜二更时分被盗，百余人由水旱两路而来，执持枪械，先至伊凤高家，用石打门进内，并分入各家大肆搜劫，将银洋、冬米、首饰、蚕丝、茧子、衣服等物抢劫殆尽，并将伊凤高前膛枪一支，系前清时由县具领防盗所用，枪杠上烙有自治所火印有凤高字样，一并劫去，开单报请勘缉等情到县。

据此，查该处离城三十六里，附近并无营警驻扎，知事当饬本署警队选派干探分投追缉，一面轻舟减从驶抵该处，勘得该事主等家有坐南朝北前后平屋两所，共计十八间，中隔稻场，前系凤坤、凤生所住，后系凤高、顺福、财生所住，东南田野，西有邻居屋，后系盛家滨滨底。据该事主等指称，"是夜盗由西首水陆两路而来，执持枪械，分入各家，劫去银洋、首饰、蚕丝等物，该盗等临去遗落子弹壳三枚，一并检呈"等语。查勘各该处门户有破损痕迹，房内橱箱亦各有翻乱捣毁形状，随提讯该事主张凤高等，供与报词指勘相同，讯勘毕填表绘图附卷，盗遗弹壳带回存储。除再严饬本署警队暨会督水陆各警一体严缉是案，赃盗务获究报外，合将勘缉情形并填表绘图具文呈报，仰祈钧督察核祗遵。谨呈。

（原载《浙江公报》第一千五百三十四号，一七页，批牍）

浙江都督吕批

电政管理局监督据详为陈复勘估建德淳安
设线缘由请备案由

据详已悉。仰即速勘估具报。此批。六月十七日

附原详

详为陈复事。本月四日奉钧府饬开，"照得旧严属建德县地方与省城相距窎远，通信为难，兹为便利交通起见，亟应在该县城设一电报分局，以期消息灵通。除分饬各机关知照外，合行饬仰遵照办理具报"。又于十日奉钧府参谋长传谕，"由建德至淳安，亦应添设电局，迅速照办"各等因。奉此，当即饬据兰溪局查复称，"自兰溪至建德线路八十里，自建德至淳安线路一百三十五里，内有飞线一道"等情，工程较大，应用材料亦复不少，非遴

派妥员详细勘估,不足以昭实在。所有长短杆木尚可就地采办,其余电线、钩碗、机器等料均系外洋物品,自欧战发生后,来货缺乏,浙省各局尤无存储,拟俟查勘估报到局,即行设法购办,以便兴工。除饬委兰溪局领班郑汝梁切实估报外,理合备文陈复详请钧府察核备案。谨详。

（原载《浙江公报》第一千五百三十四号,一七至一八页,批牍）

浙江都督吕批

宪兵司令官呈为第六师差遣吕舜凯调充宪兵司令处差遣由

呈悉。第六师差遣吕舜凯准以原薪调充该处差遣,除饬该师师长转饬遵照外,仰即知照。此批。六月十七日

（原载《浙江公报》第一千五百三十四号,一八页,批牍）

浙江都督府饬军字第四百二十六号

饬为任命吴斌为军务厅参谋由

为饬遵事。查有该员堪以任命为本府军务厅参谋,月薪照中校支给,合将任命状饬发,仰即祗领遵照。此饬。

计发任命状一张。

都督吕公望

右饬吴斌。准此。

中华民国五年六月十七日

（原载《浙江公报》第一千五百三十五号,一九一六年六月二十一日,二页,饬）

浙江都督府饬政字第二百零五号

饬为任命娄谦马兆龙为本府财政助理秘书由

为饬遵事。兹任命该员为本府财政助理秘书,合将任命状饬发

遵照。此饬。

都督吕公望

右饬娄谦、马兆龙。准此。

中华民国五年六月十六日

（原载《浙江公报》第一千五百三十五号，二页，饬）

浙江都督吕批

第六师师长呈为第十一旅旅长王桂林代理第一军司令官及湖属
戒严司令官所遗职务以该旅部参谋金鸿亮代拆代行由

据呈已悉，仰即知照。此批。六月十七日

附原呈

为呈报事。窃师长前奉钧饬特任为护国军第一军司令官等
因，遵即整军出发，并经饬委第十一旅旅长王桂林兼代师长职
务，呈报分饬在案。现有奉谕留省办理要公，自应遵照。惟前敌
任务关系重要，自应遴员代理。查有第十一旅旅长兼代师长王
桂林，堪以代理护国军第一军司令官及湖属戒严司令官；所遗该
旅长职务，由该旅部少校参谋金鸿亮代拆代行。除分饬外，理合
备文呈报，仰祈鉴核备案施行。谨呈。

（原载《浙江公报》第一千五百三十五号，八页，批牍）

浙江都督吕批

第六师师长呈为辎重营中尉排长各缺
请以排长郑汉照等分别升补由

呈悉。辎重兵第六营第一连中尉排长缺，准以该连四排长郑汉
照升充，照中尉支薪。递遗之缺，以候补尉官蔡克强补充，照支少尉
八成原薪；第二连中尉排长缺，准以该连二排长梁仲昆升充，照中尉

支薪;递遗之缺,以差遣吕豪补充,照少尉八成支薪;第三连司务长缺,准以上士张鹿声升充,照准尉八成支薪。仰将发到郑汉照等四员委任状转发祇领。此批。六月十七日

计发委任状四张。

（原载《浙江公报》第一千五百三十五号,八页,批牍）

浙江都督吕批

测量局局长呈为代理审查员张寿服务勤奋请予补实由

呈悉。地形课代理审查员张寿,既据称服务勤奋,应准补实,以示鼓励,仰将发到委任状转给祇领。此批。六月十八日

计发委任状一张。

（原载《浙江公报》第一千五百三十五号,八至九页,批牍）

浙江都督吕批示

民妇孙陈氏禀为伊孙孙海波在监患病请予暂释医治由

禀及保结均悉。尔孙孙海波在监患病,自有医官诊治,所谓暂释医治之处,碍难照准。此批。保结发还。六月十九日

（原载《浙江公报》第一千五百三十五号,一一页,批示）

浙江都督府饬政字第二百零六号

为饬查各县有无私添额外法警情事由

为饬查事。照得各县司法警察向有定额,其工食应由县署发给,不准出外需索分文。乃近闻各县知事竟有私用额外法警,不给工食情事。如果属实,此辈焉能枵腹从公,势必藉端勒索,亟应查明革除,以去秕政。为此饬仰该检察长遵即严行澈查各县有无此项情弊,分别具报,以凭核办,切切。此饬。

都督吕公望

右饬高等检察厅长王天木。准此。

中华民国五年六月十九日

（原载《浙江公报》第一千五百三十六号，一九一六年六月二十二日，一页，饬）

浙江都督吕批

台州镇守使呈报管带花耀魁在宁奉交界
兜剿匪党邬顺昌并夺械情形由

呈悉。仰随时督饬认真缉拿，务将著匪邬顺昌等悉获究办。至此次所用子弹，并准核销。此批。六月十九日

附原呈

呈为呈报事。本月十二日案据第一游击队统领黄继忠呈称，"本月十日据第三营管带花耀魁呈称，'窃照著名匪首邬顺昌年前结合匪徒百余凶，往宁、奉两界偏僻处所烧抢掳拔，以及劫轮戕官，无恶不作，节经尾追，窜遁沪、甬。兹闻在奉邑交界招集党羽，希图扰乱。正拟分派剿捕间，接准驻奉李管带春和函称，上月二十九日晚据东遮山村民鲍锡端、张亨全奔城报告，该匪部党三十有余，窜入伊村焚烧勒诈，匪犹屯在宁邑裏盉一带，趁未成聚多数，易于伏诛，请速派队兜剿等语。管带随于三十日午后，飞派四哨官金得胜、三哨长王运升各先星驰，并亲督二哨官饶宗舜立时出发，均于即晚驰抵深圳。探听邬匪聚处太阳山，与深圳尚距二十余里，即于是夜四鼓启行，黎明到地，匪已远扬。复经分投捕至蒋家山地方，据地人传说前面第一尖山，有奉防官兵，与匪接仗良久，立督各官长率队飞往，由山谷环绕前进，合力夹攻。约二句钟许，击毙一匪，弹伤数匪，夺获毛瑟土枪一杆。该匪始渐溃散深林，未便穷追，即收队而回。

合计销用哈乞克司子百二十七颗,小口径毛瑟子七十六颗。当饬随带线民认明毙匪系是洪石积匪洪见舜无疑,复于下山时逮捕击散匪徒邬文水、俞连升、俞来水三名,乘夜带回深圳住宿。迨至次日,传闻邬匪右手击伤,避匿不远,遂将三匪先送宁海知事讯办,并请验明匪尸,一面仍令各官长分往就近山林及各村庄遍地搜捕,未得潜踪。旋又接见奉防哨官陈廷鳌称,以四处访查亦无消息,祇得多派线探侦缉,以期破获而除后患。管带与各官长遂于五日各自旋防。合将督队兜剿毙伤、生擒各匪缘由,以及夺获枪械一并备文报缴,仰祈察转'等情,并呈缴毛瑟土枪一杆前来。据此,除批饬严缉邬顺昌及余匪务获解办外,理合备文呈报,仰祈钧使察核赐转施行。匪枪一杆暂存汇缴。合并声明"等情前来。据此,查匪首邬顺昌在宁、奉两县迭犯抢劫重案,月前在奉、嵊交界图谋扰乱,曾经通缉有案。此次又复勾结匪党倡乱,实属罪无可逭,除批饬务将匪首邬顺昌及余党严缉解究外,理合备文呈报,仰祈都督鉴核示遵。谨呈。

(原载《浙江公报》第一千五百三十六号,一〇至一一页,批牍)

浙江都督吕批

嘉兴县知事呈报事主林大宝等家沈连生状报
被劫失赃一案勘缉情形由

两呈暨各附件均悉。该县于旬日之间,连出盗案五起,其平日缉捕不力,已可概见。仰即会营督警认真侦缉,务将各案首徒盗匪从速破获追赃讯办具报。此批。附件存。六月十九日

原附呈

为呈报事。本年六月四日据白五中十九庄农民林大宝、朱

五福状称,伊等"同居各炊,于本月初一日夜三更时分,突来盗匪十余人,执持枪棍,打开灶屋门进内,直入卧房,劫去银洋、蚕丝、衣饰等物,开单报请勘缉"等情到县。据此,查该处离城三十里,离水陆警驻扎地十里,知事当即轻舟减从,驶抵该处,勘得事主林大宝与朱五福同居一宅,共门出入,该屋坐北朝南,合计十二间,两边各有灶间,西北河道,东南田野。据该事主等指称,是夜盗从水路而来,打开灶屋门进内,直入卧房,劫去银洋、蚕丝、衣饰各物等语。查看门户均有毁损痕迹,房内箱笼亦有翻乱形状。勘毕,填表、绘图附卷。随讯据该事主林大宝等供,与报词及指勘相同。除立饬本署警队暨会督水陆警察一体选派干探严密侦缉是案赃盗务获究报外,合将勘缉情形并填表绘图具文呈报,仰祈钧督察核祗遵。谨呈。

　　为呈报事。本年六月五日据万三庄无字圩管家港农民沈连生状称,伊家"于本月四日夜三更时分被盗,八九人打门进内,劫去银洋、衣丝等物,开单报请勘缉"等情,并据塘汇警佐钱广源报同前情各到县。据此,查该处离城十六里,附近并无营警驻扎,当即前诣该处,勘得该事主家有坐北朝南平屋一所,共计十三间,东临河道,西南北均属田野。据该事主指称,是夜三更时分,被盗打门进内,分投各房搜劫银洋、衣丝等物,携赃向东逃逸等语。查勘门户确有毁损痕迹,房内箱笼亦有翻乱形状。勘毕,当场列表、绘图,分别附卷。随讯据该事主供,与报词、指勘相同。除会督水陆警察并饬本署警队一体严密缉拿是案赃盗获究报外,合将诣勘情形列表、绘图,备文呈报,仰祈钧督察核祗遵。谨呈。

　　(原载《浙江公报》第一千五百三十六号,一一至一二页,批牍)

浙江都督吕批

为民政厅呈请该厅科长章长庚等五员
准予一律填发任命状由

呈、单、履历均悉。该厅科长章长庚等五员,准予分别填给任命状,随批并发,仰即转饬祗领。此批。摘由发。单、履历存。六月十九日

附原呈

呈为拟请将职厅科长各员一律任命,以专责守事。查职厅《组织条例》业经呈奉核准施行在案。所有厅内各职均经厅长按照《条例》分别任用,除助理秘书暨科员、录事等,业已由厅长委任外,合将科长各员开具名单,连同履历,备由呈请钧督察核俯准分别任命,实为公便。谨呈。

清　单

谨将职厅拟荐科长各员名单开呈钧鉴。

计开:

总务科科长　章长庚

内务科科长　黄毓材

警务科科长　沈士远

教育科科长　冯学壹

实业科科长　杨毓琦

（原载《浙江公报》第一千五百三十六号,一二页,批牍）

浙江都督吕批

安吉县呈报拿获邻境盗犯陶玉仙一名由

据呈该县保卫团团总缉获行劫孝丰县高姚岭盗犯陶玉仙一名,

经该知事讯供不讳,应即归案讯办,仰高等检察厅即饬孝丰县知事提案研讯明确,具判呈核,并饬该县知事知照。此批。抄呈,连同供单并发。六月十九日

（原载《浙江公报》第一千五百三十六号,一二至一三页,批牍）

浙江都督吕批

财政厅呈为通志局经费应否由省库筹给请示遵由

据呈续修通志第二年经费,各县地方附税项下实在无可饬提,应准如呈由省库筹给,以利进行,仰即行知该提调查照。此缴。六月十九日

（原载《浙江公报》第一千五百三十六号,一三页,批牍）

浙江都督吕批

发财政厅为黄岩酒商方顺发等禀请议减酒税由

据禀已悉。酒系消耗品之一种,各文明国通例,征税不厌其重。且捐税加重,酿户出售价格亦随之增高,虽直接取之酿户,实间接取之饮户。前据绍兴各酒商,节经禀求减免,均未照准。台州既无大宗酿酒出境运售,更未便遽行议减。至所陈私酿日多一节,应饬烟酒公卖分局随时严密调查,以免偏枯。既据该商等禀请前来,仰财政厅汇案核议饬遵可也。此批。摘由、抄禀发。六月十九日

（原载《浙江公报》第一千五百三十六号,一三页,批牍）

浙江都督吕批

烟酒公卖局呈为改订局章请核示由

据呈改订《烟酒公卖局章程》,尚属妥协,应准备案。余如所拟办理。《章程》《细则》三份存。此批。六月十九日

浙江烟酒公卖局暂行章程

第一章　省局及分局之组织

第一条　浙江烟酒公卖局附设于财政厅内,管理全省烟酒公卖并代征烟酒之各项捐税事务。

第二条　省局置局长一员(由财政厅长兼任)、副局长一员、分科主任三员、稽核委员一员、一等司事四人、二等司事六人、公役八人。

第三条　全省划分九区,各置分局一所,仍照旧章办理。

第四条　分局置分局长一人、司事四人、巡丁至多不得过八人。

第二章　权限及职掌

第五条　省局局长承都督之命,掌理本局一切事务。

第六条　副局长协同局长督率属员,助理本局一切事务。

第七条　本局各项公牍,以财政厅长兼公卖局长名义行之。

第八条　各项公牍拟稿,经副局长核定后,送由局长核判。

第九条　局中所属各项人员之荐委、撤换,由局长、副局长会同酌核办理。

第十条　局长遇有事故外出时,副局长得代行其职务。

第十一条　分局长承省局长之命,办理本区域内之烟酒公卖并代征烟酒之各项捐税事务。

第十二条　分局长于所管区域内,分别地点,组织烟酒公卖分支栈,招商承办,呈报省局核定之。

第十三条　分支栈承主管公卖局之监督、指挥,经理本区域内烟酒公卖事宜。

第十四条　分局所辖分支栈之经理人如有变更时,应由分局声明理由,呈请省局更换之。

第十五条　分局所辖之分支栈,省局如认为有改组之必要时,得随时撤销,饬令分局另行招商组织之。

第十六条 分局应将所辖区域烟酒产销之情形及市价涨跌之状态,按月分别列表,附以说明,呈报省局备查。

第十七条 分局应将分支栈缴存之公卖费及所征之烟酒税捐等款,每旬解缴财政厅一次,并报明省局备核。但交通不便之区,得由省局酌量情形变通办理。

第十八条 省局每月应将本局局员薪俸及局用经费,造具支出计算书,呈报都督备查。

第十九条 分局每月应将局用经费支出计算书、收支对照表、粘件簿以及征解款项,各种旬报、月报表册,造送省局备核。

第三章 附则

第二十条 各区分局每半年由省局考核成绩,如办事得力,比较收数,确有成效者,得呈请都督特予优奖,以资激劝;办理不力者,亦从严处分。

第二十一条 本章程如有未尽事宜,得随时修正施行。

第二十二条 本章程自公布之日施行。

(原载《浙江公报》第一千五百三十六号,一三至一五页,批牍)

浙江都督吕批

警政厅为呈报外海厅委任各员已由该厅分别给委由

呈、单、履历均悉。此缴。单、履历存。六月十九日

附原呈

呈为呈报事。

本年六月六日奉都督批发外海水上警察厅长王萼详为遵饬汇送所属差职人员履历由,奉批,"详及名单、履历均悉。

所有该厅警正叶翀、陈梁、陈绍龙、陈肃莹暨第二、三区区长章翔绶、陈常益等六员，应准加给任命状，随批发，仰警政厅转饬祗领并查照，其余各员即由该厅长分别一并给委具报。此批。原详抄发。名单、履历附。仍缴"等因。奉此，查该厅长详送名单内，除赵鼎华一员，业因另案撤差，另文呈准以杜邦梁任充，无庸加委外，其第四队队长叶英，曾于本年四月七日经届前都督在巡按使任内饬令调省另委，遗缺以第八队队长胡一雷调充，递遗第八队队长缺，另委曹广辉接充，均经分别饬委注册在案，何以来单尚仍旧开列，殊不可解。究竟曹广辉因何尚未到差，胡一雷等因何未赴调任，其中实情如何，应俟饬行该厅长查明呈复，再行核办。至该厅警佐朱士桢、许优、王逊、徐超欧、郑凤等五员，暨队长黄庭光、吴耀、叶志龙、林承放、吴梦得、游广、陈国安、张兆龙、周学濂、李厚瑞等十员，核案均属相符，业由职厅一并加给委状。奉批前因，除将职厅委状十五纸连同奉发任命状六纸，一律饬发该厅长分别转给祗领外，理合将奉发名单一纸、履历一册具文呈缴，仰祈都督察核备案。谨呈。

计开：

警佐第一科科员	朱士桢	警佐第二科科员	许　优
警佐第三科科员	王　逊	警佐勤务督察员	徐超欧
警佐会计兼庶务员	郑　凤	第一队队长	黄庭光
第二队队长	吴　耀	第三队队长	叶志龙
第五队队长	林承放	第六队队长	吴梦得
第九队队长	游　广	第十队队长	陈国安
第十一队队长	张兆龙	第二游巡队队长	周学濂
第五游巡队队长	李厚瑞		

（原载《浙江公报》第一千五百三十六号，一五至一六页，批牍）

吕都督函复旧省会议员请

通告召集省会由

径复者。迭奉大牍,至佩嘉谟。省议会由正式选举,为民意机关,袁氏非法解散,横暴失政,无逾于此。天佑我华,袁逝黎继,恢复法治。念兹在兹,面罄衷怀,悉本此意。省会召集,势在必行。惟正式国会尚未回复集会,先后之间,不能不稍为审慎。区区此心,尚希共谅。肃复,敬颂

绥祺

吕公望启

(原载《浙江公报》第一千五百三十六号,一八页,函牍)

吕都督致西安陈柏生君电[①]

西安军署陈柏生学兄鉴:

咸电谨悉。此次独立,近因在帝制,而远因则为政治不良。项城虽殂,政治问题多未解决,若遽以消极之经营,了一时之残局,基础不立,干戈再兴,吾辈本心,岂宜出此?此不能贸然取消独立者一也。共和再造,守法为先。元年《约法》、二年《总统选举法》,造自民意机关,当然认为有效。而黎公就职之院电援据袁氏私法代行职权,于《选举法》规定之继任期限,从无一字之声明,指鹿为马,其兆已成,不遏横流,乱靡有定?此不能贸然取消独立者二也。袁氏虽逝,袁党犹存,黎、段二公能否自由行政,尚不可知。长夜已思,晓日无光,禹土茫茫,如坠云雾。履霜之渐宜防,缨冠之救正亟。此不能贸然取消独立者三也。凡此三义,炳若日星,乃公不揆事势,两次通电,物议哗

---

① 陈柏生(1885—1949),名树藩,字柏森,陕西安康人。保定陆军速成学堂毕业,辛亥年入同盟会。民国五年五月九日,任陕西护国军总司令,宣布陕西独立,不久任陕西督军。

然,同学同袍,莫不掩面,回忆上谷订交,生死与共,耿耿此心,不容嘿尔。冀公一悟,勉作良图,毋易由言,贻祸家国。谨掬血泪,进此忠谋。临电怆然,伏维鉴宥。吕公望。皓。(中华民国五年六月十九日)

(原载《浙江公报》第一千五百三十六号,一九页,电)

浙江都督府饬军字第四百三十四号

饬为任命叶英为海防司令处参谋吴耀
为副官分别给发任状由

为饬遵事。照得该厅长办理海防请委参谋、副官等员,业经电准在案。兹任命叶英为参谋、委任吴耀为副官,附属该厅办理海防事宜。合将委任各状饬发该厅长分别转发遵照。此饬。

计发任命状一张、委任状一张。

都督吕公望

右饬外海水上警察厅厅长兼海防司令官王蕚。准此。

中华民国五年六月二十日

(原载《浙江公报》第一千五百三十七号,一九一六年六月二十三日,首页,饬)

浙江都督府饬政字第二百零八号

饬警政厅暨内河水警厅嘉兴等县知事据丝商电请
保护航运饬属加警保卫由

为饬遵事。据上海丝业会馆董事许应萃、杨兆鳌、戴文溶、杨文镛等电称,"每届新丝上市,江浙丝商由沪招商、戴生昌、立兴等轮船,拖运银元赴苏之吴江、浙之吴兴各乡镇采办,丝经运沪销售,银货往返,地连两省,道经数县,连年迭遭盗劫,损失不赀,商情困苦,痛抱切肤。近来枭匪充斥,劫掠频仍。现在新丝上市,商人咸有戒心,于商业前途、乡民生计、国家捐税关系甚巨。用特迫切电陈,务祈通饬沿途经过各县知事、水陆营警随时严密保护,以靖航路而安营业,并乞示复"等情。查丝业为浙西物产大宗,近届新丝上市,丝商分赴各县城镇运送货款,来往频繁,经过之处地方官暨水陆营警有保卫治安之责,自应加意保护,以安商旅。所有丝市买卖较盛之各城镇,应由该管县知事酌量各地情形,增派警察,加意保护。至内河各港,应由内河水上警察厅加派水警,严密巡逻,以防盗劫。地面辽阔、警察单薄之区,并许各知事、各分署长知照就近分驻之警备队等协力防范,以资镇慑。如有大宗货款轮运过境,并许酌拨营警分段护送,庶足以保航路之安全,而维丝商之营业。除分饬外,仰该厅长转饬所属遵照办理可也,/知事遵照办理可也,切切。此饬。

都督吕公望

右饬警政厅厅长夏超、内河水警厅厅长徐则恂,嘉兴、平湖、嘉善、崇德、海盐、吴兴、德清、长兴等县知事。准此。

中华民国五年六月二十日

(原载《浙江公报》第一千五百三十七号,首至一页,饬)

都督电复上海丝业会馆

准饬属保护航运由

上海盆汤弄丝业会馆董事许、杨、戴、扬诸君公鉴:

文电悉。丝汛上市,丝银往返,恐遭盗劫,业已先期饬属严密保护,偏僻河港,轮运所经,尤须防范。现已通饬所属,分别水、陆,加派巡缉,如有大宗轮运货款,并准就近向所管官署请酌派营警分段护送。特此电复。浙江都督吕公望。寒。印。(中华民国五年六月十四日)

(原载《浙江公报》第一千五百三十七号,一二页,电;又见于《申报》一九一六年六月二十日,十版)

浙江都督吕批

第六师师长呈为二十一团五连一排长缺
以五十旅排长董制欧留充由

呈悉。董制欧业已委充步兵第五十旅排长,系第二十五师人员,该兼代师长径自批准留充二十一团二营排长,殊属不合。且第二十五师成立伊始,教练需人,原有人员未便轻予更调。所请碍难照准,仰即转饬遵照,仍赴五十旅排长差。此批。六月二十日

附原呈

为呈请事。窃据第十一旅旅长王桂林呈称,"据二十一团第二营营长陈肇英呈称,'顷据第八连二等候补尉官董制欧面称,窃尉官业已蒙委第五十旅排长等情。据查该员自派充职营二等候补尉官,迄今行将一载,职务勤恳,兵心悦服,成绩殊称优美,且此次独立以前,奔走军事,不无劳绩足录。现职营第五连一排长白志义,业经委升第九十九团上尉,遗缺拟请以该尉官董制欧留补,月薪照中尉八成支给。所有该尉官留补五连一排长缘由,是否有当,理合备由具文,呈请察核批示饬遵施行'等情前来。据此,理合备文呈请察核示遵"等情。据此,查该尉官董制欧,既据称服务勤恳、兵心悦服,拟即准予留用。除批"呈悉。该第二十一团第五连一排长缺,准以第八连二等候补尉官董制欧升充,照中尉八成支薪。除呈请都督加委,并销去该尉官第五十旅排长职务暨分饬外,仰将发到饬委转给祗领遵照。此批"印发外,理合备文呈请,仰祈鉴核加委施行。谨呈。

(原载《浙江公报》第一千五百三十七号,七页,批牍)

浙江都督吕批

外海水上警察厅厅长兼海防司令官呈为转呈
镇海炮台添设旗灯目兵及炮兵并送花名册由

两呈均悉。该炮台添募旗灯目兵三名，应须饷银三十四元，并暂添二等炮兵五十名，应需饷银三百五十元，准自六月分起，由该总台官汇造饷册呈候核发，仰即转饬知照。此批。册存。六月二十日

附原呈

呈为转报事。案据炮台总台官金富有呈称，"窃查镇海炮台向未设立旗灯，遇有进口兵舰、轮船无从询问，实于军事大有妨碍。前奉钧谕准予设立旗灯，招募目兵，专司其事。旋奉发下旗灯目林士明一名，月饷洋十八元。该目四月分饷洋已由钧厅给发，总台官遵募旗灯兵李明发、邓敏之二名，各月饷洋八元，饷洋六月一日起支，共计月饷洋三十四元。是项饷洋嗣后应由何处支领，所有招募旗灯目兵及拟定月饷缘由，理合呈请鉴核，俯赐批示祗遵"等情。据此，查炮台添设旗灯，自系不容缓之举。除批以"呈悉。仰候呈报都督核示，另再饬知可也"等语印发外，理合备文呈请钧督核示施行。谨呈。

呈为转报事。窃镇海各炮台添募兵额五十名，前经厅长电请都督核准，业经转饬该总台官知照在案。兹据总台官金富有呈称，"窃查镇海各炮台炮兵不敷分配，呈奉钧司令部电呈都督核示，旋奉行知奉东电核准暂添炮兵五十名，又另设旗灯目一名、旗灯兵二名，业蒙派员点验分发各台服务在案。所有暂添炮兵，系二等兵，每名月饷七元；旗灯目，月饷十八元；旗灯兵，月饷

每名八元。自六月分起,应加领饷洋三百八十二元①,合将派往各台士兵花名、年籍、箕斗清册,备文呈送,仰祈鉴核分别存转施行。计呈送士兵花名、年籍、箕斗清册二本"等情。据此,理合将是项清册备文呈送,仰祈都督鉴核施行。谨呈。

（原载《浙江公报》第一千五百三十七号,七至八页,批牍）

浙江都督吕批

民政厅王厅长呈请将兰溪警察局
仍改为警察所以归一律由

呈悉。道制废除,各地方警察厅、局,除省会警察厅外,均归民政厅管辖,其从前仅改名称,无关事实,各局自应仍改为警察所,以归一律,仰该厅妥速筹议修改章制,呈复核夺。至兰溪一局,候全体改组后,再行饬遵可也。此批。摘由发。六月十九日

（原载《浙江公报》第一千五百三十七号,八页,批牍）

浙江都督吕批

发高检厅为嵊县呈报验明过培周被人刀伤身死由

呈及格结均悉。过培周究因何故被人砍伤毙命,仰高等检察厅转饬侦查明确,一面饬警会营勒限踩缉凶犯,务获究报。缴。格结存。六月十九日

附原呈

呈为验明过培周因伤身死,报请察核事。

案据过小玉状称,"民幼子培周,于旧历五月初二日早饭后,身带洋三十元,赴东阳交界地方贩买茶叶生意。只距民村五里

---

① 三百八十二元,当作"三百八十四元"。其中炮兵五十名,三百五十元;旗灯目一名,十八元;旗灯兵二名,十六元。

许、土名小溪坑山路地方，不知如何，仇人胆将民子培周用刀砍在头部十余处伤，当时致毙在途。至上午时候，当有本村之过正槐在山取柴，认识民子已被砍死路中，即到民家报知，民即赴该处查勘属实。民子身上洋银尽被夺去无剩，当将子尸移在村外地方。除民当着人四路侦探正凶，再行补名缉获外，为此据实喊叩诣填缉办"等情。当经派员带吏，验明过培周因伤身死属实，当场填格，尸令棺殓，一面咨饬营警务侦正实凶犯讯究。理合具文录格呈报，仰祈钧核施行。除分报外，谨详。

（原载《浙江公报》第一千五百三十七号，八至九页，批牍）

浙江都督吕批

淳安县呈报邮差游海清被劫一案由

呈及勘表均悉。仰仍迅饬营警严密踩缉逸盗务获究报。缴。勘表存。六月十九日

（原载《浙江公报》第一千五百三十七号，九页，批牍）

浙江都督吕批

高审厅呈报江山县盗犯金万达日期由

呈悉。江山县盗犯金万达，既据该县验明正身，执行枪毙，应准备案存查，仰即转饬知照。缴。六月二十日

（原载《浙江公报》第一千五百三十七号，九页，批牍）

浙江都督吕批

高检厅呈复德清县监犯戴荣庆脱逃一案由

呈悉。缴。六月二十日

附原呈

浙江高等检察厅呈为呈覆德清县监犯戴荣庆脱逃一案办理

情形，请鉴核事。

窃查本年六月三日奉钧督政字第四百十三号，批德清县知事详报监犯戴荣庆脱逃请予饬缉由，内开，"详及清单均悉。该县管狱员杨庸升将已决重犯戴荣庆置于栊外，致从狱署大门逸出，未能追踪究获。平日对于看役私备钥匙、递送茶水等事，又属漫无觉察，其于狱务之玩忽，已可概见。该知事为有狱之官，督察不严，亦属咎有应得，仰高等检察厅迅予从严分别议处，具报核夺。所有逸犯戴荣庆一名，应照单开年貌、籍贯、案由，分别咨饬各厅属一体协缉，并督催该县知事勒限务获究报，一面并饬讯明看役戴恩有无知情贿纵情弊，依律办拟，仍转高等审判厅查照。此批"等因。奉此，查案于五月八日据德清县知事详同前情，当经本厅批准通缉，并仰该知事就近严缉该逸犯务获律办。至管狱员疏脱要犯之处，函请同级审判庭核议处分，一面通饬各厅县协辑，并于五月二十七日准同级审判厅函知，"将该知事吴嚣皋罚俸一个月，该管狱员杨庸升记大过一次并罚俸三个月内十分之四，以为修缮该县监狱之用"等由各在案。兹奉前因，除严饬德清县知事限二个月缉获戴荣庆究报，并讯明看役戴恩有无知情贿纵情弊，详细具覆，转函同级审判厅外，所有德清县监犯戴荣庆脱逃一案分别办理缘由，理合备文呈覆钧督鉴核施行。谨呈。

（原载《浙江公报》第一千五百三十七号，九至一〇页，批牍）

浙江都督吕批

嵊县呈报陈昌恒被刘阿和等劫死由

呈及格结均悉。陈昌成所诉各情是否确实，据称路人撞见，究系何人，仰高等检察厅转饬该县迅派干警，会同营汛勒限严密踩缉刘阿和、张松见等务获，并票传撞见之人研讯明确，按律惩办，毋稍枉纵。

缴。格结存。六月十九日

（原载《浙江公报》第一千五百三十七号，一〇页，批牍）

浙江都督吕批

民政厅呈请设置视学及警务视察各员由

呈悉。视学员及警务视察员两职，于教育、警察行政方面皆有设置之必要。参议会议决各厅官制虽无此项名目，然事关内部组织，自得依据该厅官制第十三条之规定，由该厅另以《条例》酌量设定。视学员额，既照旧定为四员，其警务视察员究应设置几人，仰即另行酌定，呈候核夺。此批。摘由发。六月二十日

（原载《浙江公报》第一千五百三十七号，一〇页，批牍）

附　民政厅呈都督为酌定警务视察员
额遵批具报请予备案由

呈为酌定警务视察员额，遵批具报，仰祈钧鉴事。

本年六月二十一日奉钧督批本厅呈请设置视学及警务视察各员由，奉批，“呈悉。视学员及警务视察员两职，于教育、警察行政方面皆有设置之必要，参议会议决各厅官制，虽无此项名目，然事关内部组织，自得依据该厅官制第十三条之规定，由该厅另以《条例》酌量设定。视学员额，既照旧定为四员，其警务视察员究应设置几人，仰即另行酌定，呈候核夺。此批。摘由发”等因。奉此，查本厅现定额，设视察长一员、视察员八员，除临时发生关于警务控案及须调查各事件指派该员等查报外，并于每年援照旧案分派全属视察一次，平日则令常川在厅，帮办警务。惟本厅所属警厅、局、所，综计二百六七十处，如遇视察全属，不敷分派时，则再酌委临时委员帮同视察，随时呈报。奉批前因，理合遵将本厅所设警务视察员额，备文呈请都督察核备案，实为

公便。谨呈

浙江都督吕

民政厅长王文庆

中华民国五年六月二十七日

（原载《浙江公报》第一千五百四十四号，一九一六年六月三十日，一〇页，呈）

浙江都督吕批

民政厅长呈派员会考毕业通饬暂停已饬金华县知事照办由

呈悉。摘由缴。六月二十日

附原呈

呈为呈明本届派员会考已通饬暂行停止事。案奉钧府饬开，"据金华道道尹沈钧业详，为转详金华县详请派员会考乙种商业学校毕业等情前来，经本都督批示，'详悉。仰候饬行民政厅届时派员莅校会考。此缴'。除批示外，合行抄发原详饬知该厅遵批办理，仰即查照。此饬"等因。奉此，查本届各校办理毕业，拟由各该校自行定期照章举行试验，毋庸派员会考，业经本厅通饬遵照在案。兹奉前因，除饬金华县知事转饬遵照外，理合呈请都督鉴核。谨呈。

（原载《浙江公报》第一千五百三十七号，一〇至一一页，批牍）

浙江都督吕批

民政厅呈报第九中学校长辞职以何绍韩接充由

呈悉。准予备案。此批。摘由发。六月二十日

附原呈

呈为呈报事。案据省立第九中学校校长徐檀呈称，该校

长"现任参议会参议,身心不能两用,事实又难兼顾,恳请准予辞职"等情,当经批示照准。兹查有何绍韩堪以接充该校校长,除填发委任状饬知遵照外,理合备文呈请钧督鉴核备案。谨呈。

(原载《浙江公报》第一千五百三十七号,一一页,批牍)

浙江都督吕批

发民政厅为平阳县女子高小校长禀请
饬县示谕各茶商缴捐由

禀悉。此项茶捐拨充女子高等小学校经费,业经存案,自难抗违,各茶商轻听人言,希冀蠲免,殊属玩延,仰民厅转饬平阳县知事迅予出示晓谕,毋任迟延,切切。此批。禀抄发。六月二十日

(原载《浙江公报》第一千五百三十七号,一一页,批牍)

浙江都督吕批

发民政厅为湖南刘本铎禀请发还刘公祠以保私产由

此案前据省会工程局及杭县知事呈送该祠工料估计表到府,业经发交民政厅查核办理在案。据禀各节,是否可行,仰该厅并案核办。此批。摘由,抄禀连同附件发。六月二十日

(原载《浙江公报》第一千五百三十七号,一一页,批牍)

浙江都督府通告

通告在省候补人员分班传见由

为通告事。照得浙省候补知事人数甚多,其中自不乏可用之才,亟应预为考询,以备任使。前因军事倥偬,未遑接见,良用心疚。兹定于下星期起,每星期一、二、三日下午一时至三时,分班传见,藉觇才识。所有在省各员,即来本府招待室报明寓所,以便将传见日时排

定通知。特此布告。

中华民国五年六月二十日

（原载《浙江公报》第一千五百三十七号，一三页，通告）

浙江都督府饬军字第四百三十六号

饬黄尚华升为本府密电处主任员由

为饬遵事。查该员办事勤慎，应升为本府密电处主任员，月给薪水洋五十元。合行饬知，仰即遵照。此饬。

都督吕公望

右饬本府密电员黄尚华。准此。

中华民国五年六月二十一日

（原载《浙江公报》第一千五百三十八号，一九一六年六月二十四日，首页，饬）

浙江都督府饬军字第四百三十九号

饬知第六师长委吴达成等九员充该师差遣由

为饬知事。查有吴达成、徐润三、吴惟善、文英、袁廷仪、叶骧、叶度、吴振华、李承恩等九员，堪以委充该师差遣，月各给薪水洋二十元。除分饬外，合行饬仰该师长知照。此饬。

都督吕公望

右饬第六师师长童保暄。准此。

中华民国五年六月二十一日

浙江都督府饬军字第四百三十九号

饬知第二十五师师长委牟念均等十五员充该师差遣由

为饬知事。查有牟念均、冯世济、张武、钱伦体、胡邃、赵翊邦、李家鼎、徐雄、刘英基、留高、卢兆禧、马志熙、常庚义、吴昌复、徐兴等十五员,堪以委充该师差遣,牟念均一员月给薪水洋三十元,冯世济等十四员各给月薪洋二十元。除分饬外,合行饬仰该师长知照。此饬。

都督吕公望

右饬第二十五师师长张载阳。准此。

中华民国五年六月二十一日

浙江都督府饬军字第四百三十九号

饬知护国军预备第一旅旅长委陈人伟等
四员充该旅差遣由

为饬知事。查有陈人伟、胡树森、应鹤熙、吴惟枞等四员,堪以委充该旅差遣,月各给薪洋三十元。除分饬外,合行饬仰该旅长知照。此饬。

都督吕公望

右饬浙江护国军预备第一旅旅长俞炜。准此。

中华民国五年六月二十一日

浙江都督府饬军字第四百三十九号

饬知警政厅厅长委王品芳等九员充警备队差遣由

为饬知事。查有王品芳、罗杰、朱复华、赵大年、徐廷俊、吴舜臣、叶周尹、陈绍霈、张继生等九员,堪以委充警备队差遣,月各给薪水洋十六元。除分饬外,合行饬仰该厅长分配各区,并转饬知照。此饬。

都督吕公望

右饬警政厅厅长夏超。准此。

中华民国五年六月二十一日

浙江都督府饬军字第四百三十九号

饬委吴学览等七员充本府军务厅厅附稽查招待差遣由

为饬知事。查有吴学览、钱守真、严立功、章赓耀、方国纲、黄在

449

中、徐镇藩,堪以委充本府军务厅厅附、本府军务厅厅附、本府稽查、本府招待、本府军务厅差遣、本府军务厅差遣、本府军务厅差遣,月给薪水洋五十、八十、三十、三十、二十、二十、二十元。合行饬委,仰即遵照。此饬。

都督吕公望

右饬吴学览、钱守真、严立功、章赓耀、方国纲、黄在中、徐镇藩。准此。

中华民国五年六月二十一日

浙江都督府饬军字第四百三十九号

饬委吴达成等九员充第六师差遣由

为饬委事。查有该员堪以委充陆军第六师差遣,月给薪水洋二十元。除饬该师师长知照外,合行饬委,仰即遵照到差。此饬。

都督吕公望

右饬吴达成、徐润三、吴惟善、文英、袁廷仪、叶骧、叶度、吴振华、李承恩。准此。

中华民国五年六月二十一日

浙江都督府饬军字第四百三十九号

饬委牟念均等十五员充第二十五师差遣由

为饬委事。查有该员堪以委充陆军第二十五师差遣,月给薪水洋三十元、二十元。除饬该师师长知照外,合行饬委,仰即遵照到差。此饬。

都督吕公望

右饬牟念均、冯世济、张武、钱伦体、胡邃、赵翊邦、李家鼎、徐雄、刘英基、留高、卢兆禧、马志熙、常庚义、吴昌复、徐兴。准此。

中华民国五年六月二十一日

浙江都督府饬军字第四百三十九号

饬委陈人伟等四员充护国军预备第一旅差遣由

为饬委事。查有该员堪以委充浙江护国军预备第一旅差遣,月给薪水洋三十元。除饬该旅旅长知照外,合行饬委,仰即遵照到差。此饬。

都督吕公望

右饬陈人伟、胡树森、应鹤熙、吴惟枞。准此。

中华民国五年六月二十一日

浙江都督府饬军字第四百三十九号

饬委王品芳等九员充警备队差遣由

为饬委事。查有该员堪以委充警备队差遣,月给薪水洋十六元。除饬警政厅厅长转饬知照外,合行饬委,仰即遵照。此饬。

都督吕公望

右饬王品芳、罗杰、朱复华、赵大年、徐廷俊、吴舜臣、叶周尹、陈绍霨、张继生。准此。

中华民国五年六月二十一日

(原载《浙江公报》第一千五百三十八号,一至三页,饬)

浙江都督府饬军字第四百四十号

饬知军法课员陈光熺照三等军法正十成支薪由

为饬遵事。查该员办事勤慎,自本月起准照三等军法正十成支薪,以资鼓励。合行饬知,仰即遵照。此饬。

都督吕公望

右饬本府军务厅军法课员陈光熺。准此。

中华民国五年六月二十一日

(原载《浙江公报》第一千五百三十八号,四页,饬)

浙江都督府饬军字第四百四十一号

饬为任命张孟定为本府谘议官由

为饬遵事。兹任命该员为本府谘议官,月支薪水洋一百元。合将任命状饬发,仰即祗领遵照。此饬。

计发任命状一张。

都督吕公望

右饬张孟定。准此。

中华民国五年六月二十一日

(原载《浙江公报》第一千五百三十八号,四页,饬)

浙江都督府饬军字第四百四十二号

饬委褚勤襄充军务厅差遣由

为饬委事。查有该员堪以委充本府军务厅差遣,月给薪水洋三十元。合行饬委,仰即遵照。此饬。

都督吕公望

右饬褚勤襄。准此。

中华民国五年六月二十一日

(原载《浙江公报》第一千五百三十八号,四页,饬)

浙江都督府饬军字第四百四十五号

饬委屠进先充浙江特编游击队二等军医由

为饬知事。查有该员堪以委充浙江特编游击队二等军医,合将委状发仰该员查收祗领,遵照到差。此饬。

计发委状一纸。

都督吕公望

右饬本府军务厅厅附、军医屠进先。准此。

中华民国五年六月二十一日

（原载《浙江公报》第一千五百三十八号，四至五页，饬）

浙江都督府饬军字第四百四十六号

饬各属为前清裁撤绿营所遗废旧铜铁已由本府派员带同
该商分赴各属陆续过磅按批给照起运验明放行由

　　为饬遵事。照得浙省前清裁撤绿营各属所遗废旧铜铁军械等件，为数颇巨，弃置可惜。现经本府投标变卖，兹已由上海安澜公司承购，双方协议订立合同，即由本府委派专员带同该商分赴各属屯集废械地点，由该商将重笨废械雇工击碎，连同零星废械陆续过磅，分批起运。惟监视击碎、过磅等事，极为繁重，委员二人兼顾不及，应由该地方营、县、局、所及水陆警察各职官会同该委员办理。至过磅交货之后，应由本府给予护照，加盖戳记，文曰"此照专给上海安澜公司运废旧铜铁"等字样，以便查验，由该委员等随时按批填发，该商持照输运是项铜铁，经过地方时，该地方官厅验明护照，始得放行，并随时妥为保护。除分别饬遵外，合行饬仰该镇守使、民政厅长、警政厅长、财政厅长即便转饬所属/水陆各警/各统捐局一体遵照。此饬。

都督吕公望

　　右饬嘉湖镇守使张载阳、台州镇守使顾乃斌、民政厅长王文庆、警政厅长夏超、财政厅长莫永贞。准此。

中华民国五年六月二十一日

（原载《浙江公报》第一千五百三十八号，五页，饬）

浙江都督府饬军字第四百四十六号

饬为军械总局、总台官应会同废旧铜铁
监视过磅委员详细履勘由

　　为饬遵事。（文云同上饬）除分别饬遵外，合行饬仰该总局长/总台官即便遵照。再,该总局长及各分局长/总台官及所属各台官应会同该员详细履勘,何种作废,何种不认作废,并仰饬属一体遵照。此饬。

都督吕公望

右饬军械总局局长陈肇英、镇海炮台总台官金富有。准此。

中华民国五年六月二十一日

（原载《浙江公报》第一千五百三十八号,五至六页,饬）

浙江都督府饬军字第四百四十六号

饬委本府谘议林显扬厅附徐光国
为废旧铜铁监视过磅委员由

为饬委事。案照浙省各属所遗废旧铜铁,已由本府出售于上海安澜公司,双方协议订立合同。所有收款、交货及监视击碎、过磅、起运等事,至关重要,亟应派员办理。查有本府谘议林显扬、厅附徐光国堪以派委,合即饬仰该员带同该商人分赴屯集废旧铜铁地点,会同该地方营、县、局、所各官长妥慎办理。随发规定《办法》一本,以资遵守。并发废械表及合同草底各一份、空白护照二十纸,事竣分别缴存。此饬。

计发《办法》一本,废械表及合同草底各一份,空白护照二十纸。

都督吕公望

右饬本府谘议林显扬、厅附徐光国。准此。

中华民国五年六月二十一日

办理销售废旧铜铁军械办法

第一条　事由

浙江各属废旧铜铁售与上海安澜公司,由都督府与该公司订定合同。

由本府委员督同该公司击碎过磅并处理货款交涉及收付等一切事宜。

由本府通饬民、警、财各厅及嘉湖、台州两镇守使,饬由各该地方营、县及水陆各警随时保护,并饬各统捐局验放。

由本府饬镇海炮台总台官及各军械局知照,并饬各炮台、各分局会同本府委员详细履勘,何种作废,何种不作废。

第二条　委员应备之件

一、空白护照(此照盖明戳记,文曰"此照专给上海安澜公司运废旧铜铁用"等字,并临时填明废铜铁几斤或几块,由某地运至某地,但须确知其何日起运,即填发护照,并按程途远近,填明限用几日,过期作废)

一、调查表册(是项表册按照从前各调查员报表抄录一份,携带备考)

一、钢锉四把(以便将各铜铁锉开看验,分别种类记明,收条内万不可将铜作铁为要)

一、过磅时之记载簿(须先将县次及铜铁种类分别随时填载尊数、斤数)

一、合同草底(随带一份,以便时时研究,免致爽约)

一、白粉笔(将过磅之铜铁块即时用白粉笔画一号码,使与未经过磅之铜铁区别,并须另置一处,免致相混。倘别有简便方法,由委员临时酌定)

第三条　委员之职务

一、会同安澜公司经理人,该经理人由安澜公司派定。至各屯集废旧铜铁地点监视击碎,并认真过磅,毋稍徇情。

一、过磅之铜铁,即向该公司索取收条,于每批完竣后,汇缴都督府。是项收条最关紧要,不得稍有遗失。

一、此项旧废铜铁已经击碎过磅,交付该商后,即由委员出具收条,填明原有铜铁名称、件数,交与就地保管机关(例如前次调查时交县知事保管,此次已售与安澜公司,即作为委员收到,应由委员出具收条,交与县知事转呈本府)。

一、每过一县,须将铜铁分量暨过磅时之一切情形及地方上有无阻碍并货物如何起运,详细函达军需课一次,随时将通信地点报明,以期接洽。

一、过磅地点,得由委员商定转运便利之处,一经过磅,即作交付。

一、废械中如有完全枪杆,务须先行击碎,方准该商搬运。

一、过磅交货时,务须将收款与货价两相比较,本府收到安澜公司货款若干,始交货若干,至货款两终,即将前次定洋发还。

一、废械中有应除去木料始得过磅者(如枪托炮架等类),委员有督饬看守之责(并由委员先期函知保管机关,以资协助)。

一、委员须时时注意磅秤有无增加,并随时将十六两官秤比较每百磅是否七十五斤。

一、如照前次查报之数,另有搜拾此项废械,一面照数过磅,一面报告。

一、委员由本府刊予木质小图章一颗,以昭信用,文曰"浙江销售废械正/副委员"。

(原载《浙江公报》第一千五百三十八号,六至八页,饬)

浙江都督府饬军字第四百四十八号

饬各县知事缉拿军需王吉梧一名务获解究由

为饬遵事。案据军械总局局长陈肇英呈报,该局前军需王吉梧于独立时未将经手公款交出,私自潜逃,请通饬各属一体严缉等情。查该军需籍隶江苏江宁县,除分饬严拿外,合将面貌书一纸饬仰该知事严密查拿,务获解究为要。此饬。

计发面貌书一纸。

都督吕公望

右饬各县知事。准此。

中华民国五年六月二十一日

面貌书

王吉梧,年五十岁,江苏江宁县,江南讲武堂经理科毕业。身长约三尺八寸,眉黑,面白微麻,脸圆,发黑。

(原载《浙江公报》第一千五百三十八号,八页,饬)

浙江都督府饬政字第二百零九号

饬官产清理处官产事宜应即移交财政厅办理由

为饬遵事。查《浙省护国军政府组织法》,以财政厅为管辖全省财政之最高机关,所有本省清理官产事宜,既属于财政范围,自应将该处即行裁并,以一事权。兹经饬据财政厅筹议具复,由厅添设官产一科,专司其事,合行饬仰该总办即便遵照,并将该处一切文卷、款项等件,克日点交财政厅接收具报,该处关防并即随文缴销,毋违。此饬。

都督吕公望

右饬官产清理处总办汪嵚。准此。

中华民国五年六月二十一日

(原载《浙江公报》第一千五百三十八号,九页,饬)

浙江都督府饬政字第二百十一号

饬知民政厅将魏其光徐士瀛李素三员以知事存记由

为饬发事。照得本省独立以后,待理万端,首在刷新政治,而知事一官,尤与民生疾苦、地方治安有密切关系,亟应预选相当人员,藉

457

备任使。兹查有魏其光、徐士瀛、李素三员,或经试验及格,或系经验宏深,均堪以县知事任用,应由该厅先行注册存记,俟有相当缺出,荐请任命,合将该员等履历三扣饬发该厅遵照办理。此饬。

计饬发魏其光、徐士瀛、李素履历三扣。

都督吕公望

右饬民政厅长王文庆。准此。

中华民国五年六月二十一日

（原载《浙江公报》第一千五百三十八号,九页,饬）

浙江都督吕批

据会稽道尹呈请饬慈溪镇海奉化定海等县
解甲种商校经费由

呈悉。宁波为通商巨埠,既设之甲种商校,自应力予维持,仰民政厅转饬慈溪、镇海、奉化、定海四县知事迅照该道尹所定数目补认照解,毋稍推诿,切切。此批。抄呈发。六月二十日

（原载《浙江公报》第一千五百三十八号,一五页,批牍）

浙江都督吕批

发民政厅据民人祝沛莲禀遗屋被炮打伤请抚恤修理由

据禀各节,本难照准,姑念情形可悯,仰杭县知事迅予查明议恤,并具报核夺。此批。六月二十日

（原载《浙江公报》第一千五百三十八号,一五页,批牍）

浙江都督吕批

建威路支队长呈为特编游击队请补给药品及添设军医由

呈悉。准予添设二等军医一员,以资辅助。查有本府军务厅厅附、军医屠进先,堪以委充。至请添领卫生材料,亦准核给。除将委

状径发该员查收外，仰即知照。此批。六月二十一日

（原载《浙江公报》第一千五百三十八号，一五页，批牍）

浙江都督吕批

建威路支队长呈为副官陈启明从事奋勉请升为少校副官由

呈悉。该队副官陈启明，既据称从事奋勉，特准记升少校，照少校八成支薪，以示鼓励，仰即转饬知照。此批。六月二十一日

（原载《浙江公报》第一千五百三十八号，一五页，批牍）

浙江都督吕批

嘉湖镇守使兼戒严司令官呈为游击队第三营
各官长服务勤劳请分别奖励由

呈悉。游击队第三营副官林左海等，既据称服务勤劳，准照来呈分别记升加薪，以资鼓励，仰即转饬知照。此批。六月二十一日

（原载《浙江公报》第一千五百三十八号，一五页，批牍）

浙江都督吕批

军械总局收到一分局批解军火洋元
并严缉在逃前王军需私携公款由

呈暨清册、解批文卷均悉。查各局经售军火、硝磺，价款照章须于每月月终悉数解府。乃该前总局长延未补缴转解，固属非是，而该总局长亦未将是项解批送缴，迨经本府批饬查究，始行送府，亦属疏忽。至该总局前军需王吉梧，于独立时未将经手公款交出，私自潜逃，实属不法已极，自应严缉追究。除将一分局批解洋共计三千四百四十一元五角二分先行饬课照收，并一面通饬各县将该前军需王吉梧一体严拿外，仍由该总局长严侦踪迹，务获解究为要。此批。册、批卷暂存。六月二十一日

附原呈

呈为奉批声复祈请鉴核事。

本月十五日奉钧府军字第八六六号及八六七号批,以第一、第二军械分局,自本年一月起,至三月底止,经售硝磺、军火价洋未据解府,应由职局转饬各该分局克日如数解清等因。奉此,查职局接管卷内,该第一、第二分局本年一月至三月底止,经售硝磺、军火价洋,曾经按月册解在卷,现有清册批解可查,所以迄未解府者,实由前叶局长延未补缴转解所致。兹查前叶局长于宣告独立之前一日离局并移交所有该两分局是项解款,除第一分局每月批解载明存局候拨尚有着落外,其第二分局解款仅于三月分详文卷面注明"款存前军需王吉梧处",一二两月分解款究竟储存谁手,尚难臆测,是非饬传前叶局长及前军需王吉梧到局无从查缴。惟前军需王吉梧自擅行离局以后,已由局长派员再三寻访,杳无踪迹,业经呈报在案。兹以事关公款重情,似难听其长此避匿,可否由钧府通饬各属一体访查,勒令该前军需来局交卸之处,仰候钧府裁夺。奉批前因,理合检同第一、第二军械分局一二三月详交批解清册,备文声复,仰祈察核批示祗遵。再,第一分局三月分详文遗失无寻。谨呈。

(原载《浙江公报》第一千五百三十八号,一五至一六页,批牍)

浙江都督吕批

建威路支队长呈为特编游击队副官季亮一等军医赵振华请照现职十成支薪由

呈悉。特编游击队副官季亮、一等军医赵振华二员,既据称服务精勤,均准照现职十成支薪,以示鼓励,仰即转饬知照。此批。六月二十一日

(原载《浙江公报》第一千五百三十八号,一六页,批牍)

浙江都督吕批

第六师师长呈为十二旅少校参谋王澍请记升中校由

呈及履历均悉。第十二旅少校参谋王澍,既据称办事勤劳,应准记升中校,照中校八成支薪,仰即转饬知照。此批。履历存。六月二十一日

附原呈

为呈请事。窃据第十二旅旅长李炜章呈称,"窃职部少校参谋王澍,自到差以来,办事勤劳,且查该员实任正式军职已满三年,此次奉饬记升,因漏报未在其列,拟恳转请照例予以记升中校,以昭公允而资鼓励,理合缮具简明履历,备文呈请察核示遵"等情,并送简明履历一纸到师。据此,查该参谋王澍,既据称办事勤劳,拟予照准,以资鼓励,除批"呈及简明履历均悉,仰候据情转呈都督核示饬遵。此批"印发外,理合检同原送简明履历备文呈请,仰祈鉴核示遵施行。谨呈。

（原载《浙江公报》第一千五百三十八号,一六至一七页,批牍）

浙江都督吕批

财政厅呈拟裁并官产增订条例由

呈、摺均悉。所拟增加条例尚无不合,应准照办。仰候饬知官产清理处移交接收,仍将接办情形详细具报,一面将该厅预算克日汇编送核可也。余并悉。此批。摺存。六月二十一日

（原载《浙江公报》第一千五百三十八号,一七页,批牍）

浙江都督吕批

民政厅长呈复本届派员会考毕业通饬暂停由

呈悉。摘由缴。六月二十一日

附原呈

呈为呈复本届派员会考已通饬暂停请鉴核事。

案奉钧府饬开，"案据会稽道尹梁建章详称，'绍兴县立师范讲习所举行毕业，仰祈派员监试'等因前来，经本都督批示，'详悉。仰候饬民政厅核办具报。此缴。除批示外，合行抄发原详饬知该厅届期派员前赴该所监试，以重学务，仰即查照，此饬'"等因。奉此，查本届各校所办理毕业，拟令自行定期，遵章举行试验，无庸派员会考，业经本厅通饬遵照在案。兹奉前因，除饬绍兴县知事转饬遵照外，理合呈请都督鉴核。谨呈。

（原载《浙江公报》第一千五百三十八号，一七页，批牍）

浙江都督吕批

绍兴县萧山县知事呈报解决两县塘闸摊款办法由

呈悉。所拟办法尚属妥当，应准立案，仰民政厅查照，并分饬绍兴、萧山两县知事知照。此批。抄呈发。六月廿一日

附原呈

为绍、萧两邑塘闸摊款问题会拟解决办法呈请鉴核立案以垂永久事。

窃查绍、萧两邑地形，南山北海，东西滨江，故东西北三面皆环以塘，绍辖之东为东江塘，萧辖之西为西江塘，绍、萧分辖之北为北海塘，皆所以捍御洪潮，恃为保障。更有三江应宿大闸，在绍辖之北，亦为两县出水尾闾，其岁修及临时工程，前清时归绍兴府主政，饬由旧山、会两县与萧山分别筹款解府存储，遇有支用，由府酌量提拨发交绅董承修，历久办理。自改革以后，府制消灭，山、会并为绍兴一县，与萧邑各个独立。民国元、二等年，西塘迭出险工，提议兴修，维时两县议会始因派筹经费互有主

张,发生种种争议。绍议会主张西塘协款照案五成,东、北两塘亦照西塘协议案各协五成,否则,各归属地自行筹修。而萧议会主张,则以西、北两塘,应由绍认六六、萧认三四,分别负担,应宿闸绍认八成,萧认二成,而东塘,则萧不顾问,归绍独修。经节次会商,两不相下,迄无成议,要工因而悬搁。民国三年二月间,前绍兴县知事金彭年会同知事延庆,以时当春汛,西塘壹字盘头,并平、章、爱、及、让、国等字号,各处工程紧要,断难再缓,遂会集两县塘闸理事,逐一勘估,决计兴修,其摊款办法暂作三股匀摊,以山、会合并之绍兴摊之十分之六六六,萧山摊十分之三三四,藉免拨款时有所争持,详明前行政公署照办,并声明将来另行筹画在案。厥后北塘又迭出险工,东塘工程亦继之而起,两县各派员绅先后察勘,惟于摊派经费一层迭次筹商,意见终未能一致。知事承家抵任后,调核案卷,体察情形,复经咨会知事延庆,各饬自知县自治委员及塘闸局理事分别查照酌拟。旋据先后递呈节略,大致仍不外各执一是,未能消融畛域之见,以致趋于极端。知事等伏念绍、萧两邑濒临江海,三面皆塘,地势低洼,素称泽国,彼此辖境又复毗连,唇齿相依,休戚与共,其间本具有不可分离之关系。设遇东塘出险,绍固首当其冲,以及于萧;即值西塘有警,萧亦先承其害,以及于绍。至于北塘,绍段居十之一,萧段居十之九,就区域论萧辖诚觉其多,就结果论绍、萧同受其弊。他如应宿大闸为蓄泄两邑水利最要关键,亦非可以地点在绍,遂谓与萧无涉。知事等熟权利害,折衷定论,毋庸为两县地方人民左右袒者也。论前清修塘成案,参稽两县存在档卷,双方互有证引,要皆囿于一偏,未足咨为信准。总之,从前塘闸工款,历有绍府主持,分别派筹,处于不偏不倚之地,无厚薄于绍、萧,一以顾全大局,衡量民力为前提,此可断言。初未料有今日山、会之合并为绍,并未料绍、萧之成为相对独立而竟取消府制也。

今时代已有变迁,成例复不足依据,摊款问题一日不予解决,即塘闸工程一日不能进行。筑室道谋,空论无补。若不亟定办法,实非慎重水利,保全民生之道。知事等再四筹商,绍邑系旧山、会合并,本为两县,与萧邑在前清时同为大治,土地肥瘠,人民多寡,不相上下,即其与塘闸利害关系,或有轻重缓急之殊,要之,最终结果无甚差异,两县人民自宜以同舟共济为心,未便存秦越异视之见。遂经分别酌定,嗣后绍、萧东西北三塘及应宿大闸修费,概作十成计算。东、北两塘,绍认十成之七,萧认十成之三;西塘及应宿大闸修费,绍认十成之六六六,萧认十成之三三四。凡遇前项工程,概由两县官厅督同塘闸局理事会同勘明,拨款承修,分成摊算,以昭核实。至此外各种塘闸,向归两县自行筹修者仍各归各县办理,毋庸另议分摊,以免繁琐。知事等于此次水利研究会常会期内迭次召集两县士绅往返讨论,几经磋磨,始克取得双方同意。积年悬案一旦解决,从此和衷共济,相与有成,诚为地方人民之福。为此会衔备文呈请,仰祈都督鉴核俯赐批示立案,以垂永久,实为公便。再,此次会商酌定东、西、北各塘及应宿闸分成摊款内,东、北两塘及应宿闸现在认定之数,并请自奉准定案后分别起算,其以前东、北各塘新修工程,各不追认,应宿闸修费,萧县加认之数,亦不追加。又,此案系知事承家主稿,由知事延庆会同核定,合并声明。谨呈。

(原载《浙江公报》第一千五百三十八号,一七至一九页,批牍)

吕都督电南京冯上将

请再电请恢复约法国会由

南京冯华甫先生鉴:盥诵删电,老成谋国,迥越恒流,登高一呼,群疑悉定,倾服无量。恢复《约法》,召集国会,为根本要图,众论金同,何所瞻顾?而当局迟回,过为审慎;群小荧惑,尚思阻扰。删日迄今,犹无明令。人心向背,视为转移。我公硕望,海内瞻仰,尚乞主持,再电申请。伫候明教,无任钦迟。吕公望。哿。印。(中华民国五年六月二十日)

(原载《浙江公报》第一千五百三十八号,二一页,电)

附 冯华甫主张旧约法电

大总统、段总理钧鉴:国务院真电敬悉。国家根本大法不可无一,不能有二。新《约法》为总统制,今日已不适用,当时制定又未按照定程修改,在民国法系为非正统。本年四月二十一日前大总统申令本有幡然变计之言,是不关各省要求,此法早已应归无效。新法无效,现在舍《临时约法》外,别无根本之法;舍恢复《临时约法》外,即别无可以造法之道。此节似已无待再计。第就恢复而言,所应筹及者两事:(一)恢复应用何种方法。国璋以为恢复与修正不同,自非变更法律之比,可用明令宣布,但称《中华民国临时约法》自三年五月一日起施行中断,兹恢复之云云,似较直截了当,且亦无损庄严。(二)《临时约法》缺点滋多,束缚行政几于无可展布,在今日凡百待理之际,尤有障碍。应用何法救济,国璋以为《临时约法》原非永久之制,故其规定有十个月内召集国会,由国会制定宪法之文,果使二年政局不生纷扰,党争不为法外之凭陵相见,各有真诚之摛示,则国是早定,宪法早成,《临时约法》早归消灭,立法行法,得剂其平,国家已有三年之发展,何至迁延错误,以迄于今?往事已矣,来日方兴。今兹急务,仍在速定民国可久可长之宪法。宪法早一日公布,则《约法》早一日废止;法律增一分健全,则国家增一分治理。天坛草案已具规模,当年怀挟之疑,于今可以尽释,起草委员诸君极一时之俊,症结既化,利害自明,谋国之忠,讵后吾辈。该草案尚可修正,政府特派员得出席于委员会,在法律非无根据,即意见亦可疏通,将来必有商榷余地。议论之点,如同意权、弹劾权、议会解散权等,大者不过数端,当无旷日持久之虑,数月之内务期宪法成立,则《临时约法》之弊不救自止矣。至于恢复民国二年国会,本与《临时约法》相联,因《临时约法》而有《国会组织法》,依《国会组织法》而有国会,《约法》既复其旧,则由该法发生之国会势不能不相因而复。自二年十一月四日后其不能开会者,特中辍耳,议员接续日期当除中辍计算,应依《临时约法》续行召集。今之情势已非昔比,意见纷纷之书,当可潜消,前无所触,后无所凭,议员自少不平之气。若政见督促,是在政府开诚布公以临之而已。宪法一定,则宪法中应别有立法机关,前之国会亦当消灭,《大总统选举法》为宪法之一部,法统既正,存废自明,是则无须宣布,当然复旧者。总之,国不可以无法,现在只有《临时约法》之可遵;法不可以不良,举国当为制定宪法之监视。国璋与政府诸公分属公职,身亦国民,苟有所见,极盼随时商定,依法主张,以为舆论之导。《约法》不得已而暂复,宪法即不可以多延,速开国会,速开宪法起草委员会,速开宪法会议,速定宪法,当务之急,似无逾此者。谨陈管见,乞酌夺施行。冯国璋。删。(中华民国五年六月十五日)

(原载《申报》一九一六年六月十八日,三版,要闻一)

吕都督咨复参议会

咨据金蓉镜等陈请组织临时省议会
各情将议决情形请察照由

为咨复事。案准贵会咨开,"案据公民金蓉镜等陈请,'拟于已设立之参议会参议要政外,另组织临时省议会,专议暂行法规及全省地方自治事宜'。又据公民叶景禧等陈请,'成立各级议会,以符民意'各等由。据此,以事关重要,特付大会讨论,金以'本省既有参议会为临时立法机关,无组织临时省议会之必要。至各级议会之恢复顺序,应待国会成立后解决,本会未便遽为拟议'。相应将决议情形,咨请贵都督察照"等因到府。准此,除饬民政厅遵照办理外,相应咨复贵参议会查照。此咨

参议会议长张

浙江都督吕公望

中华民国五年六月二十二日

(原载《浙江公报》第一千五百三十九号,一九一六年六月二十五日,首页,咨)

浙江都督府饬军字第四百三十七号

饬知军械局长边继孝充该局监修员崔舜甫陆凤达

充该局工师金沅张泳生等充该局工匠由

为饬知事。查有边继孝,堪以委充该局监修员,月给薪水洋八十元;崔舜甫、陆凤达二员,堪以委充该局工师,各给月薪洋五十元;又,金沅、张泳生二人,派充该局工匠,月各给工资洋十六元。除分别饬委传知外,合行饬仰该局长知照。此饬。

计发委任状一张。

都督吕公望

右饬军械总局局长陈肇英。准此。

中华民国五年六月二十一日

(原载《浙江公报》第一千五百三十九号,一页,饬)

浙江都督府饬军字第四百三十七号

饬委边继孝等充军械总局监修员及工师由

为饬委事。查有该员堪以委充陆军军械总局监修员、工师,月给薪水洋八十、五十元。除饬该局局长知照外,合将委任状饬发,仰即

遵照充任。此饬。

　　计委任状一张。

都督吕公望

　　右饬边继孝、崔舜甫、陆凤达。准此。

中华民国五年六月二十一日

（原载《浙江公报》第一千五百三十九号，一页，饬）

浙江都督府饬军字第四百五十号

　　饬委本府调查员蒋万鹏升调本府总稽查由

　　为饬遵事。查有该员堪以升调本府总稽查，月给薪水洋七十元，合行饬委，仰即遵照。此饬。

都督吕公望

　　右饬本府调查员蒋万鹏。准此。

中华民国五年六月二十一日

（原载《浙江公报》第一千五百三十九号，一至二页，饬）

浙江都督府饬军字第四百五十一号

　　饬所属各军队将所有损坏枪枝列表呈报
　　分批送交军械总局饬匠修理由

　　为饬遵事。查各军队所有枪枝损坏者不少，亟应修理，以资应用。除分饬外，合行饬仰该师长、旅长、司令官、镇守使、厅长、总台官即便转饬所属，迅将所有枪枝详细查明，其损坏为在营枪工所不能修理者，迅速列表呈报，一面将该项损坏枪枝分批送交军械总局饬匠修理为要。此饬。

都督吕公望

　　右饬陆军第六师师长童保喧、陆军第二十五师师长张载扬、浙江护国军预备第一旅旅长俞炜、宪兵司令官王桂林、嘉湖镇守使张载扬、台州镇守使顾乃斌、警察厅厅长夏超、镇海炮台总台官金富有。准此。

中华民国五年六月二十三日

（原载《浙江公报》第一千五百三十九号，二页，饬）

浙江都督府饬军字第四百五十二号

饬委蒋祖汉充本府军务厅差遣由

为饬遵事。查有该员堪以委充本府军务厅差遣，月给薪水洋三十元。合行饬委，仰即遵照。此饬。

都督吕公望

右饬蒋祖汉。准此。

中华民国五年六月二十二日

（原载《浙江公报》第一千五百三十九号，二页，饬）

浙江都督府饬军字第四百五十五号

饬为任命汪钬为本府谘议官由

为饬遵事。查有该员堪以任命为本府谘议官，月支薪水洋一百二十元。合将任命状饬发，仰即祗领遵照。此饬。

计发任命状一张。

都督吕公望

右饬汪钬。准此。

中华民国五年六月二十二日

（原载《浙江公报》第一千五百三十九号，三页，饬）

浙江都督府饬军字第四百六十号

饬护国军第一军司令官呈为倪德熏
公文无从投递函送察收由

为饬知事。照得前模范警队营长倪德熏，业经本都督任命为该部参谋，当将任命状发由模范警队转递在案。兹据该队副官张化习

469

函称,"前营长倪德熏卸任后,并未到营,代收公文无从投递"等语,并将任命状送缴前来。该倪德熏公文现既无从投递,自应将前委参谋原案撤销,合行饬仰该司令官知照。此饬。

都督吕公望

右饬代理护国军第一军司令官王桂林。准此。

中华民国五年六月二十二日

(原载《浙江公报》第一千五百三十九号,三页,饬)

浙江都督府饬政字第二百十二号

饬民政厅咨复参议会咨据金蓉镜等陈请组织
临时省议会各情将议决情形请察照由

为饬知事。案准参议会咨开,"案据公民金蓉镜等陈请,'拟于已设立之参议会参议要政外,另组织临时省议会,专议暂行法规及全省地方自治事宜'。又据公民叶景禧等陈请,'成立各级议会,以符民意'各等由。据此,以事关重要,特付大会讨论,佥以本省既有参议会为临时立法机关,无组织临时省议会之必要。至各级议会之恢复顺序,应待国会成立后解决,本会未便遽为拟议。相应将议决情形咨请贵都督察照"等因到府。准此,除咨复外,合行饬知该厅查照。此饬。

都督吕公望

右饬民政厅长王文庆。准此。

中华民国五年六月二十二日

(原载《浙江公报》第一千五百三十九号,三至四页,饬)

浙江都督府饬政字第二百十四号

饬民政厅据台州镇守使电称海门商会及
鄞县知事先后请放运米石乞示由

为饬知事。案据台州镇守使电称,"据海门商会函称,'商业停滞,富户盖藏,拟出运米数万五千石,以维持银根'。又据鄞县祝知事呈称①,'上年收成歉薄,来源缺乏,请援照成案准商采办食米八千石,以济邻荒'各等语。职使以民食、商情均宜兼顾,据呈前情,似尚可行,且新谷登场已近,缺乏可保无虞,如蒙俯准施行,再由职使饬县遇有以上请放米石等情,必须先期呈由职署批准,方许给发护照,以示限制,是否乞电示遵"等情前来。除由本府以"哿电悉。运米济邻,既于民食、商情两无妨碍,应准给照放行"等语电复外,合行饬知该厅查照。此饬。

都督吕公望

右饬民政厅长王文庆。准此。

中华民国五年六月二十二日

(原载《浙江公报》第一千五百三十九号,四页,饬)

浙江都督府饬政字第二百十五号

饬财政厅饬查永嘉盐局长放行私酒情形由

为饬知事。据永嘉县监察员王镛电称,"昨由盐巡船查获私酒二十九坛,已验明运局。讵盐局长卢兆梅责盐警取回放行,实属无此办法。请电饬遵照,余详另呈"等情。据此,盐巡船查获私酒,既已验明运局,何以该局长复责盐警取回放行,究竟其中有无别情,合行饬仰该厅迅饬该局长明晰呈复,以凭核夺。此饬。

都督吕公望

右饬财政厅厅长莫永贞。准此。

中华民国五年六月二十二日

(原载《浙江公报》第一千五百三十九号,四至五页,饬)

---

① 鄞县祝知事,即祝绍箕(1884—1932),字星五,绍兴人,民国五年四月至十二月任鄞县知事。后由平阳王理孚接任。

浙江都督府饬政字第二百十六号

饬交涉署准发议会咨复交涉署长
经开会多数赞成作为追认由

为饬知事。准浙江参议会咨开,"本月七日准贵都督咨开,'查《修正浙江护国军政府组织法》第六、第八两条法案,经于五月二十六日咨请贵参议会付议,并派员到会陈述理由,业经咨复议决,请为公布等因各在案。按交涉署长一职关系重要,本都督查有现任该署长张嘉森,留学日、德,才学优长,堪以任命。复因外交各事亟待整理,业已饬令先行就职视事,因特声叙事由,依照《组织法》第十条之规定,咨请贵议会提付大会重加追认,以符立法之本意。此咨'等因。准此,业经提交大会讨论,佥以张嘉森君才识兼优,长于外交,委充交涉署长一职定堪胜任,多数赞成,作为追认,相应咨覆查照施行"等由。准此,合饬仰知照。此饬。

都督吕公望

右饬浙江交涉公署署长张嘉森。准此。

中华民国五年六月二十一日

(原载《浙江公报》第一千五百三十九号,五页,饬)

浙江都督府饬政字第　　号

饬据两浙节孝总祠主任孙锵禀请拨款补助由

为饬知事。案据两浙节孝总祠主任孙锵禀称,"为祠局工兴需款孔殷,建筑未了,善后宜筹,恳请核拨公款,提倡劝募,以成善举而维风教事。窃吾浙向有节孝总祠,以为全省采访公局,始于前清道光末年,迄咸丰之季被毁,同治庚午多方议复,迄未能成。及光绪乙未,基地被占,迭经控告,始获归还。至民国三年,又被寺僧图占,亦经具控杭县,均已印入规复事迹册中。各县绅士皆以祠局不建,基地恐终莫保。况欧化东渐,风气一变,自由平等新说朋兴,欲图挽回,宜从崇奖节孝入手。再三汇议,公推孙锵为重建节孝总祠主任,即经具禀有案。当蒙前兴武将军朱捐助银一千元,前财政厅长张详拨公款银五千元①、捐助银二百元,后又蒙浙江巡按使屆捐助银五百元,此外,又由主任劝募侨日绅商吴锦堂助银二千元、上海绅商虞洽卿助银五百元、李云书助银一百元、寿昌故绅翁赒经助银二百元。即于民国四年十二月间起土兴工,由木作姚春记包定正厅、照厅、廊房、轿厅、灶房等,除池、桥、牌坊外,共计水木、漆铁工料银一万零三百余元,具禀在案。计自兴工以来,大局已就,端阳前后决可告成。惟池、桥、牌坊正俟赓续建筑,以及采访、祭祀、岁需等费,约计一万,尚待芟筹。主任里居奉化,曾宦四川,鼎革以来,久安蜷伏。窃念节孝祠事,风化攸关,且回忆二十年前,具禀控追,颇费心力,幸未就木,何忍灰心? 只以款绌难筹,正在焦灼,兹幸大都督升任全省军事,以本省之伟人莅本省之职务,军民欢忭,四境翕然。以视隋末之汪越国公、五季之钱武肃王、元末之方越国公,何庸多让? 现在民政、财政均在大都督掌握之中,既不必供政府之诛求,又不必谋邻省之协济,则以本省之财力办本省之要公,似比前次拥护中央时,应付较易,而施用较有实济。倘蒙大都督垂念'节孝'二字为中华国粹所系,采访总局为全浙地方要公,或慨助巨款,以为各界之倡,或仍在爱国公债回扣存余援案继拨,或通饬七十五县分任劝捐,凡吾浙人,无论政界、军界、学界、商界中人,其为节孝后人,固必乐于捐助,即以风教而论,亦必共相赞成。况以大都督德威所播,舆论交孚,有新智识以擘画军谟,又有旧道德以维持名教,将使天下后世举仰大都督之设施,固胜寻常万万也,岂不美欤? 除将《两浙节孝总局祠规复事迹》缄呈十册用备分给外,所有祠局将成,恳请提倡拨款缘由,是否有当,恭候钧批指示,俾竟全

① 前财政厅长张,即张寿镛(1876—1945),字伯颂,号咏霓,别署约园,浙江鄞县人。民国二年九月任财政司长,民国三年五月改任财政厅长,至民国四年六月卸任。

功。属在岘嵝,无任企祷之至。再者,如果批予通饬各县知事及自治会,每县应发《规复事迹》册二本,事务所备有一百五十本,即日呈缴,合并声明"等情。据此,除批,"禀悉。所称在爱国公债回扣存余项下酌拨一层,此项存余早已拨作他用,且时值军兴,需费浩大,拨助实形困难。唯事关褒崇节孝,足以励薄俗、挽人心,自应勉为提倡。候仰财政厅核议,酌量拨助。此批。摘由抄,连同捐册并发。《事迹》册存"外,合行饬仰该厅遵照设法筹款酌予拨助,以资维持而励风化。《事迹》册除抽存两本外,余同捐册附发。此饬。

都督吕公望

右饬财政厅厅长莫永贞。准此。

中华民国五年六月二十二日

(原载《浙江公报》第一千五百三十九号,五至七页,饬)

浙江都督吕批

据两浙节孝总祠主任孙锵禀请拨款补助由

禀悉。所称在爱国公债回扣存余项下酌拨一层,此项存余早已拨作他用,且时值军兴,需费浩大,拨助实形困难。唯事关褒崇节孝,足以励薄俗、挽人心,自应勉为提倡。候仰财政厅核议,酌量拨助。此批。摘由抄,连同捐册并发。《事迹》册存。六月二十三日

(原载《浙江公报》第一千五百三十九号,二〇页,批牍)

浙江都督吕批

第六师师长呈为二十一团十连排长缺以黄凯等分别升充由

呈及委状均悉。步兵第二十一团十连一排长缺,准以该连二排长黄凯升充,照中尉支薪;所遗之缺,准以该团二等候补尉官吴一雄升充,照少尉八成支薪。委任状随发,仰即转饬祗领。此批。缴。状存销。六月二十一日

计发委任状二张。

浙江都督吕批

第六师师长呈为第二十二团排长陆钟泰蔡周封等
遗缺以李安南等分别升补由

呈悉。步兵第二十二团排长陆钟泰、蔡周封等遗缺，准以排长李安南等分别升补，月薪照拟办理。仰将发到该员等委任状转发祗领。此批。六月廿一日

计发委任状四张。

浙江都督吕批

第六师师长呈为二十一团连长吴伯廉等遗缺
请以排长江怀国等分别升补由

呈悉。步兵第二十一团连长吴伯廉，排长杜国钧、何艮等遗缺，准以排长江怀国等分别升补，月薪照拟办理。至请委该团第三连二排长之候补尉官余凤祥，业经委充第九十九团少尉，所有二十一团三连二排长缺，应另遴员呈候核办。仰将发到江怀国等十员委任状转发祗领。此批。六月廿三日

计发委任状十张。

附原呈①

呈为遴员升补第二十一团连排长及司务长各缺，乞鉴核加委事。

窃查步兵第二十一团连长吴伯廉，排长杜国钧、何艮等调差，遗缺亟应遴员补充，以专责成。兹该团第一连连长缺，查有

---

① 底本误将原呈附于上一道批（第六师师长呈为第二十二团……由）之下，比照批文内容，并不匹配，相应调整。

475

该连第一排排长江怀国堪以升充,照原薪上尉八成支给;遗缺查有第三连一排长宋维中堪以调充,照中尉十成支薪;遗缺查有该连三排长周志先堪以升充,照中尉十成支薪;遗缺查有差遣赵彪堪以委充,照少尉八成支薪。第四连一排长缺,查有第二连一排长郦尚志堪以调充,照支中尉原薪;遗缺查有第一连三排长杨丙壬堪以升充,照中尉十成支薪;遗缺查有第二连二排长张荣光堪以调充,仍支原薪;遗缺查有第二连司务长蒋国康堪以升充,照支少尉原薪;遗缺查有第二连上士张祖训堪以升充,照准尉八成支薪。第十一连一排长缺,查有该连一排长陈金鳌堪以升充①,照支中尉原薪;遗缺查有该连司务长俞葆详堪以升充,照支少尉原薪;遗缺查有该连上士潘景明堪以升充,照准尉八成支薪。第三连二排长姜兆璜病故,遗缺查有二等候补尉官余凤祥堪以补充,照少尉八成支薪。除由师分别先行给委并饬外,理合备文呈请,仰祈鉴核加委施行。再,江怀国一员,业经呈请转发第二十五师升用,合并声明。谨呈。

（原载《浙江公报》第一千五百三十九号,二〇至二一页,批牍）

浙江都督吕批

军械总局呈为饬各军队如有损坏枪枝迅即送局修理由

呈悉。仰候饬各营队查明办理可也。此批。六月二十二日

（原载《浙江公报》第一千五百三十九号,二一页,批牍）

浙江都督吕批

第二十五师师长呈为请委司事董绍闻充
九十八团留守队军需由

呈悉。董绍闻准委充该师步兵第九十八团留守队二等军需,月

---

① 一排长缺,一排长陈金鳌,底本如此。

薪照八成支给。仰将发到该员委任状转饬给领。此批。六月二十二日

计发委任状一张。

（原载《浙江公报》第一千五百三十九号，二一页，批牍）

浙江都督吕批

据盐运使呈复玉环盐税已照温属食盐税率办理由

呈悉。缴。六月二十二日

附原呈

两浙盐运使署呈为查复玉环盐税，已照温属食盐税率通案办理，请予鉴核备案事。

案奉钧府批据玉环县知事秦联元详，楚门匪散兵扰会同陆军弹压妥筹善后据情转请酌减盐税一案，奉批，"详悉。该知事办理此案尚属妥速，颇堪嘉许。所请酌减盐税一节，能否照准，仰盐运使核办饬遵可也。此缴"等因。奉此，遵查此案前据该知事详报前情，当以玉环民风强悍，该知事同兵警妥筹善后，并劝由就地士绅筹设保卫团，藉资宁辑，具见因时通变，翼护子民之苦心。酌减盐税一节，应准暂行照办批示在案。嗣据温处督销局局长卢兆梅暨北监场知事谢宗楷先后详称[①]，"现与玉环绅民妥议征收盐税办法，凡属食盐愿照温属通案每百斤缴税银五角二分，其近场之盐不满三十斤者，暂行免税。业经妥议允协，已经填票纳税"等情。思义查温属永嘉、双穗、上码、乐清、平阳等处，凡属食盐，每百斤概收税银五角二分，玉环地方自应划归一律，俾免以轻卫重之弊。所有玉环县知事议收食盐二角六分一案，应即取消，当经饬知该知事遵照在案。奉批前因，除饬遵外，

---

① 卢兆梅，底本误"卢"为"庐"，据浙江都督府饬政字第二百十五号订正。

理合具文呈复钧府鉴核备案。谨呈。

（原载《浙江公报》第一千五百三十九号，二一至二二页，批牍）

浙江都督吕批

据民人吴庆寿禀凶犯王约来越狱脱逃周阿富又不到案
请饬办等因批发高检厅转饬遂安县勒缉由

据禀已悉。仰高等检察厅转饬遂安县知事勒缉逸犯王约来务获究办，如再玩延，定干重咎，切切。此批。禀钞发。六月二十一日

（原载《浙江公报》第一千五百三十九号，二二页，批牍）

浙江都督吕批

民政厅呈报龙游五都詹警佐龚澜辞职遗缺以唐诚接充由

呈悉。仰即取具唐诚履历并就职日期报查。缴。六月二十一日

（原载《浙江公报》第一千五百三十九号，二二页，批牍）

浙江都督吕批

民政厅为仙居公民潘靖中等禀请挽留知事孙熙鼎由

此案既经该知事呈请，因病开缺，当以是否实情，批饬民政厅查明复夺，仰即知照。此批。六月廿一日

（原载《浙江公报》第一千五百三十九号，二二页，批牍）

浙江都督吕批

发民政厅为遂昌县知事呈请长警在戒严期
内应否按名酌予津贴请求由

呈悉。本省巡警月饷七元至五元为率，各属办法一律。所称邻县均经加饷，究系何县何年所加，数目若干，未能确实指明，道听涂说，岂容凭信？乃该警佐率尔详请，该知事贸然转呈，可谓糊涂荒谬。至称"戒严期内巡查劳苦，可否酌给津贴"等语，岂该县尚未奉到赏给

恩饷一月之饷文,抑将于恩饷之外觊觎津贴耶,仰民政厅检抄前浙军总司令部九号、二十七号暨届前都督一五八号饷文,粘批饬行该县知事遵照办理,毋再率渎。此批。抄呈发。六月二十一日

（原载《浙江公报》第一千五百三十九号,二二至二三页,批牍）

浙江都督吕批

发财政厅据余杭肉业张聚来等禀加收肉
捐办保卫团经费请饬禁止由

禀悉。该县保卫团加收肉捐,以作全县保卫团经费之用,是否确有其事,曾否呈请该县知事核准,及所拟捐率办法有无烦苛情弊,仰财政厅饬该县知事查明具复。此批。摘由抄禀发。六月廿一日

（原载《浙江公报》第一千五百三十九号,二三页,批牍）

浙江都督吕批

民政厅呈请给发宁波警察厅长周琼
永嘉警察局徐熙两员任命状由

呈摺、履历均悉。查折开宁波警察厅警正应拔、陈绍舜暨勤务督察长韩鸿逵三员,前经本府加给任命状,批发该厅转给,并据呈报在案,摺内仍旧列入,当系错误。其周琼、徐熙两员,准予加给任命状,随批并发,仰即转饬祗领。此缴。清摺、履历存。六月二十一日

（原载《浙江公报》第一千五百三十九号,二三页,批牍）

浙江都督吕批

民政厅呈报警正应拔等任命状并将邵缵绪张春元
两员准以警佐记升由

呈、单、履历均悉。此缴。单、履历存。六月二十三日

附原呈

呈为具复事。

案奉都督批发宁波警察厅厅长呈遵查现职人员开送名单履历呈请加委并乞将雇员邵缵绪等改为警佐由,内开,"呈及清单、履历均阅悉。据称一等警正应拔等四员,原系荐任职,应准加给任命状,随批并发。其一等警佐胡英陶等十八员,仰民政厅分别给委,一并饬发祗领。至雇员邵缵绪、张春元两员,应否改为四等警佐,并仰查核具复,并转饬该厅长知照。此缴。原详钞发,清单、履历附,仍缴"等因。奉此,查该厅原系荐任及派充各现任差职人员,业经本厅呈请都督分别加委。其原系委任人员,并经由厅汇案加委各在案。兹奉前因,遵将任命状四纸转发该警厅给领具报。至请将雇员邵缵绪、张春元二员改为警佐之处,查张春元资格尚属相当,应准记名升用,余应毋庸置议。除注册并饬知外,理合检同清单、履历备文呈复,仰祈都督察核。谨呈。

(原载《浙江公报》第一千五百三十九号,二三至二四页,批牍)

浙江都督吕批

民政厅呈复东阳县司法助理樊鹤鸣准以警佐记名录用由

呈悉。缴。六月廿三日

附原呈

为呈复事。案奉都督批发东阳县知事详为裁缺司法助理樊鹤鸣堪任警佐请补用由,内开,"据详该县司法助理樊鹤鸣,原系警察人员,此次助理司法,昨日从公①,不无微劳,请以四五等警佐录用之处,资格是否符合,仰民政厅查核饬知具报可也。此

---

① 昨日,底本如此。

批。钞详、履历并发"等因。奉此,查核该员樊鹤鸣资格尚符,既据该知事呈请前来,应准以警佐记名录用。奉批前因,除注册并转饬外,理合备文呈复,仰祈都督察核。谨呈。

（原载《浙江公报》第一千五百三十九号,二四页,批牍）

浙江都督吕批

为民政厅呈复警正应拔等三员准以知事存记任用由

呈悉。警正应拔等①,警佐胡英陶、侯继翻三名,均准以县知事存记,仰即注册并转行该厅长知照。此缴。履历存。六月二十二日

（原载《浙江公报》第一千五百三十九号,二四页,批牍）

浙江都督吕批

为民政厅呈报宣平县警佐雷钺如撤差遗缺以王瑾补充由

呈悉。仰仍取具该警佐王瑾履历补报备查。此缴。六月二十二日

（原载《浙江公报》第一千五百三十九号,二四页,批牍）

浙江都督吕批

财政厅呈复竺烈士遗族抚恤学费嵊县税内无可指拨
应否停止或仍由省库给发请示遵由

呈悉。是项遗族抚恤学费,系前都督发交政务会议议定,以十年为限,现在年限未满,未便遽行停止。既称嵊县县税实无余款可拨,应准暂由省库给发,仍由厅妥筹的款呈候核定,以免顾此失彼,仰即遵照办理。此批。六月二十二日

（原载《浙江公报》第一千五百三十九号,二四页,批牍）

---

① 底本如此,"等"字似应在下文"三名"之前。

浙江都督吕批

民政厅呈奉批发建德教育会长控第九中校校长
徐檀破坏学务一案查案具复由

呈悉。既据查明该校长并无侵蚀校款、擅离职守情事,应准无庸
置议。此缴。六月二十二日

（原载《浙江公报》第一千五百三十九号,二四页,批牍）

浙江都督吕批

发财政厅据陈毓琳禀称具保或发县看管以便清理交案由

该前知事经手公款,责有攸归,何得率称因人受累,希图卸责,实
属不合。惟据禀,素无相识银号、钱庄可以具保,及在监狱中不便与
日升昌来人清理,尚属实情,应准发交杭县看管,仍勒限一个月将欠
款设法措解,毋再逾延,致干未便,切切。仰财政厅移知高等检察厅
遵照办理,并行杭县及该前知事知照。此批。六月二十二日

（原载《浙江公报》第一千五百三十九号,二五页,批牍）

致独立各省电

云南唐抚军长、肇庆岑都司令鉴:护密。前读唐公蒸电,请召集军
事会议,当致篠电,请定会议地点及选派代表方法,尚未奉复。鄙意
讨袁之幕虽终,统一之论方始,军事善后,尤关紧要,且端绪纷繁,非
预先讨论,不免分歧,应由独立各省选派军事重要人员到沪筹商,以
为军事会议之预备。蒋君尊簋,军界泰斗,远迩共仰,敝省军事情
形尤为熟悉,兹特推请在沪接洽一切。应请尊处转电独立各省从
速选派员到沪协议。至盼。吕公望。哿。印。(中华民国五年六
月二十日)

（原载天津《益世报》一九一六年六月廿七日,二版,公电录要）

吕都督电 <small>请各省赞同冯删电之主张由</small>

广东岑都司令，云南唐抚军长，各都督，各总司令，各将军、巡按使、巡阅使、护军使、镇守使，各师长，各都统，各办事长官鉴：

冯将军删日通电，主张正当，陈义周详，足为经国南针，救时良剂。公望愚见，凡独立、未独立各省，应表赞同，主张一致，分别电京，促速宣布，以期国是早定，人心早安。区区之愚，更有请者，将来国会草定宪法时，关系国本甚巨。冯电所谓"随时商定，依法主张"，公望极表同意，应以公民资格详举经历情形陈述意见，以备采择，当力避干政之嫌，亦不贻漠视之诮。是否有当，伏乞垂教。吕公望叩。号。（中华民国五年六月二十日）

（原载《浙江公报》第一千五百三十九号，二八至二九页，电）

吕都督通电

北京黎大总统暨段芝泉先生钧鉴：

太炎先生直言招祸，横遭羁留，已经三载。窃谓公路既逝[①]，暴政宜除。此公文章气节冠冕东南，虎口之生，频思归隐，若为安车蒲轮之送，以示礼贤下士之忱，岂惟薄海播为美谈，行见史册传其盛德。比闻都门之出，遥遥无期，余孽弄权，犹加监视。方以公道示天下，岂宜有此？倘以此公家属南归，只身远返为虑，自当派员北迎，妥为照护。谨先电达，希盼速复。吕公望叩。马。（中华民国五年六月二十一日）

（原载《浙江公报》第一千五百三十九号，二九页，电）

---

① 公路，袁术字，汝南汝阳人，东汉末年割据淮南，建安二年（197）称帝。此后横征暴敛，民多饥死，部众离心，先后为吕布、曹操所破，后于建安四年呕血而死。此处代指袁世凯。

附　黎元洪复电

杭州吕都督：马电悉。太炎已于前日撤除监视，昨午来称，亟思南旋，请给护照，并已发交内务部照发矣。黎元洪。养。（中华民国五年六月二十二日）

（《黎大总统复吕公望电》，原载天津《益世报》一九一六年六月廿七日，三版，公电录要）

吕都督通电

黎大总统、段芝泉先生鉴：

岑都司令铣电宣言，根据唐抚军长蒸电所开四端，固为独立各省最后决案，亦与直、宁诸省主张略同。大总统就任经旬，尚未明发大号，外间不察，谓为群小阻挠，以总统仁明、段公智勇，诚为过虑。然迁延不决，物议滋多，人心摇摇，危机四伏，应请当机立断，速予施行，用慰群情，并息谣诼。兴亡所系，勿再游移。迫切陈词，伫候明令。浙江都督吕公望叩。祃。印。（中华民国五年六月二十二日）

（原载《浙江公报》第一千五百三十九号，二九页，电）

吕都督通电

肇庆岑都司令，云南唐抚军长，贵阳、广西、广东、湖南各都督，各省军民长官，各总司令，各师长，上海唐少川先生、梁任公先生，时事新报馆转各报馆公鉴：

顷电黎大总统、段芝老文曰，"岑都司令铣电宣言，根据唐抚军长蒸电所开四端，固为独立各省最后决案，亦与直、宁诸省主张略同。大总统就任经旬，尚未明发大号，外间不察，谓为群小阻挠，以总统仁明、段公智勇，诚为过虑。然迁延不决，物议滋多，人心摇摇，危机四伏，应请当机立断，速予施行，用慰群情，并息谣诼。兴亡所系，勿再游移。迫切陈词，伫候明令"等语，特此奉闻。浙江都督吕公望叩。

祃。印。（中华民国五年六月二十二日）

（原载《浙江公报》第一千五百三十九号，二九页，电）

浙江吕都督致谭石屏电

谭石屏先生鉴：元凯老谋，伏波壮志，钦迟之至。国步艰难，根本未决，匹夫有责，义当陈辞，猥蒙奖借，适增颜汗。比闻亡秦斯马，犹淆国是，危机一发，岂容再误。北望燕云，忧愤曷极，定乱扶危，须仗贤者。尚望不弃，时赐伟论，裨作指针，无任祷切。吕公望叩。梗。（中华民国五年六月二十三日）

（原载《民国日报》中华民国五年六月廿五日，第二版，公电）

浙江都督府饬军字第四百六十六号

饬知护国军预备第一旅旅长
委华振常等六员充该旅差遣由

为饬知事。兹查有华振常、叶裳、许植怀、王纶、何永启、来群等六员，堪以委充该旅差遣，每月各给薪水洋二十元。除分饬外，合行饬仰该旅长知照。此饬。

都督吕公望

右饬浙江护国军预备第一旅旅长俞炜。准此。

中华民国五年六月二十三日

（原载《浙江公报》第一千五百四十号，一九一六年六月二十六日，首页，饬）

浙江都督府饬军字第四百六十六号

饬委华振常等六员充浙江护国军预备第一旅差遣由
为饬遵事。查有该员堪以委充浙江护国军预备第一旅差遣，月给薪水洋二十元。除饬该旅旅长知照外，合行饬委，仰即遵照。此饬。

都督吕公望

485

右饬叶裳、王纶、来群、华振常、许植怀、何永启。准此。

中华民国五年六月二十三日

（原载《浙江公报》第一千五百四十号，首页，饬）

浙江都督府饬政字第二百十七号

通饬各属人民不得邮递禀件由

为饬知事。照得诉讼事件，本有主管官厅，按级受理，不容越诉。近来各处人民，往往径向本府邮递函禀，而察阅其词，或全属空言毫无证佐，或案经终审犹图翻异，不独违背规定程序，并于办事大有妨碍。除出示晓谕外，合将告示饬发，仰即分别实贴，俾便周知。此饬。

计发告示　张，另寄。

都督吕公望

右饬七十五县知事。准此。

中华民国五年六月二十三日

浙江都督吕为出示晓谕事。

照得诉讼事件，本有主管官厅，按级受理，不容越诉。近来各处人民往往径向本府邮递函禀，而察阅其词，或全属空言毫无证佐，或案经终审犹图翻异，不独违背规定程序，并于办事大有妨碍。为此出示晓谕，仰各属军民人等一体知悉。

凡民、刑诉讼及行政诉讼、诉愿事件，均应按照法定程序向主管衙门呈诉，不得越控。其控告官吏违法虐民者，亦应详列事实证据，并将本人籍贯、住址、职业、年岁，依照《公文程式》详细开列、画押，加具坐证切结暨省城殷实铺保，来辕亲投，方能受理。其余邮递禀件，概不批示，以杜虚诬而昭整饬。其各凛遵毋违，切切。特示。

中华民国五年六月　日

（原载《浙江公报》第一千五百四十号，首至一页，饬）

浙江都督府饬政字第　　号

饬民政厅转饬嘉善县准以内校场
为设立公众运动场地点由

为饬知事。案据该厅呈称,"嘉兴县知事袁庆萱详称,择定旧有内校场为设立公众运动场地点,于就近军警操练仍可适用,办法似尚无不合。惟事关营产,应否照准之处,请察核示遵"等情,当经批饬嘉属戒严司令官查明呈复在案。兹据该司令官呈复查明,"嘉邑设立公众运动场地点,并未划归军用,于军警操练仍无妨碍"等情。据此,既据前情,该知事所请择定旧有内校场为设立公众运动场地点,自应照准。合行饬仰该厅长转饬该县知事遵照办理,并咨行财政厅知照备案。此饬。

都督吕公望

右饬民政厅长王文庆。准此。

中华民国五年六月二十三日

(原载《浙江公报》第一千五百四十号,一至二页,饬)

浙江都督吕批

金华道尹呈报永康县各校管教员学生一览表由

呈、表均悉。仰民政厅查核备案。此批。抄呈,连同原表发。六月二十三日

姓名	籍贯	履　　历	职　　务	薪俸数目	到校年月	备考
黄云书	永康	前清光绪三十四年,由金衢严处四府公学师范科毕业。宣统元年六月考入浙江两级师范优级选科,至宣统三	校长兼博物教员	每月二十六元	民国四年八月	

姓名	籍贯	履　　历	职　务	薪俸数目	到校年月	备考
		年五月毕业。民国元年至三年任县立高等小学校教员兼本校博物教员,三年四月奉前知事吴委为学务委员①,八月辞职,同月曾任本校学监兼博物教员。				
胡宝森	永康	前清咨部优行附生,浙江法官养成所修业,曾任本县游仙镇崇本初高等小学校正教员五年。民国三年七月,奉前宣平县知事王委为承办教育属员②。是年十一月,奉前瓯海道尹左加委为宣平县县视学③。民国四年八月辞职。	学监兼修身教员	每月十二元	民国四年八月	
应梦麐	永康	浙江初级师范毕业,曾任金华师范职员二年,灵麓初高等小学校教员二年半。	书记兼会计	每月十二元	民国三年四月	
夏命文	永康	浙江第七师范学校毕业。	舍监兼庶务	每月十元	民国四年八月	
胡济安	永康	著名儒医。	校医	不支薪水,津贴旅费洋八元。	同上	
孔嘉彰	永康	浙江安定中学校毕业,之江学校高等科第二年修业。	英文教员	每一小时三角	同上	

①　前知事吴,即吴敦义,民国二年至民国三年在任。

②　前宣平县知事王,即王亮熙,浙江永康人,民国三年三月任宣平县知事。

③　瓯海道尹左,即左枕周(1858—1928),湖南衡阳人。民国三年六月至民国四年一月任瓯海道道尹。著有《水荭花馆稿》二卷、《崧轩政学录》八卷、《莼乡丛笔》四卷。

续　表

姓名	籍贯	履　　历	职　务	薪俸数目	到校年月	备考
楼祖修	永康	曾任浙江第七中学教员二年,浙江第七师范学校算术教员二年。	算学教员	同上	同上	
应蕴章	永康	浙江第七师范毕业。	国文、西史教员	同上	同上	
应继虞	永康	浙江第七中学毕业,并法政预科毕业。	法制、经济、历史、国文教员	同上	同上	
夏文铨	永康	浙江初级师范毕业,曾任县高等小学校长。	地理教员	同上	同上	
胡邦达	永康	浙江两级师范优级选科毕业。	理化教员	同上	同上	
胡铗侯	永康	浙江第七中校毕业。	体操、音乐教员	同上	同上	
曹世治	永康	浙江第七师范毕业。	图画教员	同上	同上	
胡师苏	永康	浙江第七师范毕业。	用器画手工	同上	同上	

（原载《浙江公报》第一千五百四十号,一六至一七页,批牍）

浙江都督吕批

财政厅呈复奉批议复龙泉县请奖征收四年地丁各员简明表由

呈悉。缴。六月二十二日

附原呈

呈为遵批具复事。本年六月八日奉都督批龙泉县知事详送四年分征收人员堪给奖励附送简明表请核示由,奉批,"详、表均悉。仰财政厅核议具报,并饬行该县知事知照。此批。抄详,连同表发"等因。奉此，并据该知事以前情详厅，当查《修正本省征收地丁章程施行细则》第十五条内载，"照应征额全数征起者，由县知事酌给奖励"等语。兹据县详以该县四年分地丁征数已超过应征额九成以上，征收各员办理尤称勤奋。该知事拟请变通，由县分别酌奖，系为鼓励起见，事属可行，即经批令该县自行给奖在案。爰奉前因，除饬知外，理合遵批具复，仰祈都督察核。谨呈。六月二十二日

（原载《浙江公报》第一千五百四十号，一七页，批牍）

浙江都督吕批

瑞安县呈报任用财政主任张锡龄及会计张濚鋆年岁籍贯由

呈悉。缴。六月二十二日

附原呈

呈为具报事。案照《县知事交代补则》第四条内载，"县知事到任后，应将管理财政之主任及会计员姓名、年岁、籍贯，分别详报，该主任及会计员有更调时，亦同"各等语。知事到任后，林前知事钟祺任内财政主任及会计员等均经辞职，当以财政关系重要，该遗缺未便久悬，即由知事为选妥员，分别委任接办，以专责成。除将该主任及会计员等姓名、年岁、籍贯另表开送外，理合备文呈报，仰祈钧督鉴核施行。谨呈。

（原载《浙江公报》第一千五百四十号，一七至一八页，批牍）

浙江都督吕批

诸暨民人冯登潮等为县公署处分违法提起诉愿由

诉愿书及粘件阅悉。仰民政厅转饬该县查案申复核办。诉愿书发，仍缴。此批。六月念二日

（原载《浙江公报》第一千五百四十号，一八页，批牍）

浙江都督吕批

新昌县呈为属县警察请求给予恩饷乞示遵由

呈悉。此次发给恩饷，系包括县警队暨警察所巡警而言。该知事所称属县警察，如系以上两种，应即一律给饷。惟临时警察，如招募在宣布独立以后，毋庸发给，仰即知照办理。缴。六月二十二日

（原载《浙江公报》第一千五百四十号，一八页，批牍）

浙江都督吕批

泰顺县知事呈为巡警队是否一律发给恩饷请示遵由

呈悉。此次给发恩饷，系包括县警队暨警察所巡警而言，仰即查明名额一律照发。至所称"在自治、警察两款余存项下支销"等语，应否照准，仰民政厅察核转饬知照。此批。抄呈发。六月二十二日

（原载《浙江公报》第一千五百四十号，一八页，批牍）

浙江都督吕批

发民政厅据会稽道属筹赈委员呈报销委由

据呈已悉。仰民政厅查照。此批。抄呈发。六月二十二日

附原呈

呈为呈报销委事。

窃委员上年十月三日奉前巡按使第四四九五号饬开，"为饬知事。案查会稽、金华两道属被灾各县应办善后工赈事宜，业经本公署将经收各项赈款分别支配，遴派专员解赴各该道会同筹办在案。惟此项善后工赈手续繁重，亟应另订专章，以资遵守。除分行外，为此检同《章程》一份饬发该委员，仰即遵照办理。此

饬。计发《章程》一份"。《筹赈委员暂行简章》内开,"第一条 本简章于筹赈委员适用之。第二条 筹赈委员对于筹赈事宜,应会同道尹筹办。第三条 筹赈委员应行筹办之事,如左:一、各县灾情轻重不同,应调查明确,将赈款酌量分配;二、各县急赈行将结束,应查照所颁册式督促造报;三、各县善后事宜,不无缓急之分,应统盘筹画,次第举行;四、各县请修之工程势难一致,应亲诣查勘,切实核估;五、各工程估定核准后,不宜延误,应察核情形酌定兴工及竣工期限。第四条 前条左列各项,如有疑义,筹赈委员得随时会道请详核示。第五条 筹赈委员旅费,查照部颁《旅费规则》从赈款内准提百分之五项下开支,事竣照章报销。第六条 筹赈委员应俟第三条左列各项一律就绪,分别详报后,方能销委。第七条 本简章自发布日施行"等因。奉此,会稽道属赈银、赈米,并奉饬发交由委员带至宁波,会同梁前道尹分别支配①,详奉核准饬发各县领放去后,阅时已久,仅据鄞县、镇海、定海、余姚、临海五县详报前来,业经先后转详在案。其余各县,均未造册,无凭核转。现在道署奉饬裁撤,委员亦应销差,奉发赈银、赈米不得不先办报销,以资结束。商之周道尹②,意见相同,即将赈银、赈米收支数目造具四柱清册,检同各县印领,暨委员旅费支出计算书,并日记簿,会同呈报。所有委员筹赈事竣遵章销委缘由,理合备文呈请都督鉴核批示祗遵。谨呈。

(原载《浙江公报》第一千五百四十号,一八至一九页,批牍)

---

① 梁前道尹,即梁建章,字武堂,直隶大城(今属河北)人。民国三年六月至民国五年五月任会稽道尹。

② 周道尹,即周琮,民国五年五月,以宁波警察厅长代理会稽道尹。同月,任命浙江警务处处长刘焜为会稽道尹,未到职。同年六月,会稽道署裁撤。

浙江都督吕批

上虞警佐蔡尊周因公被诬请澈究以申冤抑由

呈及黏件均悉。案经饬查，仰即静候查办。此批。六月二十三日

（原载《浙江公报》第一千五百四十号，一九页，批牍）

浙江都督吕批

高等审判厅呈报崇德县执行积盗沈阿六枪毙日期由

据呈已悉。缴。六月二十三日

附原呈

呈为呈报事。案据崇德县知事汪寿銮呈称，"积盗沈阿六判决执行死刑，呈奉都督批准枪毙，并饬将执行日期具报等因。奉此，遵于六月九日监提该犯沈阿六，验明正身，依法执行枪毙，理合呈报"等情。据此，除批示外，理合具文转呈，仰祈察核备案。谨呈。

（原载《浙江公报》第一千五百四十号，一九至二〇页，批牍）

浙江都督吕批

高审厅呈报慈溪县执行盗犯胡银顺枪毙日期由

呈悉。缴。六月二十三日

附原呈

呈为呈报事。案据慈溪县呈称，"盗犯胡银顺判决执行死刑，呈奉都督批准枪毙，并饬将执行日期具报等因。奉此，遵于六月九日上午十时监提该犯胡银顺，验明正身，依法执行枪毙，理合呈报"等情。据此，除批示外，理合备文转呈，仰祈都督备

案。谨呈。

（原载《浙江公报》第一千五百四十号，二〇页，批牍）

浙江都督吕批

民政厅长呈拟道属苗圃师范传习所等办法五条由

呈摺均悉。所陈办法尚属妥协，应准如拟办理。此缴。六月二十二日

附原呈

浙江民政厅呈为遵饬核议呈请批示事。

本年六月三日接奉钧批本厅呈请将裁撤各道尹文卷由厅接管由，奉批，"呈悉。道尹裁撤以后，业将所有经管教育、实业各机关职务饬由该厅直接管辖，所有文卷本应移归该厅接收保管。惟就中如苗圃、师范传习所等项，皆系就地之固定机关，事务繁琐，恐该厅未便遥为照料，在势不能委托就近官厅代行监督，且关于此项事件，均经各该道尹详报前巡按使公署，并移交该厅在案。是在该厅，亦无待道卷检查之必要，各道署设立已经两载，是项文卷册籍汗牛充栋，舟车捆载，殊滋繁费。所以原章订暂交同城知事管理，并将文卷交由接收，一以便事业之继续进行，一以求事实之简捷、便利，俾该厅得从容妥定办法，为酌量处置之余地。兹既据呈请前来，仰即将各项接管手续暨将来监督进行之办法详细核拟，再候察办可也"到厅。奉此，仰见钧督实事求是，擘画精详之至意，莫名钦佩。遵即将此次裁撤道尹以后，关于本厅管辖权限以内各事业，妥议接管手续及监督进行办法五条，缮具清摺，呈候察核，仍乞批示祗遵，实为公便。再，钱塘道尹所有文卷及款项，业由接收委员收交本厅接管，合并声明。此呈。

附清摺

附呈拟议办法五条。

一、关于道苗圃事件

各道苗圃经费,系就各该道所属各县征存县税公益费或准备金款内提拨,若由县代行管理,于名义上及经费方面,均似有未洽之处。兹拟由厅直接管辖,定名为"浙省第一或第二等苗圃",遴委圃长管理,以专责成。其经费即饬县径解来厅,各苗圃每月经费,由厅按照核定数目,饬知各苗圃所在地之县知事划付。至将来监督进行,拟俟接办后,酌察情形,妥筹办法。

一、关于师范讲习所事件

各所五月份经常费,已饬各该所所在县知事先行垫发,俟报到后,查明归垫。此后各县是项经费已通饬径解本厅,并饬知各所以后关于请款报销及各项造报文件,一律径呈本厅各在案。将来每月应发经常费,拟由厅核定数目后,饬知各该所所在地之县知事划付。至将来监督进行事项,拟一律比照省立学校办理。

一、关于委任县视学及劝学所长事件

查县视学及劝学所长,向由县知事详请道尹委任转报,以后拟饬各县径呈本厅核委。

一、关于道仓事件

前准钱塘道尹咨报,移交道仓数目前来,业经拟定办法分饬嘉兴、吴兴两县知事将各该仓款暂行保管。此外,各道仓向由道尹委任旧府属首县知事管理者,仍拟特饬照旧保管。其分存各县仓,如金华道属之第一道仓,办法则仍由分存各县保管,俟将来大局解决后,再行统筹全局,酌拟办法。

一、关于灾赈事件

会稽、金华两道属风水灾未竣事务,拟饬行办赈各县妥办,俟办竣后即行检同凭证、单据造册,径呈本厅核办。其道署在赈款内提存之百分之五之办公费,所有已、未支用各款拟俟接收委员呈报后,再行酌办。

（原载《浙江公报》第一千五百四十号,二〇至二二页,批牍）

浙江都督吕批

义乌县知事呈报巡视四乡考察完竣
并禁花会筹画防务情形由

呈悉。所陈办法,尚知扼要,仰仍随时奋励,以策进行,勉为良吏,毋负本都督求治安民之意。此缴。六月二十一日

附原呈

呈为视巡四乡考察完竣,谨将地方情形暨禁止花会、筹画防务办法详细具陈,仰祈鉴察事。

窃知事于前月十八日起,分期亲赴四乡考察地方情形,当经订定日期简明表,具文呈报,并将下乡之日署中日行事件饬委承审员周倬代拆代行各在案。嗣于前月二十八日考察完竣,兹谨将各乡考察情形,敬为我钧督缕晰陈之。

查义邑负山而治,民风强悍,伐技鼓讼,夙所著闻。西、北乡尤称蛮健,盗窃、赌博,亦以此两乡为最多。如西乡三陇头、朱畈田、朱吴店、庄下、滕庄,北乡之大陈庄、潭下庄、曹村庄等处,各皆聚族而居,恃众强横,十数年来,几为盗贼、赌博之渊薮。东乡则念三里、华溪,南乡则田心、倍磊等庄,亦略与相似,矜力好斗,锥刀竞击,习为故常。惟民性质忠直,亲上死长,犹有遗风,藐官侮吏,尚罕所闻。虽平日官厅禁赌缉盗,间或率众拒捕,而究皆差警办理不善,激成反动,初非尽出其本心。且四野多田,民多务农,生活程度亦不甚高,故强悍不化之中,犹有俭朴可取之风,

果能渐之以礼义,导之以气节,则草上风偃,未必不销懁忮而归之醇美,不化悍戾而成为善良。此考察义邑四乡民情风俗之大概也。

义邑地处上游,土质肥沃,岁可三熟,生产之物,米为最丰。其次如南枣、火腿、红糖,亦为出产之大宗,茧丝、茶叶,东、北两乡间亦有之。惟北乡多山,田地较少,年间米粮仅足供本乡之需,其有盈余足供输出者,则均在东、西、南三乡,南枣、火腿,东、北两乡出产较多。迩者百物昂贵,商民顾惜工本,只图小利,不计久远,火腿不制于冬季,南枣多用汽蒸法,稍一经久,即腐臭霉烂,货色不良,销路因以日减。年来此项生产只见其退化而无进步,职是之故,知事抵任之初,即经迭饬商会转谕各商,力求改良,以广销路。此次巡视各乡,又召集士商说明利害,面加谆劝。盖目前广大实业,既限于财力未能兴举,而此种固有生产一任其衰减,殊为可惜。至于北乡山峦层迭,濯濯皆是,培植森林最为适宜,奈溪河极少,水道不通,识者皆以将来转运为难,辄形趑趄。故林政一端,虽经竭力提倡,究难见诸实行。西南地沿东江,交通颇称便利。佛堂一镇,商务繁盛,尤为全邑精华所在,果能从此整顿商政,请求交通,则将来商业扩充,或可执上游之牛耳。此考察义邑生产、商务诸端之大较也。

教育主旨,普及为先。义邑城乡学校,除县立高等小学五所而外,国民学校为数百有余所,而有名无实者,约居其半,虽由经费支绌,无米难炊,半亦办理不当,学童裹足。且办学之人,非尽谙熟学务,每多藉办学之名,行把持之实,争款兴讼,时有所闻,以言普及,殊非易事。其中尤有为难者,县税小学经费仅足为分配五所高等常年经费之需,国民学校多半无所补助,因此各校藉词自便,未能整齐,官厅监督,徒托空言。此外,则私塾充塞,不加禁止，尤为教育进步之阻碍。知事参酌情形，折衷至当，已与各乡士绅会商，拟照定章，凡在学校一里半以内，所有私塾悉令停闭，其在一里半以外者，仍随时饬令改良，庶于学校、村塾而无妨碍。此考察义邑学务之实在情形也。

以上三端，皆知事连日下乡考察所得之大略情形，而就近来最为地方之害者，厥惟花会。入春以来，西、北各乡，所在多有顽民罔化，固属可恶，而官厅申禁不严，兵警从中包庇，实有以种其因。当兹大局未靖，此种恶习不亟涤除，尤恐宵小混迹其中，酿生事变。知事接任之始，即经约束队警，严切示禁，一面召集各乡士绅讨论办法，责成各该乡村董、族长公议自禁，并令随时告密，藉便缉拿。行之一月，此风虽未净绝，而赌徒究稍敛迹。所有著名赌棍筒主，现正在严密侦缉，总期拿获，严惩一二，以儆其余。历来拿办花会人犯，多系在场猜压之人，罪情较轻，刑只罚金。愚民不察，动谓花会赌博不过罚金，因以减其畏法之心，而斯害乃日益滋蔓。故欲禁绝花会，断非拿办筒主不为功。至于目前维持秩序、保卫治安，自以注重防务为切要。义邑四乡中，如北乡之楂林、酥溪，西乡之上溪，东乡之念三里，南乡之佛堂，或则人口稠密，或则民风蛮悍，或则交通要道，或则商务繁盛，均关紧要，未容或忽。除南乡佛堂现驻有警察一棚、三等警佐一人，西乡上溪驻有县警队一棚外，其北乡之楂林、酥溪，东乡之念三里，均各仅驻警察一名，殊嫌过薄。知事现拟将奉准添设之临时警察二十名内，酌拨八名分驻于东、北两乡。佛堂市镇，尤关重要，并拟添拨六名，以厚兵力。城区则驻有县警队警察及驻义警备队两棚，足资防堵。近更筹办保卫团，编练团丁二十名，已于上月成立，以现情而论，防卫尚属周密，不致更生他虞。此又因视察地方情形而并及于禁止花会暨筹备防务之大略办法也。

惟是根本要图，尤在吏治。义邑吏治未修，无可讳言。知事谬荷委代，责无旁贷，一月以来，厘剔积弊，考求治理，虽未敢侈言整顿，而较前颇稍认真，更当益加砥砺，以求称职。所有教育、实业、司法、财政诸端，以及地方应兴应革事宜，均应悉心研究，积极进行，断不敢稍存五日京兆之见，致负职守。除分别条拟计画另文呈请察核外，所有考察义邑四乡情形及禁止花会、筹办防务各缘由，理合具文呈报，仰祈钧督察核俯赐训示祗遵，实深德便。除呈民政厅外，谨呈。

（原载《浙江公报》第一千五百四十号，二二至二四页，批牍）

浙江都督吕批

象山县知事呈送历朝贞孝节烈妇女姓氏清册由

呈、册均悉。察阅清册，于历朝贞孝节烈各妇女题名，尚属详晰，其在光绪三年以后，漏未列入者，仍应随时调查补报，以彰潜德而发幽光。仰民政厅查照核发，并转饬该县知事知照。此批。清册二份，连同抄呈发。六月廿二日

（原载《浙江公报》第一千五百四十号，二四页，批牍）

浙江都督吕批

玉环县知事呈上次莠民滋闹监犯图逃
警佐队长防护得力请核奖由

据呈该县警佐厉振宗、队长李东福等，于莠民哄署、监犯图逃案内防护得力，请予特别奖叙等情，仰民政厅查明前案，核议□遵①。此批。抄呈发。六月二十二日

（原载《浙江公报》第一千五百四十号，二四页，批牍）

---

① 底本空格，疑漏"饬"字。

499

浙江都督吕批

高审厅为嘉兴县承审员吴鉴办理
承审成效卓著仰厅照章核奖由

呈及履历均悉。据称该员历办承审案件勤劳卓著,自应酌予奖励。惟以知事保荐知事,殊与条理不合,究应如何奖励之处,仰民政厅会同高等审判厅核议,呈复察夺。此批。抄呈并履历一扣附发。六月廿二日

（原载《浙江公报》第一千五百四十号,二四页,批牍）

浙江都督吕批

发高审厅据江山县呈报董毛氏状诉
董毓烈戳毙伊子案内获犯情形由

呈及格结、借摺均悉。仰高等审判厅转饬该县即提董毓烈,并传集证人研讯确情,按律拟判,克日具报核夺,毋稍枉纵。此批。呈摘由发。格结、借摺存。六月二十二日

（原载《浙江公报》第一千五百四十号,二五页,批牍）

浙江都督吕批

建威路支队长呈为排长姜鸿林军纪
不整与差遣周耀庭对调由

呈悉。该特编游击队第一队第二排排长姜鸿林充卫兵司令,有维持军纪风纪之责,乃对于所属卫兵漫无约束,实属不堪胜任,本应立予撤差。惟既据称到差未久,应准调充该队差遣,月给薪水二十元,以示薄惩。所遗排长缺,准以支队差遣周耀庭暂代,照少尉八成支薪。委状随发,仰即转给祗领。此批。六月二十三日

计发委状一张。

（原载《浙江公报》第一千五百四十号,二五页,批牍）

浙江都督吕批

第六师师长呈为二十二团营长谢鼎请照升级十成支薪由

呈悉。步兵第二十二团第三营营长谢鼎,既据称自升级以来,益著勤劳,月薪准照中校十成支给,以昭激劝,仰即转饬知照。此批。六月二十三日

附原呈

呈为拟请将第二十二团三营长谢鼎,请照中校十成支薪,以资鼓励,乞核示事。

窃查第二十二团第三营营长谢鼎,自奉饬升级以来,感激有加,奋勉图报,对于种种防务,指挥、计画,夙夜勤劳。师长为鼓励人才起见,拟请将该营长照中校十成支薪,以昭劝勉。是否有当,理合备文呈请,仰祈鉴核示遵施行。谨呈。

（原载《浙江公报》第一千五百四十号,二五页,批牍）

浙江都督吕批

预备第一旅旅长呈为营长周幹等三员请照中校八成支薪由

呈悉。该旅第一团营长周幹、陈兆麟、周肇昌等三员,既据称资格甚深,任事奋勇,月薪均准照中校八成支给,以示鼓励,仰即转饬知照。此批。六月二十三日

附原呈

呈为呈请事。窃维循资所以养其望,论功所以鼓其勇,此国家用人行政不易之正轨也。查职旅第一团第一营营长周幹、第二营营长陈兆麟、第二团第二营营长周肇昌等三员,辛亥改革以后,均各充当营长多年,资格甚深,即此次初十晚,我浙起义时,该三营长亦均率领第二十三团暨第二十四团等队伍,分头进城,

首先发难,是该三营长之奋勇任事,不无微劳足录。拟请将周幹、陈兆麟、周肇昌三营长,均请升以中校,八成支薪,以示激劝。是否有当,理合备文呈请,仰祈钧督察核示遵施行。谨呈。

（原载《浙江公报》第一千五百四十号,二五至二六页,批牍）

浙江都督吕批

第六师师长呈为辎重营营附林锐等业经严加考核择尤请奖由

呈悉。辎重营营附林锐等,既经该师长严加考核、择尤呈请,应准如拟办理,仰即转饬知照。此批。六月二十三日

附原呈

呈为遵批考核辎重营军官,择尤请奖,乞核示事。

窃奉钧府批开,"呈悉。查所送辎重营军官升调表内,系将全营军官悉数列保,办法殊属不合,应由该师长严加考察,另呈核办,仰即遵照。此批"等因。奉此,自应遵照办理。兹将该营军官严加考核,其业已升级增薪暨成绩欠优各员均予除去外,查有该营少校营附林锐,成绩优美,积资颇深,拟请记升中校,照中校八成支薪;上尉连长王渊溯,成绩极优,积资将届三年,拟请升任少校,照少校八成支薪;少尉排长阮兆熊、徐鸿祥、宋灏等三员,成绩均优,此次防御出力,拟请均升任中尉,照中尉十成支薪。是否有当,理合备文呈请,仰祈鉴核示遵施行。谨呈。

（原载《浙江公报》第一千五百四十号,二六页,批牍）

浙江都督吕批

义乌县呈报拿获花会首犯陈阿成一名到案由

据呈,"亲率队警拿获著名花会首犯陈阿成即陈成祥一名,并搜获小刀一柄,拘案讯办"等情已悉。该知事勤奋从公,深堪嘉许。仰

高等审判厅转饬即提陈阿成讯明,依法拟判,克日具报核夺,仍严密查拿于华华等务获究报。此批。六月二十三日

(原载《浙江公报》第一千五百四十号,二六页,批牍)

浙江都督吕批

江山县呈报执行盗犯管大昌死刑日期由

呈悉。盗匪管大昌既据该县验明正身,执行枪毙,应准备案,仍仰勒缉逸犯胡光辉等务获究报。缴。六月二十二日

(原载《浙江公报》第一千五百四十号,二六至二七页,批牍)

浙江都督吕批

发高检厅据东阳李沈氏控张知事滥用
威权枪毙氏夫李才春一案由

禀悉。本案业经前巡按使饬道派员查明,该氏之夫李才春委系周匪党羽,供认伙劫金辉煌家,实属死当其罪等情,并据高等检察厅详请批候部示录报在案。嗣后,司法部如何批示及该厅如何办法,未据报明。据禀前情,仰高等检察厅查案呈复核夺。此批。六月二十三日

(原载《浙江公报》第一千五百四十号,二七页,批牍)

浙江都督吕批

高审厅呈为松阳县监犯脱逃拟请管狱员等分别议处由

据呈已悉。松阳县监犯李士根、叶海恩二名,承间攀断笼栅越狱脱逃。该有狱、管狱各员,均难辞疏忽之咎,应准如呈将该县知事余生球,照章罚俸半个月,并将该管狱员金毓麟罚俸两个月内十分之三,以为修理该县监狱之用,藉示惩儆。一面仍饬勒缉逸犯务获究报,仰转咨同级检察厅,并饬该县知事知照。缴。六月廿三日

(原载《浙江公报》第一千五百四十号,二七页,批牍)

浙江都督吕批

发民政厅据宁波商会详为沈家门商会
总理任满改选请核委由

查本省商会已有多处改照新法办理,前次该商会禀请改组,大局正在吃紧,前都督避纷更起见,故批令"暂行照旧办理"。现在大局既已粗定,此项办法未便久令独异,仰民政厅迅予参照会章,妥议统一办法,转饬遵照,并通饬各属一体遵行可也。此批。详抄发。附件存。六月二十三日

（原载《浙江公报》第一千五百四十号,二七页,批牍）

浙江都督吕批

发高检厅据金华县呈报本年四五月份盗匪
抢劫案件月报表遵报高审检厅汇转由

呈悉。该县四、五月份境内并无盗匪抢劫案件发生,殊堪嘉慰,仰高等检察厅饬仍随时切实查防,以保治安。此批。六月二十三日

（原载《浙江公报》第一千五百四十号,二七页,批牍）

浙江都督吕批

民政厅呈复建德县公民陈子贞等禀请饬县取消附税由

呈悉。缴。六月二十三日

附原呈

为呈覆事。案奉都督批发建德县公民陈子贞等禀为民穷捐重请饬县取消附捐由,内开,"禀悉。查此项加收自治附捐,前据该县公民陈鹏展等禀请取消,业经批饬民政厅核办去后。兹又据该城镇乡公民陈子贞等禀请前来,仰民政厅并案核办,呈复候

夺可也。此批。摘由、钞禀发"等因。奉此,查前奉批发邵嗣彦等禀同前由,业经拟具办法呈请钧核在案。兹据该公民等禀请,核与邵嗣彦等前禀相同,似应仍照前呈所拟,暂以征收一年为限,以示体恤。奉发前因,理合将拟照前呈办理缘由,备文呈覆,仰祈都督察核施行。谨呈。

（原载《浙江公报》第一千五百四十号,二七至二八页,批牍）

浙江都督吕批

民政厅财政厅会衔呈报划分征收矿税办法由

呈悉。准予备案,仰即知照。此缴。六月二十四日

附原呈

浙江民政厅、财政厅呈为会衔呈报划分征收矿税办法,仰祈鉴核事。

窃照本省矿务案件,前经遵照都督核准公布之《民政厅组织条例》第八条规定,由财政厅咨交民政厅接收办理,并由厅长等分别呈报在案。兹查矿产税为国税收入之一,关于征收事项,应仍归财政厅办理。至矿区税,拟由民政厅征收转解,以清权限而符向例。节经厅长等往返咨商,意见相同。除饬各征收矿税机关一体知照外,所有划分征收矿税办法缘由,理合会衔备文呈报都督鉴核备案施行。谨呈。

（原载《浙江公报》第一千五百四十号,二八页,批牍）

浙江都督吕批

发财政厅为永嘉县呈大校场余地
可否变卖抑应酌留请示遵由

呈悉。该县地近瓯江,为浙东冲要之所。原有旧校场拨余存地

六十余亩,应暂行留备军用。所请变价标旧一节,应毋庸议。此批。
六月二十三日

(原载《浙江公报》第一千五百四十一号,一九一六年六月二十七日,一三页,批牍)

浙江都督吕批

财政厅据称张鸿荐充该厅官产科科长由

呈及履历均悉。据称以张鸿荐充该厅官产科科长,应即照准,仰将发去任命状转饬祗领。此缴。六月二十四日

附原呈

呈为呈请事。窃照清理官产事宜,奉饬归并本厅办理,业经厅长呈准添设官产科,遵批拟具条例,复请钧督汇入改组案内核示在案。所有官产科科长一职,事务重要,自应遴员荐任。兹查有张鸿,于官产事宜素有经验,堪以荐充本厅官产科科长,理合造送履历,具文呈请,仰祈钧督鉴核,发给任命状,以重职守,实为公便。谨呈。

(原载《浙江公报》第一千五百四十一号,一三页,批牍)

浙江都督吕批

财政厅呈复丽水县遵电查复金华军队
剿办宣丽土匪骚扰情形由

呈悉。缴。六月二十四日

附原呈

为遵批呈复金华军队剿办宣、丽土匪情形,仰祈察核事。

本年六月十四日,奉钧府政字第一三六一号,批丽水县知事陈赞唐呈为遵电查复金华军队剿办宣、丽土匪骚扰情形乞核示

由,奉批,"据呈此次宣平因剿匪拘获之嫌疑犯,业经德教士赵安怀、冉民诚,向涂知事请准保释,并将房屋什物点交乡警邻右看管,该委余振铎办理此事,尚无不合,应准免议。至所称抢物一层,已据涂知事邀同德教士同赴营中检查,未得一物,是所称抢掠等事,亦无实据。惟该哨官彭玉成等在梁村等处究竟有无骚扰事实,仰警政厅查明核办,具复示夺,并将现在办理情形咨行交涉公署查照。此缴。抄呈发"等因。奉此,查此案前据该县知事并呈到厅,当批以"金华军队剿办宣、丽土匪,有无乘机抢扰情事,该管带吕建标既因带队赴松未及调查,应候饬由该管统带查明当时情形,据实具复,再行核办。至此次宣、丽土匪啸聚,夹杂教民,如果调查明确,自应按照《惩治盗匪条例》分别严办,决不能因教民稍予宽纵,贻害地方。除饬第三区统带遵照外,仰即知照,仍候都督批示祗遵",并据第四区统带详同前由各在案。兹奉前因,除将现在办理情形咨行交涉公署查照,并俟第三区统带查复到厅另文呈报外,理合先行呈复,仰祈都督俯赐察核,实为公便。谨呈。

(原载《浙江公报》第一千五百四十一号,一三至一四页,批牍)

浙江都督吕批

军械总局呈为汇送五月分收发硝磺军火报册由

呈、册均悉。查军械关系至重,故各局非有本府印单或饬文不能擅给。今阅第一军械分局册报,五月份发给鄞县巡防局老毛瑟枪五十枝、子弹五十颗暨皮件等项,并无本府饬单,仅据四十九旅饬文,既违向章,复紊权限,殊属不合。惟念防务紧要,姑宽免议。嗣后仍须遵照向章办理,毋再玩忽,致干咎戾。至前项已发之枪枝、子弹照章应缴价洋九百五十元,应由该分局长向其补收,汇案解府,以符定例,仰即转饬遵照。此批。册存。六月二十四日

(原载《浙江公报》第一千五百四十一号,一四页,批牍)

浙江都督吕批

平阳知事呈请核给退伍兵林春元四年下半期减饷由

呈悉。该退伍兵林春元未领四年下半期减饷银九元,准予此次补发,仰即转知丽水团区知照可也。此批。六月二十四日

（原载《浙江公报》第一千五百四十一号,一四页,批牍）

浙江都督吕批

缙云县知事呈报垫发亡兵杨新昌二年遗族年金请拨交财政厅作为地丁解款由

呈及印领、领结均悉。查核该县垫发亡兵杨新昌家属第二次遗族年金三十五元,数目相符,业已发交金库收作该县应解正税取回库收,随批发仰该知事照收具报可也。此批。领结存。六月二十四日

（原载《浙江公报》第一千五百四十一号,一四页,批牍）

浙江都督吕批

第二十五师师长呈为九十八团三等军医正陈彝镛等二员请照现职十成支薪由

呈悉。步兵第九十八团三等军医正陈彝镛、三等军需正俞启瑞二员,既据称服务均在二年以上、成绩颇优,准自六月份起,月薪照现职十成支给,以示鼓励,仰即转饬知照。此批。六月二十四日

（原载《浙江公报》第一千五百四十一号,一四至一五页,批牍）

浙江都督吕批

第二十五师师长呈为九十七团十二连连长遗缺以陈筹委充由

呈悉。步兵第九十七团十二连连长缺,准以该团上尉差遣陈筹委充,仰将发到委任状转饬给领。此批。六月二十六日

计发委任状一张。

（原载《浙江公报》第一千五百四十一号，一五页，批牍）

浙江都督吕批

杭州关监督呈送报告表由

呈及报告表均悉。此缴。表存。六月廿四日

附原呈

呈为造送本关五年五月分各种报告事。案查本关四月分税项收入以及本关地点名称，并本关丝、茶输出，农产物出入数量各表，业经分项填送在案。兹届造送五月分报造之期，应即将本关五月分税项收入以及本关地点名称，并本关丝、茶输出，农产物输出输入，理合逐项填表，呈送都督察核施行。谨呈。

计呈送各种报告表六纸。

杭州关民国五年五月分税项收入统计表

税 别	关平银数	折合银币	备 考
进口正税	九五四·七一五	一·四五五·六〇二	查向例折合银元以关平银一〇〇·〇〇合库平银一〇一·六四〇，再以一五合洋。嗣奉税务处电饬，以一〇一·六四三申库平复，以库平一两合大洋一元五角计算。
出口正税	一七·九二五·六九三	二七·三三〇·三一八	
复进口半税	一·一七五·〇四九	一·七九一·五三二	
洋货入内地子口半税	四八四·四三二	七三八·五八七	
土货出内地子口半税	无		
船钞	七·二〇〇	一〇·九七七	
合计	二〇·五四七·〇八九	三一·三二七·〇一六	
说 明	查洋药一项，本关早经禁绝进口。合并声明。		

杭州关地点名称一览表

关 名	所在地	原关名	现管分关分卡	经 费	备 考
杭州关监督公署	拱宸桥			本署经费每月一千五百元,由税务司按月拨送。	本署于五年四月间,迁移如上列之地点。
杭州关	拱宸桥	新关	嘉兴		本关并无常关,所属嘉兴分关,亦系海关性质,向归税务司管理。所有两关税项均由税务司收解。
			闸口		查江干闸口分卡,亦系隶属海关,由税务司派员管理。

杭州关民国五年五月分丝类输出数量统计表

类 别	数 量	备 考
丝吐	三千三十八斤	
经丝	无	
细丝	无	
滞头	无	
干茧	无	
合计	三千三十八斤	
说明		

杭州关民国五年五月分茶类输出数量统计表

类 别	数 量	备 考
绿茶	十二万九千二百八十一斤	
红茶	四万七千五百七十三斤	

续 表

类　别	数　量	备　考
毛茶	三十六万七千九百三十三斤	
茶末	三万二千四百十六斤	
合计	五十七万七千二百三斤	
说明		

杭州关民国五年五月分农产物输出数量统计表

类　别	运往通商口岸及复出口	数　量	备　考
大豆	上海	十八担	
棉花	无		
洋烟草	无		
土烟草	上海	四百八十担	
芝麻	无		
说明			

杭州关民国五年五月分农产物输入数量统计表

类　别	由通商口岸进口	数　量	备　考
大豆	上海	一万二千三百二十一担	
棉花	同	九百九十二担	
洋烟草	同	四担	
土烟草	同	九百六十五担	
芝麻	同	七十九担	
说明			

（原载《浙江公报》第一千五百四十二号，一九一六年六月二十八日，七至一〇页，批牍）

浙江都督吕批

发民政厅据瑞安县知事刘泽龙因国会召集准予辞职遴委由

据呈，国会召集，亟需赴会，呈请辞职，自应照准。仰民政厅迅即遴员荐候任命，并转饬该知事知照。此批。六月二十四日

附原呈

呈为国会召集，请准辞去现职，迅饬遴员接替，以便赴会事。

案奉六月九日《浙江公报》载，旅沪国会议员致都督公函，内开，"根据民国《临时约法》第二十条及二十八条，由议员等正式通告，自行集会，参、众两院议员，除附逆者外，统限于六月三十日以前，齐集上海，凡都督命令所及之地，即祈以公文代布"等语。具蒙代布，仰见我都督赞助国会、尊崇正当《约法》之至意，莫名钦感。窃中华民国二年正式国会，知事被四川选民依法选举为众议院议员，嗣被前大总统非法解散，有职莫举，于焉三祀。浙省独立，待罪瑞安，上承都督之指麾，方思以一邑自效，无如迭接两院议员函催赴会，限以程期，又接故乡父老联函，责以濡滞。本非观望也，而谓以一官自恋，瞀昧爱国之真衷，势难擅离也；而指为迭召不行，违反选民之初意，词严义正，无说自解。伏自维思，各省起义，皆以划除帝制、拥护共和为帜志①。欲绝一人之专制，不可无责任内阁；欲矫内阁之过失，不可无监督机关。两院议员实负其责，而百法之所从底定，庶政之所由设施，发言盈廷，趣舍每异。且人之才智各有长短，坐论起行，不能相兼。知事上年在院标揭共和正义，联络同志，揄扬党纲，缓急赖以调停，威福不为屈易。此次惩前毖后，益觉任重道远。是知事请辞现职，实

---

① 帜志，底本下衍"愿"字，径删。

欲掩短而用长,尚非避难而趋易、捏故辞职者有别,当在都督洞鉴之中。奉布前因,宜增奋迅,除县属各项要政仍照常进行外,现已一面督饬员书将经手各件从速结束,一俟派员到日便可交替,倘得两院法定人数早日满足,知事将来在院于国利民福有一节足纪,目前之纠纷赖以立决,万岁之共和于焉巩固,皆出我都督今日所锡赉,尤非知事一人之幸也。所有国会召集限期迫促,已将任内经手各件从事清结,应请辞去现职,以便依限赴会各缘由,除分呈民政厅外,理合具文呈请都督迅赐核示,准予遴员星驰赴瑞接替,不胜迫切待命之至。谨呈。

(原载《浙江公报》第一千五百四十二号,一○至一一页,批牍)

浙江都督吕批

民政厅呈复淳安县知事呈保卫团及署员警奖案仰核由

呈悉。准如所拟办理,仰即转饬知照。记功状随发。六月二十四日

附原呈

为呈覆事。

案奉都督批发淳安县知事呈为保卫团暨县署兵警缉捕得力造具名册请核奖由,批开,“据呈,该县团警等此次办理方三喜家劫案,六日之内全案破获等情,尚属勤奋可嘉,应准酌予给奖。仰民政厅查案酌拟呈候核夺,仍先饬该县知事知照。此批。原呈抄同册发”等因。奉此,查北乡保卫团团总王嘉谟一员,前于奉批核奖该县保卫团冬防得力人员案内,以该员热心团务,防缉认真,由厅给予一等徽章一枚,饬发该县知事转给祗领在案,自可毋庸再奖。其在事出力之团丁二十七名、县署队警六名,拟如呈各给赏银一元;牌长四名,拟各给赏银三元,准予在准备金项下支销。至该县知事办理此案督率有方,破获迅速,拟请由都督记

功一次,发给功状,用昭激劝。所有奉批查案酌议缘由,除饬该县知事知照外,理合备文呈复,仰祈都督核夺批示祗遵。谨呈。

(原载《浙江公报》第一千五百四十二号,一一页,批牍)

浙江都督吕批

财政厅呈送浙省统捐各局长履历并各局通年比额表由

呈悉。缴。表存。六月二十五日

附原呈

为呈送事。案奉都督饬开,"照得征收捐税,贵在委任得人,而成绩比较,尤关考勤。为此饬仰该厅长限文到三日内,迅将现任征收差职各员详细履历、所得奖惩功过及现职到任年月、比较成绩,一律汇册造送备查。又,各项经征机关所有常年分月额定总数暨上三年比较增减数目,并各分项造具表册,详送备查,毋延"等因。奉此,合将各捐局长履历暨各局通年比额,分造两表,备文呈送,仰祈都督察核。谨呈。

附表二纸。

浙省统捐各局长履历成绩表

局 名	姓 名	籍贯	资 格	到 差 日 期	到差日起截至五年三月底止比较	
					盈	绌
杭县	汪曾保	江苏	县知事	四年十一月一日	三四八元	
闸口	陈亚春	同	同	四年十一月念一日		三·〇七二元
硖石	汪龙标	安徽	同	四年十月一日		七九五
海昌	沈 钧	同	同	四年十二月十一日		三·六二七
塘栖	吴启璋	江西	同	五年五月二十一日		

续 表

局 名	姓 名	籍贯	资 格	到 差 日 期	到差日起截至五年三月底止比较	
					盈	绌
艮山门	李景枚	江苏	同	四年十月六日		五·〇一〇
馀东关	谢宸慈	广西	同	四年九月十一日		五·四一八
嘉兴	许鬻鹏	浙江		五年五月十六日		
嘉善	谭锡瓒	湖南	县知事	四年十月二十六日		八三
海盐	廖绍纲	江西	同	五年五月二十一日		
桐乡	窦炎	安徽	同	四年九月十一日		四〇·七二五
平湖	钟寅	浙江	前清布理问	四年十二月念一日		九七九
吴兴	杜述琮	江西	前清进士法部主事	四年十二月十一日		三·二七三
新市	黄又望	同	前清县丞	四年六月十六日	二·一七五	
乌镇	陈炳业	湖南	县知事	五年二月二十一日		一·一三九
菱湖	郭曾程	福建	县知事	四年十二月十一日		七·一九〇
南浔	朱元树	浙江	前清进士翰林院编修	四年七月十六日		三四·七一九
双林	李颐	江西	县知事	四年十月十一日		六·七九七
武康	邓心芬	福建	同	五年二月二十一日	三四〇	
雪水桥	刘凤起	江西	前清进士翰林院编修	四年十月四日	一〇·〇八五	
长兴	秦肇煌	江苏	县知事	五年一月二十六日		四五
鄞县	吕敬敷	安徽	前清荫生	本年一月十一日	三·八五二	
宁洋广	盛鸿焘	广东	县知事	四年十月二十一日		五·三六一
宁镇船货	顾思义	江苏	前清同知	四年九月六日		八·三九五
宁波闽货	黄皞芬	福建	前清知府	四年十二月一日		一九六
绍兴兼广洋	朱潞	浙江	前清知县	三年十月十一日	六·一五六	

局 名	姓 名	籍贯	资 格	到 差 日 期	到差日起截至五年三月底止比较	
					盈	绌
萧山	祝履中	同	前清县丞	三年十一月一日	二七·二一八	
闻堰	李彦铭	江苏	县知事	四年十一月十一日	一·九〇一	
安昌	郭芳春	直隶	同	四年九月十一日	一·六〇一	
余姚兼安馀慈镇花捐	李光邺	湖南	前清道员	四年十一月一日		一九·一〇二
曹娥	翁庚孙	江苏	县知事	五年一月十六日	三·三一九	
海门	蒋 冶	浙江	前署常山知事	四年八月一日	一二一	
兰溪	汪 莹			五年四月二十一日		
龙游	徐鼎勋	江苏	县知事	五年二月二十一日	一·六二一	
常开	汪张黻	浙江	前清主事	四年九月二十六日	一一·六三四	
严东关	章 桢	河南	前清直隶州知州	四年九月二十六日	二·二七五	
威坪	殷李鈗	江苏	县知事	四年十月一日	七·六五九	
清湖	田 程	贵州	同	四年十一月念六日	八五二	
永嘉	李寿慈	直隶	同	五年四月六日		
温洋广	朱鼎新	浙江	前清县丞	四年六月三日		五·五三四
平阳	吴葆诚	江苏	县知事	四年十一月一日		二·二五七
瑞安	陈乃楫	浙江	前清知县	五年五月二十六日		
丽水	叶 纲	福建	县知事	五年三月一日	五〇九	
青田	陈 韶	浙江	巡警学堂毕业	四年一月二十一日	二·四七六	
松阳	王敬培	江西	县知事	四年十一月念一日		八·〇八四
龙泉	王乃禄	山东	同	四年十一月一日		一·六一九

浙省各统捐局通年比额表①

局名	百货	烟	茶及茶塘工	运丝	经丝	用丝□茧	绉	厂纱	茧衣壳	木棉	总计
杭县	七七·五〇八	一三·六二八	七·二〇								九一·八五六
闸口	七五·六九二		五二·一八								一二八·〇七二
硖石	一六·五一〇	九·三六	五·四〇〇	一四七·三二二		四·九二四					一七五·〇八一
海昌	二六·一五〇			一三九·〇七二		九·八四八					一七五·〇七〇
徐东关	五四·二八七	三·六〇	一〇·三〇〇	六·〇八		九·八五一					八〇·〇九六
塘栖	一七·七四〇	三·三六〇		二一·〇四		六·八一〇					五〇·七一四
艮山门		五·四一四		九·〇四〇		三九·七二九			一·五〇〇		五〇·三一九
嘉兴	一二〇·二九九	五·四一四		九·九四七		六·七〇七					一五二·三六七
嘉善	二五·五〇			三·〇二九		二·〇二〇	七·〇〇〇				三七·五九九

① 本表带＊为前数相加与后者不一致，或底本错漏，未能确认。

续 表

局名	百货	烟	茶及茶塘工	运丝	经丝	用丝□釜	绸	厂纱	茧衣壳	木棉	总计
桐乡	二八·二〇	六六·二四〇		一〇·〇三二		一三·一〇四					一一七·三九六
海盐	一二·一〇			二三·五七〇		四二·七五					三九·九四九
平湖	四六·二六九	八七九		五·一〇一		三四·三九				六·五四〇	六二·二二八
吴兴	一七·三〇			九九·二九〇		三〇四·三三					二〇七·九八三
雪水桥	七九·八四		四六〇	一·一四二六	九四·九七一	一二一		八八·三二〇			八一一·九〇一
南浔	一九·六〇			一四五·五六二		一三·二六					二六一·二一九
菱湖	一四·九八九			一三四·五六〇		九九·三六					一五九·四八五
乌镇	一六·九八〇	五·七六〇		三八·一八〇		一二七五					六三·二九五
新市	一六·五一〇	八·六四〇		三九·一七七		二九·三三					九四一·一六〇
双林	一五·二七三	一·二		七四·五四四		二五六五					九二·三九二

续 表

局名	百货	烟	茶及茶塘工	运丝	经丝	用丝□窑	绸	厂纱	英衣壳	木棉	总计
长兴	一八·三六〇		六六六〇	一六·〇〇		一·八六一					三七·一八一
武康	一六·〇一		六·六〇								二二·六〇一
鄞县	一四九·〇三一	二·六一〇	一五·八三								一六七·四四四
宁洋广	一〇九·八二一	一九·八二四	八·〇三								一二九·六五五
宁镇船货*	一二七·八九〇										一二七·八五〇
闽货	六·一一四〇										八·一一四〇
绍兴	五九·六一八		三·〇〇			四·四一六					六六·〇三四
萧山	九一·二九八	四一·一六〇	一七·九〇〇			二·九五八		一七·七四〇			一三〇·八九六
闻堰*	一〇六·三五〇	四一·一六〇	二〇·一〇〇								一六八·二八〇
安昌*	二三一·七三六	三六〇				六·〇〇〇					三〇二·一九六

续 表

局名	百货	烟	茶及茶塘工	运丝	经丝	用丝□蚕	绉	厂纱	茧衣壳	木棉	总计
余姚	二四三·一〇					一·六三四				二一·九七五〇	二四五·五一四
曹娥	四四·五一〇	五五·二〇〇	一三·〇〇								一一二·七一〇
海门	六八·九四四	三·五〇九	二·九六三								七五·四一六
兰溪	八五·〇六七	四三九	一三·一八四								九八·八九三
龙游	八〇·六六	九九〇									八一·六五〇
常开*	一〇八·七二〇	二七·五二四	二九·八六四								一六六·一〇八
严东关	五六·〇八〇	八八·二五	二一·八二二								七八·七二六
威坪	四九·一七〇	四五〇	七·六一五								一二五·二三五
清湖	二三·二二〇	六·六二四	七·四八								三七·三三二
永嘉	四一·〇七〇	一·三〇一〇	三八·九七〇								八一·三四〇

520

续　表

局名	百货	烟	茶及茶塘工	运丝	经丝	用丝□窑	绉	厂纱	茧衣壳	木棉	总计
温洋广	三〇·二七〇										三〇·二七〇
平阳	九·一五〇	七·五六〇	一·六二六								三三·〇三六
瑞安	一三·八三〇	六九二									一四·五二一
丽水	二四·〇五〇		二·〇〇								二六·〇五〇
青田	二九·四七〇		七〇五								三〇·一七五
松阳	三·九四〇	四一·〇〇〇									四四·九四〇
龙泉	三〇·二六〇										三〇·二六〇

（原载《浙江公报》第一千五百四十二号，一一至一一六页，批牍）

浙江都督吕批

财政厅派委会同银行监理查杭甬交通银行情形并善后由

呈、摺均悉。发行钞票必须现金准备充足，斯周转方克灵通。所有杭、甬两交通银行所存现金，既据查明短于未收回之钞票为数甚巨，应时已属为难。且该两行均由申行分设，申行迄未开兑，影响所及，于营业前途尤多危险，自应通盘计画，妥筹办理，以免后患而固金融。察阅所拟善后办法，尚属周妥，仰速分饬遵办具报，并饬徐委员先将甬行人欠、欠人各款究有若干，出入相抵尚余几何，克日详细查明，开摺呈送察核，毋延。切切。此批。六月二十五日

附原呈

呈为遵饬派员调查杭、甬交通银行、号营业情形，并将该行、号筹划取缔办法详细呈复，仰祈核示祗遵事。

案奉钧督批本厅呈派员调查杭、甬交通两银行请核示由，奉批，"呈悉。仰即会同银行监理专派妥员严密查明，呈候核夺"等因。奉此，厅长遵即会同监理派委黄曾延前赴杭县交通分银行，徐述垚前赴宁波交通分银号，饬将该行号盈亏情形，并纸币发行留存及现金存放各细数，严密调查具报转呈核办去后。旋据委员黄曾延复称，"遵于九日前赴该行，与该行营业主任接洽一切。据称该行系由申分出，并不直接北京总行，当根据五月三十一日止，存欠总表与各底账核对一过。而自六月一日至八日止，各账亦均详细核对，尚无错误。至纸币发行数目，仅有发行号码簿一本，并无按日登记发行数目账簿。兹因便于查核，特造具盈绌一览册及钞票发行收回各数及库存现款一览册各一件，呈请鉴核"。又，据委员徐述垚复称，"遵于十一日抵甬，即至该行调查。行长杨汉汀已于前三日晋省，乃向会计员朱继芳、刘子久二人调

取簿据,将纸币发行留存及现金存放各款详细核对,将该行办理赢亏情形,条禀于左,伏乞鉴核"各等情到厅。据此,查该行号均由申行分出,资本每仅规元两万两,此次停兑风潮,幸经本省官商力与维持,市面不致摇动。乃闻上海交通银行,迄今仍未开兑,其余各处行号,恐亦如是,信用日坠,难免波及于浙省。厅长等再四思维,该行号若不通盘筹划,何以正本清源?查黄委员开呈杭州分行营业盈绌册内载,人欠项下有申行七月一号到期规元五万两,并注有该款系申行借与甬号款项之一字样。又,钞票发行收回各数及库存现款册内载,未经收回钞票六万一千一百六元,库存现款一万二元二角,收回留存钞票共二十二万七百十元等语,是现金与发出钞票,两数相抵,尚短五万一千余元之巨。设或一旦挤兑,势必应付无从。盖杭行与甬号虽分隶于申行,不相统属,而同是交通名义,且设立均在浙江区域之中,自应互相联络,共同扶持。而况甬号由申行借有杭行之款规元五万两,反承其弊,杳无归束,应即饬令甬号克日扫数归还,以资清理。又,查徐委员禀开条内所载,甬号纸币共领十七万元,最流通时共发出十二万三千元,今则收回过半,尚有发出四万四千四百六十元,所存现洋不过二万五千二十一元一角六分九厘等语,是现金与钞票相抵,不敷已及半数,惟放款尚多,应即取回以作收兑之用。总之,钞票之发行,务须准备充足,斯营业得以稳固。现在该行号运掉不灵,而留存待发之钞票,杭号计有二十余万元,甬号计有十余万元,若再听其滥为发出,不加取缔,则日后恐愈难期收拾矣。为今之计,惟有仍饬该委员等会同杭、鄞各县知事分别将该行号未发行留存之钞票,一律查点清楚,暂予悉数封存。其已发行者,即令该行号登报广告,迅速设法收回,以固金融而杜后患。所有厅长等派员查明杭、甬交通银行、号各情,并善后办法,理合将黄、徐二委员所陈各节,分别开摺,一并备文呈复,仰祈钧督鉴核俯赐批示遵行,实为公便。谨呈。

（原载《浙江公报》第一千五百四十二号,一六至一八页,批牍）

吕都督电黎大总统

请释褚辅成常恒芳两议员由

北京黎大总统鉴:

国会议员褚辅成、常恒芳无罪久禁,前由在沪议员电请释放,奉总统复电,已交院核办,迄今多日,未见实行。褚、常两议员本无罪之人,横被拘禁。现在是非已明,当然省释,与有罪已经科刑,须经特赦手续者不同,应请迅赐电皖释放,以慰人心而昭公道。浙江都督吕公望。敬。印。（中华民国五年六月二十四日）

（原载《浙江公报》第一千五百四十二号,一八页,电）

浙江都督吕牌示

报到候补知事分次传见日期由

为牌示事。照得本省候补知事,前经本都督通告于下星期起,每星期一、二、三日下午一时至三时,分班传见,并令先期来府报明寓所,以便将传见日时排定通知在案。兹据各该员等陆续报到前来,合亟排定日时分班接见。为此示仰后开各员分别按照排定时间,齐集本府招待所,静候依次传见,毋得自误。切切。特示。

计开:

星期一即二十六日,下午一时,第一班接见人员

袁家声　刘光谦　喻荣华　谈长康　陆钟瑛　李　炎　陈锡钧

任汝明　丁乃为　沈维城

星期一即廿六日,下午二时,第二班接见人员

王志鹤　陈培斑　唐永锡　魏云辉　黄丽中　刘泽沛　黄长松

吴祥麟　邓元禧　李庚甲

星期二即廿七日,下午一时,第一班接见人员

林觐光　王宗海　谢伯镕　刘则汤　李云峰　吴　琳　姚　熙

陈锡畴　王宝谦　胡　镛

星期二即廿七日,下午二时,第二班接见人员

张选英　张正权　舒　钧　周国铨　黄夏钧　郑玉耀　施沛霖

（原载《浙江公报》第一千五百四十二号,一九页,牌示）

浙江都督吕批

第六师师长呈为造具选送二十五师各兵士姓名清册由

呈、册均悉。此批。册存。六月二十六日

附原呈

为呈报事。

本年六月六日奉钧府饬军字第三二一号,内开,"为饬知事。本月三日据陆军第二十五师师长周凤岐详称,'窃职师所属步兵第五十旅编练在即,该旅所需军士亟须由旧有各部队挑选补充。查该旅所需军士,除上士及各本部军士另行挑选,及将补充兵第一、第二两营军士编入该旅外,尚须补充中士六十八名、下士一百三十六名,加以四分之一之预备额,共计需军士及候补军士二百五十五名。师长拟将上项军士及候补军士,分由第六师及职师所属步兵第四十九旅于下列人员挑选之。一、志愿兵出身者;二、经步兵第二十三团教导团教育者;三、各团下士、上等兵及曾受上等兵教育者,并须品行端正、学术优长、体格强壮,方为合格。其应分行挑选之人数,计第六师应选预备为中士者七十三名,应预备为下士者一百二十二名;步兵第四十九旅应选预备为中士者十二名,应预备为下士者四十八名。此项应行挑选之士兵,除步兵第四十九旅由师长直接饬令挑选,及应由第六师挑选

之士兵由师长函请第六师师长迅即选送来师外,仰祈钧府转饬,
务照上列资格人数慎重挑选,先将名册移送职师,待集合地点及
时日决定后,即行通告。至该项士兵所用被服,因一时制备手续
繁难,均请准予由原属部队移用。所有呈请转饬挑选士兵俾资
编练缘由,理合备文呈请钧府迅饬第六师照办,不胜盼祷之至。
谨呈都督鉴核施行'等情到府,合函饬仰该师长迅即查照办理为
要。此饬"等因,并于同月三日准兼代陆军第二十五师师长周凤
岐函同前由,即经职师规定各团应送士兵额数及日期,转饬所属
各步兵团遵照选送去后。嗣据各团将前项规定士兵携带被服先
后选送前来,即派职师上尉副官廖家驹分起转送该师验收在案。
奉饬前因,除函复外,理合造具选送各士兵姓名及携带军装清
册,备文详报,仰祈鉴核备案施行。谨呈。

陆军第六师选送第二十五师任用士兵姓名及军装数目清册

谨将职师所属各步兵团中选送陆军第二十五师各士兵姓名
及所携带军装开列,呈请鉴核。

计开:

步兵第二十一团各士兵

下士杨海棠、下士许益升、下士蒋月青、下士孟雄、下士叶圓、
下士胡纯文、下士金雨顺、下士吴宝林、下士朱凤升、下士黄梅高、
下士赵褚复、下士江鸿裕、下士陈大鹏、下士姜锡荣,上等兵赵夏
桂、上等兵秦炳元、上等兵王越、上等兵许国云、上等兵柳知春、上
等兵毛正煜、上等兵石贤松、上等兵赵文英、上等兵何银桥,一等兵
韦雍高、一等兵黄永山、一等兵陈立升、一等兵袁永生、一等兵赵坤
明、一等兵潘元茂、一等兵张鹤想、一等兵鄢德进、一等兵陈永法。

以上士兵共三十二名,其所携带军装,共计黄色军帽三十二
顶、黄色军衣裤三十二套、裹腿十四双、黄皮鞋十四双、肩章十四副。

步兵第二十二团各士兵

上等兵林德兴、上等兵顾一虎、上等兵周汉鼎、上等兵楼扬标、上等兵李国祥、上等兵李振英、上等兵何燕灿、上等兵陈天康、上等兵何秀棠、上等兵冯金荣、上等兵夏阿昌、上等兵陈毕选、上等兵傅岩生、上等兵汪之珊、上等兵徐文来、上等兵徐桂和，一等兵周得标、一等兵叶欣、一等兵陆子球、一等兵屠金标、一等兵沈云耀、一等兵蒋炳山、一等兵沈基、一等兵沈亚焕、一等兵叶凤飞、一等兵汪志成、一等兵王得林、一等兵杨得标。

以上士兵共二十八名，其所携带军装，共计灰色军帽二十八顶、灰色军衣裤二十八套、裹腿二十八双、黄皮鞋二十八双、肩章二十八副。

步兵第二十三团各士兵

下士徐扬清、下士钱培臣、下士夏鸿达、下士洪品林、下士汤文绪、下士张茂铨、下士周振标、下士林孔武，上等兵夏鹤卿、上等兵廖凤棋、上等兵夏中兴、上等兵寿章庭、上等兵周文麟、上等兵蔡得敬、上等兵王鼎新、上等兵王森钦、上等兵许法荣、上等兵石道明、上等兵石永祥、上等兵徐元明、上等兵郑达长、上等兵郑廷酉、上等兵袁天霞、上等兵吴鹏飞、上等兵胡屏藩、上等兵吕振扬、上等兵陈克敏、上等兵郑芝玮、上等兵洪加帜、上等兵毛心伯、上等兵余玉麟，一等兵鲁上达、一等兵徐长生。

以上士兵共三十三名，其所携带军装，共计黄色军帽三十三顶、黄色军衣裤三十三套、裹腿三十三双、黄皮鞋三十三双、肩章三十三副。

步兵第二十四团各士兵

中士郑连生、中士黄锦标，下士冯志卿、下士周奎、下士戴荣椿、下士徐钧、下士朱国贤、下士唐得标、下士王保顺、下士何其强、下士唐舞、下士林方东、下士夏霆、下士陈文彬、下士包炳灿、下士斯惟善、下士倪廷桢、下士应江鸿、下士徐毅、下士张若麒、下士徐强、下士徐来、下士金则廉、下士胡振源、下士金汉松、下士陆奇林、下士金璠、下士叶周海、下士胡亮、下士陈佐高、下士王启绰、下士俞广生、下士童裕宽、下士龚萃、下士谢璧、下士张铨、下士黄超、下士韦润珊、下士王佩章、下士卢玮蓂、下士陈琭、下士胡方枢、下士徐学初、下士赵思远、下士方馥檀、下士沈兆兰、下士徐肇基、下士张开龙、下士施毅、下士黄彪、下士周琴、下士叶伊新、下士陈国栋、下士陈学范、下士郑焕、下士黄纪芬、下士陈贤和、下士郑翼汉、下士陈廷球、下士沈国干、下士吴荣华、下士王烈、下士徐宾城、下士汪锦荣、下士陈斌，上等兵汪毓麒、上等兵陈宗汉、上等兵张舒林、上等兵孙泮芹、上等兵王化忠、上等兵杜文岳，一等兵徐步湘、一等兵徐锦铨、一等兵毛连高、一等兵蒋子仲、一等兵邵樟森、一等兵陈有明、一等兵胡仁廷、一等兵李汉新、一等兵卢永酉、一等兵包得标、一等兵徐震元、一等兵朱贵明、一等兵吴望川、一等兵陈金标、一等兵董子齐、一等兵朱灿英、一等兵魏兴汉、一等兵陈畴、一等兵周旦、一等兵郑玮林、一等兵姚成龙、一等兵伍连本、一等兵姜葆德、一等兵陈绍、一等兵陈德庄、一等兵陈其功、一等兵郎樟之、一等兵徐益玉、一等兵朱刚、一等兵周云龙、一等兵张云龙。

以上士兵共一百另二名，其所携带军装，共计黄色军帽一百另二顶、黄色军衣裤一百另二套、裹腿一百另二双、黄皮鞋一百另二双、肩章一百另二副。

以上总计士兵一百九十五名，共黄色灰色军帽一百九十五顶、军衣裤一百九十五套、黄皮鞋一百七十七双、裹腿一百七十七双、肩章一百七十七副。理合登明。

（原载《浙江公报》第一千五百四十三号，一九一六年六月二十九日，七至一一页，批牍）

浙江都督吕批

财政厅议复商会禀请删除账票等项印花税
并零卖烟酒牌照税暨请减印花税罚则由

察阅呈覆各节，于体恤商艰，维持国税，确已兼筹并顾。至减轻印花税罚则一端，尤得情法之平，均应如拟办理，仰即通行一体知照。此缴。六月二十四日

附原呈

呈为遵批议复事。

查接管卷内本年五月五日，奉前都督屈批杭州商务总会禀请删除账票、发票、庄票及十元下之当票印花税并零卖烟酒牌照税由，内开，"禀悉。所陈各节，自是实情，应准将印花税及烟酒牌照税稍为变通，量予核减，以示体恤，仰财政厅核议复夺饬遵。此批。摘由、抄禀发"等因，吴前厅长未及核办，移交前来。正核议间，于六月七日奉都督批该商会续禀前由，内开，"禀悉。查此案业经前都督屈批饬财政厅核议复夺，兹据续禀前来，仰财政厅迅即汇案妥议复夺饬遵。此批。摘由发"等因，并抄禀一纸下厅。奉此，遵查印花税及烟酒牌照税，一则有维持信用之效力，一则为特许营业之凭证，均含有保护权利性质，本属最良税法。浙省自照章实行以来，每年收数亦尚可观。值此库帑支绌，军糈浩繁，原有捐税均持为确定收入，实未便轻议更张。惟察阅该总会原禀所陈商困情形，亦系实情，自应遵批悉心妥议，总期于体恤商情之中，仍不失维持国税之意。如原禀请将账票、发票、支票及十元下之当票印花税删除一节，查各店铺逢年逢节，账票系属先期抄送揭数知照欠户，似与银钱收据稍有区别，应即暂准免贴印花。至当票印花税，原定十元起贴，续定一元起

贴,迭据该业吁请,经财政部改为四元起贴,以本年六月为限,限满仍一元起贴。兹核原禀所称,典当有利济贫民性质,与他业不同,尚系实在,应暂准满十元者照章贴用,未满十元者免贴。其发票、支票两种,初非年节账票可比,断难率行删除,应请亦以满十元者起贴、未满十元者免贴。又原禀请将零卖烟酒牌照税删除一节,查烟酒牌照共分四种,整卖居其一,零卖居其三,若零卖营业概不缴纳,照《税则》公家损失甚巨,况原定年缴税率,甲种十六元,乙种八元,丙种四元,已极酌中,且系分期缴纳,担负尚不为难,不特未便删除,抑亦无可核减,应请仍照旧章征收,无庸置议。缘奉前因,理合将遵批妥议情形备文呈复,仰祈都督鉴核。抑厅长更有请者,印花税罚金订有专则,推行之始,藉以督促进行,原属不得已之举,乃奉行不善,适以启苛扰之端,乡僻小民或于税法未尽了解,遽罹重罚,衡情不无可原。上年十二月间,虽经财政部饬知暂行减轻,以一年为限,然减轻之数,在贫民误犯者仍觉力有未逮。窃以为科罚本恉,祇在示儆,非以取盈,必情法两得其平,斯推行无虞阻滞。今拟再予变通:凡属于第一类之罚金,如不贴印花或贴用时未盖章画押者,以一元以上之数处罚;贴不足数者,责令补贴,免其处罚。属于第二类之罚金,如不贴印花或贴用时未盖章画押者,以五元以上之数处罚;贴不足数者,以一元以上之数处罚;遇有实在无力遵缴罚金者,仍得援照违警处分换科拘留。如此力持宽大,特予减轻,商民具有天良,宜何如因感知戒,相率遵章贴用,于印花税收入或能转有裨益。是否有当,统候批示祗遵,实为公便。谨呈。

(原载《浙江公报》第一千五百四十三号,一一至一二页,批牍)

浙江都督吕批

盐运使查获仁和场书吏尚无勒索
舞弊实据并设立总柜情形由

呈悉。提粮过户，仅凭粮书出立执照，不由官署盖印，实易滋生弊窦，仰即饬知该场妥拟方式，呈由该使署核准，克期实行，并应由该运使通饬各场，如有前项情形，均应一律整顿。余均如呈办理。缴。

六月二十六日

附原呈

两浙盐运使署呈为查明仁和场书吏尚无勒索舞弊实据，并设立总柜情形请鉴核示遵事。

案奉钧府批民人相炎德禀蠹书成群、朦官虐民，请饬设柜完粮一案，奉批，"据禀各节，是否属实，所请设立分柜之处，是否可行，仰盐运使饬仁和场知事查核办理"等因。奉此，遵即饬场查复去后。兹据代理仁和场知事何知非复称，"知事奉饬后，遵将该人民所禀各节，严密饬查。一原禀所称粮书隐匿，由单向不给发一节。查由单照例应先分发，惟现在场书均裁串领出，持串向收，其已收者即付给串票，不再交付由单，或一时不完，另行约缓者，则先给以由单，故由单有给、有不给者，场署征课递年一律，由单数目与旧串无异，不难查得。现已饬知各该粮书，无论花户是否照纳，应将由单一并交付，以息人言。一原禀所称粮书等每亩勒索乡包一节。查原禀所称勒索等情，并未指名，各粮书亦不承认，实属无从确查。知事现拟出示禁止，如有前项勒索情事，准其指名禀控，以杜弊窦。一原禀所称户管执照，均由粮书私出，官署无从查考，提粮过户需费不等一节。查提粮过户，须由粮书查明有无纠葛，出立执照，相沿已久，沿属前清积习，自应设

531

法整顿。现拟照各县新户折办法，于下忙开征时，饬各花户将旧照呈验，另给新折，概行盖印。嗣后过户，均须呈领盖印新户折，以备查考而除积弊。一原禀所称花户名册临时开征取去，使官厅无可查对一节。查花户名册，粮书虽各有收存底册，然自民国以来，上下忙实征册并串根流水，均存场署，尽可查对。原禀所称，殊与事实不符。一原禀所称场内设总柜，乔司设分柜，照《杭县章程办法》，准持由单或上年粮串为凭，赴柜缴课一节。查设柜启征，关系改革，况欲场内设柜兼于乔司设立分柜，既设分柜，亦何止乔司一处，需费既巨，用人亦夥，工食杂用，在在需款，从何筹措？查各县办法，仍取于民，况县中粮赋多者数十余万，少亦万余两。仁场灶课，仅年征二千四百余两，如分设各柜，势实为难。灶课花户多零星散处，数既细微，完纳又甚疲滞，必待催迫再三，始肯完缴。场署额警有限，断难事事催征，若经屏斥，粮书势必无人负责，不特办理困难，而能否如现在之年清年款，殊无把握。且五年上忙早已开征，粮串均经裁出，如设柜亦须迟至下忙。事关改革，知事实未敢轻率从事，究应如何办理之处，理合将遵查情形，据实陈明"等情。据此，除批："粮书裁串催征，虽系沿习旧例，究属易滋弊混，应自五年分下忙起，责令粮书按户先发由单，并由该知事督同场署会计员及书记，即在本署设立总柜立限征收，俟限满后，如有延不完纳，再行裁串，责成粮书催完，以维国课。并将场署应提征收费，酌予粮书津贴，以资办公。分柜以限于经费，准暂缓设。粮书勒索舞弊各节，既经查无实据，准予免议，仍随时侦查，毋任朦混。并将场署设柜征收办法，妥议具复核办，仍候呈明都督核示可也。此缴"印发外，合将饬场查复情形，并议设总柜便民完纳及分柜以限于经费暂行缓设缘由，具文呈复，仰乞钧府鉴核示遵。谨呈。

（原载《浙江公报》第一千五百四十三号，一二至一四页，批牍）

浙江都督吕批

据遂安县知事陈与椿呈境内半年以上并无盗案发生
请将出力营警员弁援案记功由

据呈,该县境内半年以上并无盗案发生,请将警佐余新元、驻遂警备队哨官吴振声、哨长徐锡桂等援案记功等情,仰民政厅会同警政厅分别查核呈复办理,转饬知照。此批。抄呈发。六月二十四日

（原载《浙江公报》第一千五百四十三号,一四页,批牍）

浙江都督吕批

民政厅呈为委任金兆梓为第七中校长请备案由

呈悉。准予备案。履历补呈。此缴。六月二十五日

（原载《浙江公报》第一千五百四十三号,一四页,批牍）

浙江都督吕批

民政厅据余姚陈金源等禀知事玩纵匪首张玉麟等由

据禀已悉。仰民政厅查核道署原卷,转饬余姚县知事遵照前批勒缉本案为首滋事各犯,务获究办,毋再玩延,切切。此批。禀抄发。六月二十五日

（原载《浙江公报》第一千五百四十三号,一四页,批牍）

浙江都督吕批

长兴县知事呈为保董施佩埙办事奋勇呈请核奖由

呈、摺均悉。该保董施佩埙抵御股匪奋勇可嘉,仰民政厅查案核奖具报,并转饬该知事先行传饬知照。此批。呈及清摺均抄发。六月二十五日

（原载《浙江公报》第一千五百四十三号,一四页,批牍）

浙江都督吕批

新登茧捐局呈报撤局日期并出运茧数由

呈、摺均悉。既据分别呈报，仰候财政厅核销饬遵。缴。摺存。

六月二十六日

附原呈

为呈报事。

窃局长前奉财政厅饬委办理新登茧捐局务，业将开办日期分别呈报在案。兹据茧行福裕和等，均于本月十五日先后声请过秤报捐，共出运干茧七万九千八百四十八斤，共收正沪捐暨附税沪公所经费银元八千九百四十二元九角七分六厘。除照章支拨地方公益等项，实存银元七千五百五十五元二角九分六厘，已如数扫解省金库验收，即于本月十九日撤局。除将收支各项分别造册呈送财政厅核销外，合将撤局日期并近三年出运干茧数目开具清摺，呈报钧府察核备案。谨呈。

附清摺

新登茧捐征收局长汪原澄，今将本届茧捐出运数目，比较三、四年出运数目盈收百分中之九分零，开具清摺，呈送察核。

计开：

三年份报运干茧七百陆十九担（是年连夏茧收数在内，四年及本年份停收夏茧）；

四年份报运干茧七百三十五担；

本年份报运干茧七百九十八担。

（原载《浙江公报》第一千五百四十三号，一四至一五页，批牍）

浙江都督吕批

警政厅长呈为奉饬核议各道署警队应如何编置由

呈悉。金华道署警队编入第三区警备队，已于另禀批饬遵照。瓯海道署警队，即依议办理，仰即转饬戴统带，并分行各属遵照。缴。
六月二十六日

附原呈

为呈复事。

本月九日奉都督饬开，"本月五日据接收瓯海道尹裁撤事务委员徐象先支电称，'现当临时警备道警队即警备队之一，祈请暂归统带管辖，似于临时指挥较为灵捷，会商郑知事、戴统带，意见相同，可否乞电示'等语。据此，除电复'准暂归戴统带兼管'外，查此项道警队，前据金华道道尹沈钧业暨第三区警备队统带刘凤威电称，'职区兵力本属单薄，且第六营尚未足额，现在职署已奉令裁撤，原有道警队拟请编入第六营为第三哨，可否乞电示'等语。当经电复'仍查照通饬，暂移交同城知事管辖，应否编入营哨，候仰警政厅核议饬遵，并饬该厅迅速妥议办法，呈复核夺'各在案。此次瓯海道警队准归警备队统带管辖，亦系暂时办法，必须筹有专属的饷，方能持久。其关于钱塘、金华、会稽三处道警应如何分配编置，并应酌量就地情形，统筹办法，以专责成而免悬宕，合亟饬仰该厅长迅即查照前饬，并案核议，饬道具报。此饬"等因。奉此，查前奉钧饬以"金华道署警队应否编入第三区营哨"等因饬厅核议，业经职厅查明，现时经费无着，议饬县先行遣散，呈请核示在案。兹奉前因，复查钱塘、会稽两道署，向未编练警队，自毋庸议。瓯海道署原编警队二哨，因经费不敷，裁留一哨。此项警队系由左前道尹带来之兵编练而成，于地方情形既不熟悉,现在又无专属的款可筹,且零星编募,亦非正当办法,拟饬令第三、第四区统带将各该道署警队详加考验,择其精壮而有的保者,补抵各该区营哨什兵缺额,其余各什兵一并遣散。其遣散之兵,除按日算给饷银外,并每名加给川资洋三元,以示体恤。所需饷洋、川费仍照各该道警队向来办法,由各该道属各县分别匀摊,由准备金项下作正开支,以资结束而免悬宕。并限文到两日,将各该署警队分别补抵遣散办理完结具报。所有遵饬核议各缘由,是否有当,理合备文呈请都督核示遵行。谨呈。

（原载《浙江公报》第一千五百四十三号,一五至一六页,批牍）

浙江都督吕批

淳安县知事呈报判处盗犯吕洪鲁一案由

呈及供、判均悉。仰高等审判厅核饬遵照。此缴。供、判存。六月二十六日

附原呈

呈为判拟强盗罪犯,据情呈报察核事。案查事主方三喜家被盗抢劫一案,业经缉获盗犯吕洪鲁等,讯供确凿,据情填表通详,并即复讯无异,按律分别科刑各在案。查此案判决早经确定,未据该被告人等声明不服,除照章抄录供、判,呈请高等检察厅转送复判外,理合抄录全案供、判,备文呈报,仰祈鉴核示遵,实为公便。谨呈。

（原载《浙江公报》第一千五百四十三号,一六页,批牍）

浙江都督吕批

民政厅呈复嵊县竺德颀被匪戕毙一案由

呈悉。缴。六月二十六日

附原呈

呈为呈复事。本年六月九日案奉钧督批据嵊县知事呈报验办竺德廒被匪戕毙并获匪钱竹安讯供大概情由填格请核由，奉批："呈悉。保卫团总竺德廒猝被匪戕毙，殊堪悯恻。所请援例给恤，应即照准，仰民政厅核明饬遵具复，并饬严缉滋事匪徒务获究办，暨咨高等检察厅查照。至副呈摘由有'获匪钱竹安讯供大概'字样，而呈内并未叙及究竟如何错误，并饬明白另呈核夺，毋稍迟延。缴。格结存。呈抄发"等因。奉此，查该知事所引各条例，尚无不合，惟查照《保卫团条例》第十八条第五项之规定，是必先有捕拿盗匪之原因，然后乃有被伤或毙命之结果，条文规定，意义甚明。细核原呈所称，该已故团总竺德廒于四月十六夜当深夜筹画捕匪、假寝待旦之际，突来匪徒多人，开枪乱击，立时毙命等语，是该已故团总竺德廒于捕匪行为尚未实在进行，其所以被戕毙命之原因，尚属疑问，似应先饬该知事将是案凶犯获案讯实录供，另文呈复察夺，以期核实。奉批前因，除遵照分别咨饬外，理合备文呈复，仰祈钧督核示施行。谨呈。

（原载《浙江公报》第一千五百四十三号，一六至一七页，批牍）

浙江都督吕批

宁海县知事呈报格毙伙匪洪见舜一名情形由

此案已据台州镇守使呈报，当经批令，"随时督饬，认真缉拿，将著匪邬顺昌等悉获究办。至此次所用子弹，并准核销"在案。据呈前情，仰高等审判厅转饬即提邬文水等研讯明确，按律惩办，具报核夺，仍咨饬营警勒缉余匪，毋稍漏网，切切。此批。六月二十六日

（原载《浙江公报》第一千五百四十三号，一七页，批牍）

浙江都督吕批

为民政厅长呈报全省警费仍照三年度成案办理请备案由

呈悉。警务关系全省治安,其经费自应通筹赢绌,互相酌剂,岂容各属自为风气,致碍进行。所拟地方警费办法,仍照民国三年份成案办理,自应照准,仰即通饬各属一律遵行。缴。六月二十六日

（原载《浙江公报》第一千五百四十三号,一七页,批牍）

浙江都督吕批

松阳县知事呈报放免内乱嫌疑犯金红桥一名由

呈悉。内乱嫌犯金红桥一名,既据查明放免,应准备案,仰高等检察厅转饬知照。此批。表存。六月二十六日

（原载《浙江公报》第一千五百四十三号,一七页,批牍）

浙江都督吕批

民政厅长请变通核发警察官吏恤金手续由

如呈变通办理,仰即分饬遵照。此缴。六月二十六日

附原呈

呈为给发警察官吏恤金事有窒碍,拟请变通办法,仰祈钧鉴批示遵行事。

窃查接管卷内,核发警察官吏恤金,向系按照中央颁行《恤金条例》及《施行细则》办理,分为专咨、汇咨两种。凡请恤警官,均随时专案咨请内务部转呈批准给发;其余请恤警长、警察、保卫团员、团丁等,则汇案咨请内务部核准,覆到发给,约按半年汇咨一次,历办有案。现在本省独立,与中央政府暂脱关系,自不能仍照前案办理。惟查本年在未独立以前,已经前巡按使批准、未经汇咨请恤,以及嗣后发生应行给恤之案,亟应另定办法,方

有遵循。拟请将嗣后警官请恤案件，改为随时呈请钧督批示照发，其请恤警长等案，仍按半年或每季汇请一次。至请恤种类、恤金金额及其余一切手续，拟仍率由旧章，毋庸更改。似此变通办理，庶于已经批准、尚待汇咨请恤各案，恩谊不致久稽，而后来发生之案，亦可继续核办，不致无所适从。是否有当，理合备由呈请都督鉴核批示遵行，实为公便。谨呈。

（原载《浙江公报》第一千五百四十三号，一七至一八页，批牍）

吕都督函复省议会议员

省议会从缓召集由

径复者。展读六月二十一日台函，祗悉一是。当交政务会议开会讨论，佥谓，"省会虽应回复，惟省会组织系根据民国二年临时参议院议决之《省议会暂行法》，现在浙省事实有与《省议会暂行法》不相符合者。如省会权限，原以本省地方行政事务为范围，且国家行政事务权属国会。今国会尚未回复，若将国家行政事务并由省会议决，则与《省议会暂行法》违背；若仅议地方一部分之事，则其他一部分如何办法。此事实上不能解决者一。行政官厅与省会有争议时，按照《省会法》，应取决于中央机关，今浙省与北京政府尚未发生直接关系，如有争议，凭何解决。此事实上不能解决者二。应俟《约法》及国会两问题决定后，再定召集省会日期，方免窒碍"等语。自维谬承浙乏，任重材轻，深冀正式议会早日成立，各事有所依据。奈为事实所限，一时不克如愿，合将会议决定情形竭诚奉告，尚荷鉴原，仍望不我遐弃，时抒伟论，俾作南针，全浙蒙庥，匪独私幸。专此布复，敬颂

台祺

浙江都督吕公望启

六月二十六日

（原载《浙江公报》第一千五百四十三号，二二页，函牍）

浙江都督府饬军字第四百八十六号

饬委邵羲为本府谘议官由

为饬遵事。兹任命该员为本府谘议官,月支薪水洋一百二十元。合将任命状饬发,仰即祗领遵照。此饬。

计发任命状一张。

浙江都督吕公望

右饬邵羲。准此。

中华民国五年六月二十七日

(原载《浙江公报》第一千五百四十四号,一九一六年六月三十日,二页,饬)

浙江都督府饬政字第　号

饬任命徐肃为本府司法主任秘书由

为饬委事。查有该员堪以任命为本府司法主任秘书,合将任命状饬发,仰即遵照祗领,克日到差。此饬。

计发任命状一张。

浙江都督吕公望

右饬徐肃。准此。

中华民国五年六月二十七日

(原载《浙江公报》第一千五百四十四号,二页,饬)

浙江都督府饬政字第　号

饬民政厅准赴美赛会监督陈琪咨请转
饬协会派员赴沪领回赛品由

为饬知事。案准赴美赛会监督陈琪咨称,"本处运回赛品,已于前月底一律到沪,现在赶造卖、赠、运回三项清册,计期本月中旬可以一律造齐。相应咨请贵巡按使查照,转饬协会遴派妥员于六月二十五以后、三十以前,带同正式公文来沪,由本处验明后,以凭发品。再,此次赴赛经费,原定预算以物品运至上海为止,所有暂存上海堆栈及运回本省各费,均由各省自行支给。查贵省运回赛品共九十七箱,按招商局所定《堆栈费章程》约计洋三百元,并请连同自沪运省水脚发交该委员随带来沪,径行交付,即希查照施行,实纫公谊"等情。准此,合行饬仰该厅迅饬协会预备正式公文,并堆、运各费,届时遴派委员前赴该处领品,勿稍延缓。切切。此饬。

浙江都督吕公望

右饬民政厅厅长王文庆。准此。

中华民国五年六月二十七日

(原载《浙江公报》第一千五百四十四号,二至三页,饬)

浙江都督府饬政字第　　号

饬财政厅厅长莫永贞呈送发行
军用票告示请核印通颁由

为饬知事。案据该厅呈送刊印发行军用票告示,连同《章程》五千张,请予盖印,通饬遵照批示施行等情到府。据此,除盖印外,合行饬发该厅查照,仰即转行咨饬本省各机关一体遵照,并将印发告示分别饬交各县知事发贴晓谕毋违。此饬。

计印发告示五千张。

浙江都督吕公望

右饬财政厅厅长莫永贞。准此。

中华民国五年六月二十七日

浙江护国军政府都督吕为出示晓谕事。

照得浙省自此次举义以来,武备扩张,军需孔亟,加以他省停兑风潮，金融影响关系至巨，亟应预为筹备，藉以资巩固而便流通。查浙省于民国元年曾经迭次发行军用票，地方市面一律通行，信用久彰，成效大著。以后并经定期兑现，仍由官厅依限悉数收回，实属有百利而无一弊。兹据财政厅呈请仿照成案，制定军用票二百万元，业经本军府批准照办，即交财政厅陆续发行，以本省中国银行为总发行所，藉以辅助现金，维持商市。所有此项票券由本军府完全担保，并准完纳粮赋捐税。凡尔军民人等，务各照旧通行，勿存疑虑。如或有人造谣梗阻、伪造欺骗以及种种妨害军用票之流行，一经访获，立即从严惩办。除通饬遵照外，特此布告。并开列《发行章程》于后，仰各军民人等一体凛遵无违。切切。特示。

计开：浙江护国军政府军用票发行章程

一、本军府为维持商市起见，照民国元年旧例，发行军用票，以资周转。定名为浙江军用票。

一、本军府所发军用票定额二百万元，分为一元、五元、十元三种。

一、此项军用票行使效力，与市上通用银元无异，准其完纳粮赋捐税及一切公项。

一、此项军用票，以民国五年十二月二十日起，陆续兑现。

一、凡在本军府管辖区域内者，无论何人均应一体行使，不得梗阻。如有藉词不收或留难、抑价者，准该商民等指名控究。

一、凡零星买卖数在一元以下者，得以军用票一元找回银角及铜元，无论何项店铺，均须照找。

一、此项军用票之制造及发行权，属于本军府，如有伪造者，以军法处置。

（原载《浙江公报》第一千五百四十四号，三至四页，饬）

浙江都督府饬政字第二百二十八号

饬民政厅财政厅会同核议陈英士家属抚恤办法由

为饬行事。据周珏、殷汝骊、许燊、俞凤韶、张浩、杜士珍、张烈、蒋著卿函称，"陈公英士，手创共和，厥功甚伟，癸丑之役，师徒挠败，窜身海外。彼万恶政府，曾不惜悬数十万金之赏，以购首领。迨帝制发生，西南起义，袁氏又复以巨资贿其缓进。陈公竟至死不变，进行愈急，遂以身殉。夫生不容于巨奸，死又不予以旌恤，不惟长逝者魂魄私恨无穷，即此寡妇孤儿茕茕独立，将何从恃以为生？查徐公伯荪等皆由浙江公帑归葬西湖，陈、徐二公事同一例，今其家属卜葬在即，珏等义难缄默，公请都督褒奖先烈，俯顺舆情，即照徐公营葬先例办理，并将如何抚恤家属之处，亦一并酌量给发，以妥英灵而保哲嗣，至纫公谊"等情。据此，查陈君英士奔走国事，百折不回，壮志未酬，赍恨以没，表彰之典允宜从隆。惟徐君伯荪等营葬抚恤先例，本府无案可稽，又陈君家属业已自行卜葬，亦与徐君等由公家营葬者情形稍有区别，应由该厅会同财政厅、民政厅查明旧案，核议办法呈复，以凭核夺。除分饬外，合亟饬仰会同财政厅、民政厅遵照办理。此饬。

浙江都督吕公望

右饬民政厅、财政厅厅长。准此。

中华民国五年六月二十八日

（原载《浙江公报》第一千五百四十四号，四至五页，饬）

浙江都督吕批

第二十五师师长呈为九十七团排长施国瞻因病销差遗缺以该团差遣周德基委充由

呈悉。准以差遣周德基委充第九十七团第十二连三排排长，照少尉支薪，仰将发到委状转饬给领。此批。六月二十七日计发委状一张。

（原载《浙江公报》第一千五百四十四号，一一页，批牍）

浙江都督吕批

第二十五师师长呈为九十九团第三营军需舒绍基军医
姚绥寿由补充兵第二营改充请察核由

呈悉。第九十九团第三营二等军需舒绍基、二等军医姚绥寿二员，并应由本府加委，以昭慎重，仰将发到委状转饬给领。此批。六月二十七日

计发委状二张。

（原载《浙江公报》第一千五百四十四号，一一页，批牍）

浙江都督吕批

发高审厅为淳安县呈四年分垫支司法不敷
经费请在县税公益费内支销由

据呈垫支四年分司法不敷经费，请在县税征存公益费内提支归垫，能否照准，仰高等审判厅核明饬遵具复，并咨财政厅查照。此批。
六月廿六日

（原载《浙江公报》第一千五百四十四号，一一页，批牍）

浙江都督吕批

警政厅长呈为外海二区七队长以张启元
改充前委杜邦梁即予撤销由

呈及履历、任命状均悉。外海水上警察厅第二区第七队队长一缺，既据外海水上警察厅遴派张启元代理，并称接代以来，颇能胜任，应准改委，即将任命状随发，仰即分别饬知转给祗领。此缴。履历存。所缴任命状存销。六月二十七日

（原载《浙江公报》第一千五百四十四号，一一页，批牍）

浙江都督吕批

警政厅呈荐警正谭云黻请以知事存记任用由

呈及履历均悉。据称警正谭云黻资劳卓著,请以县知事任用,应即照准。除注册外,仰民政厅查照存记并转咨警政厅知照。此批。抄呈并履历发。六月二十七日

（原载《浙江公报》第一千五百四十四号,一一页,批牍）

浙江都督吕批

奉化县呈报枪毙匪犯应宝昌日期由

呈悉。缴。六月二十七日

（原载《浙江公报》第一千五百四十四号,一二页,批牍）

浙江都督吕批

萧山私枭聚众拒捕劫回私盐并伤警夺械
请分饬营县严拿首从各犯惩办由

呈悉。私枭拒捕,劫回私盐,并敢伤警夺械,不法已极。既据获犯汪阿春等三名,应即严讯缉究,仰高等检察厅速饬萧山县会营严拿首要各犯,提同汪阿春等讯明拟办,并将该犯等存盐、私械查明发封,暨咨该运使知照。此批。呈钞发。六月二十七日

（原载《浙江公报》第一千五百四十四号,一二页,批牍）

浙江都督吕批

平阳县呈报曾成绸等挂设花会夺犯殴警由

呈悉。棍徒开设花会,辄敢临拿拒捕,夺犯殴警,胆玩已极,仰高等检察厅饬即选派干警严密查缉首要各犯,务获究办,并饬瑞安县知事一体协缉,毋任诿延,切切。此批。六月二十八日

（原载《浙江公报》第一千五百四十四号,一二页,批牍）

浙江都督吕批

镇海县呈报范华氏被叶世昂等殴毙由

呈悉。言语细故，初非深仇，何致遽行置之死地，恐有别故，仰高等检察厅饬即访查明确，严缉叶世昂等务获，讯明实情，依限按律拟办，一面严禁赌博，有犯必惩，均毋延纵，切切。此批。格结存。六月二十八日

（原载《浙江公报》第一千五百四十四号，一二页，批牍）

浙江都督吕批

高检厅呈长兴县案犯俞小可否准予变通执行枪毙由

呈悉。凶犯俞小罪恶昭著，供证确凿，既经覆判决定，毫无疑义，应准饬提该犯执行死刑，以昭炯戒。至死刑用绞，久经规定，仰即转饬仍照定律办理，并将行刑日期呈报备案，并咨同级审判厅知照。缴。六月二十八日

附原呈

为呈请示遵事。

案据长兴县知事黄赞元呈，据案查凶犯俞小等先后杀毙俞大海及俞三一案，前经知事获犯讯供，于上年十一月十九日宣布判决，抄录供、判，备文通详，并遵章详送覆判各在案。嗣于本年一月十六日奉钧厅饬开，"案据该县详送覆判俞小等杀人罪一案，兹经同级审判厅审查决定，函送正本到厅，合行饬仰该知事查照，谕知裁判，并先将杨二执行日期详报。其俞小一名，候本厅详奉司法部覆准回报，再行饬知执行，切切。此饬"等因，计发决定正本一件下县。遵将杨二犯先行执行具报，俞小一犯监候奉饬执行。兹查该犯在监历时数月，部中准驳，迄未奉有明文。

此等穷凶极恶之犯，既经知事悉心研鞫于前，供证确凿，判决多日，不闻异议，复奉高等审判厅审查决定，颁有决定正本，案情固已毫无疑义，现值浙省脱离中央关系，惩治罪犯当然无必待部覆之法理。所有俞小一犯，似未便再任迁延岁月，拟请变通办法，早正典刑，以伸法权而昭炯戒。理合备文呈请察核，可否准予变通执行，并准用枪毙之处，仰祈迅赐批示，俾便遵循等情。据此，查此案前经覆判决定，即将该县报到谕知裁判日期，检同原审供、判并覆判决定书，专案详报前巡按使届咨部汇办在案。兹据详前情，应否准予变通之处，案关法权，理合备文呈请钧督核示饬遵。谨呈。

（原载《浙江公报》第一千五百四十四号，一二至一三页，批牍）

浙江都督吕批

发高等检察厅为余姚民人余家祚续禀犯逸赃悬请饬缉追由

尔家被劫及获盗情形，未据该县具报有案。据禀前情，仰高等检察厅转饬余姚县先行查案呈复，一面照案缉追究报。至缉捕盗匪，为官厅应负之责，何以该县竟令事主担任缉款，殊堪诧异，并由该厅查明具复察夺毋延，切切。此批。禀钞发。六月二十七日

（原载《浙江公报》第一千五百四十四号，一三页，批牍）

浙江都督吕批

高审厅呈报嵊县判处盗犯张大毛死刑一案由

呈及供、判均悉。嵊县盗犯张大毛迭次伙劫胡招老及钱雪照两家，得赃俵分，既据该县讯明，供认不讳，原判引用《惩治盗匪法》第三条第五款，经该厅查核，情罪相当，应准照判执行，以昭炯戒。仰即转饬提犯张大毛一名，验明正身，执行枪毙，仍将行刑日期呈报备案。至原判于张大毛应科从刑部分漏未科断，应转饬补允呈报，其余所获

各犯应讯实拟判具报,一面仍勒缉逸盗务获究办。缴。供、判存。六月二十七日

（原载《浙江公报》第一千五百四十四号,一三页,批牍）

浙江都督吕示

为接见续行报到候补知事由

为牌示事。照得本省候补知事,前经本都督通告分期接见,并将先行报到各员接见日期牌示在案。兹复据各该员等续行报到前来,合再排定日时,分班接见。为此示仰后开各员,务各按照规定时间齐集本府招待所,静候依次传见,毋得违误。特示。

计开:

星期三即二十八日,下午一时至三时

第一班接见人员

余允贞　唐钟华　刘光鼎　陈宗元　庞维刚　刘　云　李锡畯
许邓起元　吴清徽　郭传昌

第二班接见人员

陈诗庚　廖翙羽　陶绪兴　万　康　赵祖望　夏清寰　余文燏
朱灿奎　刘惟金　汤邦荣

中华民国五年六月二十七日

（原载《浙江公报》第一千五百四十四号,一七页,牌示）

浙江都督府饬政字第二百三十一号

饬高检厅据诸暨陈正灿电请饬县阻止保释陈永福由

为饬知事。本年六月二十六日据诸暨县民陈正灿电,禀称"控饬拿获正凶陈永福,现运动保释,请电县阻止。诸暨陈正灿血叩"等情。据此,查此案前据陈忠其、陈正灿先后禀经旧巡按使批厅转饬查复缉究在案,迄今日久,未据查复。据禀前情,合行饬仰该厅即便转饬诸

暨县迅遵前批办理,毋再任延,切切。此饬。

浙江都督吕公望

右饬高等检察厅检察长王天木。准此。

中华民国五年六月二十七日

（原载《浙江公报》第一千五百四十五号,一九一六年七月一日,二页,饬）

浙江都督吕批

长兴知事黄赞元呈给发警察恩饷是否
国税项下划领抑均在地方收入开支由

呈悉。此次给发恩饷,县警队暨地方警察所需款项,均应在地方收入项下动支,仰民政厅查照本府一二二六号批示转咨财政厅,将该厅前送请款凭单发还,另造报销呈核,并转饬该县知照。此批。抄呈发。六月二十八日

（原载《浙江公报》第一千五百四十五号,一四页,批牍）

浙江都督吕批

上虞知事张应铭呈造五月分缉捕盗匪成绩表由

呈、表均悉。未破各案仍督同营警严缉,务获究报,仰民政厅核存,并转饬知照。此批。抄呈连表发。六月二十八日

（原载《浙江公报》第一千五百四十五号,一四页,批牍）

浙江都督吕批

慈溪知事夏仁溥呈为军警长官保卫地方得力请酌奖励由

呈悉。所陈警队长陈鹏华六员防卫得力,请予奖励各节,仰民政厅咨会警政厅分别查核办理,转饬知照。此批。抄呈发。六月二十八日

（原载《浙江公报》第一千五百四十五号,一四页,批牍）

浙江都督吕批

为财政厅转据奉化县呈请免赔江口镇商会被劫印花税票由

呈悉。奉化县江口镇商会分事务所被劫印花税票,计银一百五十四元,既经查明确系实在,应准免予赔缴,以示体恤。仰即转饬遵照,并饬将是案赃盗克日严缉,务获究报。此批。六月二十八日

（原载《浙江公报》第一千五百四十五号,一四页,批牍）

浙江都督吕批

民政厅长呈复龙游县知事答辩被叶时著控诉侵渔积谷遵饬核拟由

呈及附件均悉。既据查明该知事并无侵渔情事,应免置议。叶时著历次误会,业经前巡按使批饬传谕申诫,姑从宽免议,仰即转饬知照。此缴。附件随发。六月二十八日

（原载《浙江公报》第一千五百四十五号,一四页,批牍）

浙江都督吕批

发民政厅据象山耆绅黄利模等呈为保卫森林请出示严禁由

禀悉。该处旧有林木,果系保安森林,业经该县前知事出示禁砍有案,姚先雅等何得藉口拼砍？仰民政厅转饬该县知事再行查明示禁可也。此批。摘由发。原禀及附件随发,仍缴。六月二十八日

附原禀

禀为保存森林防卫危害,公请出示严禁砍伐,以安地方而护民命事。

窃民等村庄夹于两大溪之间,东、西、南三面皆崇山深谷,北面濒临大海,每遇大雨,山瀑汇流于两溪,异常湍急,加之北面飓

风猛烈,以致沙堤屡遭冲决,村内田地庐舍时有淹没之患。先前居民虑及于此,乃就两溪沙堤栽植杂木,俾根盘于外以固堤防,枝茂于上以蔽村口。迄今不遭大水决堤、飓风肆虐,民等得安居乐业,实赖有该树之庇护,其关系地方之重大,久为村人所公认为保安林矣,曾经先辈黄月中等于前清道光十年禀县请示勒石永禁,又经民等于去年冬间禀请张前知事出示重禁在案①。不料有无业游民姚先雅等觊觎该树有利可渔,串客拼伐,藉呈浚溪朦禀县主,当蒙县主廖批:"禀悉。此树既经前任出示禁止有案,自应遵示办理,所请应毋庸议。此批。"该游民等狡计不遂,心犹未死,复变更名义,托词集资办学,朦禀前会稽道尹,蒙批:"饬县查明办理。"嗣由县据情转详在案。盖林名保安,案成铁证,原无破坏之能行,诚恐无赖游民借题架制,变化无穷,觊觎之心难保不复萌于异日。民等为森林图保存,即为地方谋治安,不然保安之林可以砍伐,风潮出险,民命何堪?今当道制取消,案悬未结,虽有县示,无以惩奸,怒焉心忧,村民一致,为此结抄全案,绘具地图,联名公叩,伏乞俯赐察核,出示永禁。一面令饬民政厅长饬县严行查办,庶可以杜觊觎而策善后。谨禀都督钧鉴。

（原载《浙江公报》第一千五百四十五号,一四至一五页,批牍）

吕都督覆余姚县知事电

据该县会营电禀浒山枭匪聚众滋事由

余姚王知事、王管带:有电悉。盗匪聚众夺犯伤毙探警,不法已极,仰即严拿究办呈报。都督吕。感。印。（中华民国五年六月二十七日）

---

① 张前知事,即张鹏霄(1875—1933)名觐珖,江西萍乡人,清末贡生。浙江法政专门学校毕业。民国三年七月至民国五年一月任象山县知事。张国焘之父。

附　余姚来电

都督吕、民政厅长王鉴：敬日浒山警察协同营探在车头村拿获饬缉著名枭匪积盗之余阿怀一名,上船开行,匪党胆敢聚众凫水捽翻船只,劫去余犯,并搀伤营探毙警士黄瑞旺一名,援队驰追不及,盗匪均逸。除勘验再会督军警医驰往严行拿办外,谨先电闻。余姚知事嘉曾、管带德明叩。有。(中华民国五年六月二十五日)

（原载《浙江公报》第一千五百四十五号,一九页,电）

吕都督复嵊县知事电

据该县电请枪毙盗犯张松见陈生运二名由

嵊县牛知事：府密。敬电悉。陈昌恒被劫身死案内获张松见、陈生运二犯,既据讯供直认抢杀得赃不讳,应准按法惩办,仰即提犯张松见、陈生运二名,验明正身,执行枪毙,照章余具供、判呈报备案,仍勒缉余犯务获究办。都督吕。沁。(中华民国五年六月二十七日)

附　曹娥来电

都督钧鉴：府密。西乡陈昌恒在途被劫身死,且案现获案内张松见、陈生运二犯[①],讯供直认抢杀得赃不讳,应照《惩治盗匪法》第三条第一款判处死刑。近日盗风不靖,谨择案由详请钧核电复准予照判执行,藉寒盗胆。供、判续详。嵊县知事牛荫麈叩。敬。(中华民国五年六月二十四日)

（原载《浙江公报》第一千五百四十五号,一九页,电）

浙江都督府饬政字第二百三十五号

饬各厅为各县知事应兴应革事件妥拟办法呈候核夺由

为饬知事。照得民生之休戚,视乎吏治污隆,欲策进行,端资考

---

① 底本如此,且案,"案"疑为衍文。

绩。本省各县知事虽经本都督分别加状委任,设非严定考成,将使阘冗之徒滥竽其间,而贤者反无以自见,殊非本都督刷新吏治、勤求民隐之意。各该知事在事日久,对于地方利弊当已知之有素,应于文到一个月以内,将该管境内一切应兴应革事宜,各就地方实在情形通盘筹画,分别财政、教育、实业、警政等项妥议简明办法,分开清摺,呈候核夺。其兼理司法各县,并将关于司法各事一并筹议。均须切实易行,不得剿袭陈言,尤不得稍涉夸张粉饰,致蹈空言无补之弊。其应行兴办推广事件,并须将预算经费若干、如何筹措及进行期限详细声明,本都督将以所拟办法之是否实行,暨实行成绩之如何,为各该知事考成之殿最。至到任未满三月之各县知事,应自到任之日起三个月以内,将前项办法妥拟呈核。除通饬各县知事遵照办理外,合亟饬仰该厅知照。此饬。

都督吕公望

右饬高审厅长、财政厅长、民政厅长、警政厅长、高检厅长。准此。

民国五年六月二十九日

(原载《浙江公报》第一千五百四十六号,一九一六年七月二日,一页,饬)

浙江都督吕批

嘉善县知事殷济呈报硖石老公茂拖轮
被风掀翻请奖救护出力人员由

据呈"水警、县警救护水难多人,请予核奖"等语,仰警政厅咨会民政厅分别核办具报。至雇募民渔等船打捞工价洋元,准在该县准备金项下支销可也。此批。六月二十八日

附原呈

嘉善县知事呈。案据探报,本年六月十四日下午九时许,有硖石老公茂申班益隆轮船驶至县属姚庄桥六里亭地方,突遇疾

风骤雨,致第二、第四两号拖船断缆被风掀翻,计第二号拖船内载男女搭客二十一人,第四号内八人,内洋人三名。时水警第七队队长柳寿春正在驾船游巡,当督水警竭力救护。知事得报后亦即派员带同警队法警前往捞救,登时将第四号船内华客五人、洋客三人全数救起,并救出第二号船内搭客男十四人、女一人,检查客数尚少男四女二是否捞起,时有先自走去者无从考核,并有一客以损失银元较多复自投水,亦即救回。随雇民渔等船日夜打捞,又获男、女尸身各二,并捞起银元一千五百余元,衣服、首饰五六十件,当将各尸验明拍照、棺殓,出示认领,捞获银元、衣饰,讯明给领,华、洋搭客分别送回。一面传同主管轮拖各船之何绍堂、陶旦生、周凤生、林金福讯问,佥称,"骤起暴风,一时不及停避,并非驾驶不慎,致有此失"等供。考核是日九时确有暴风雷雨,谓非驾驶不慎,自尚可信,应请免予置议。惟查《修正浙江全省巡长巡警赏罚规则》第七条,应行分别重轻记功之事,其第六款之"遇有水火灾害及一切危险,能竭力保卫者"等语,兹该轮拖船遇风掀翻、人遭淹没,水上警察第七队长警、巡警不避艰险极力救护,竟能获至二十三人之多,且内有洋人三名得以免起交涉,实属异常出力。除水警第七队队长柳寿春系同级官署,应如何奖励请由钧裁外,所有此次出力水警、长警拟请各给大功两次,县委带往警队法警五名拟请各给常功一次,俟奉允准再行查开名册,送请核奖。水警及县公署雇募民渔等船捞打,计工价洋十六元,已悉由县发给,可否准在准备金项下支付,并祈示遵。所有硖石老公茂轮拖驶至县境被风掀翻救护办理缘由,除呈民政厅外,理合呈报钧府察核。谨呈。

(原载《浙江公报》第一千五百四十六号,七至八页,批牍)

浙江都督吕批

发财政厅为硖石商务分会总理徐光溥[1]
呈请停止发行军用票由

呈悉。查本省曾于民国初年两次发行军用票，地方市面一律流通，并经定期兑现，依限收回，信用昭彰，成效大著。此次财政厅因本省独立以来需款孔殷，加以他省停兑风潮影响所及，金融未免阻滞，是以援照前案，呈请发行军用票，以资周转，原为补助现金、维持商市起见，有利无弊，事在必行，业经本都督批准照办，出示布告在案，并由财政厅与杭州商务总会筹议妥协，使财政与金融得以互为调剂，决不至如该商会之所顾虑。所请停止发行之处，应毋庸议，仰财政厅饬县转行该分会总理知照。此批。呈抄发。六月二十八日

（原载《浙江公报》第一千五百四十七号，一二至一三页，批牍）

浙江都督吕批

长兴县知事呈报日人小西秀雄到长游历入境出境由

呈悉。仰交涉公署备案，并转饬该知事知照。此批。六月二十九日

附原呈

为呈报日人到长游历入境出境日期，仰祈察核事。

案据警佐何裕春呈称，"六月十九日据巡长郑锡之报称，'有日本人小西秀雄于本日上午十一句钟由湖来长，售卖丸散等物，持有江苏交涉使一百九十三号护照一纸'等情前来。警佐当饬长警妥为保护外，并将该日人在境行为具报去后。兹据报称，该日人于本月二十日乘船赴虹星桥一带游历等情前来。据此，理

---

① 徐光溥（1872—1944），字申如，号曾荫，海宁硖石人。诗人徐志摩之父。

合将该日人小西秀雄入境日期备文呈报,仰祈察核施行"等情。据此,当经批饬该警佐派警照约保护,并据虹星桥警佐王洛章呈报,该日人于二十日夜八句钟赴湖等情前来。除批示外,理合将该日人入境出境日期具文呈报,仰祈察核备查。谨呈。

（原载《浙江公报》第一千五百四十六号,八页,批牍）

浙江都督吕批

民政呈复上虞陈吉甫禀因公亏累一案由

如呈办理,仰即转饬知照。缴。六月二十九日

（原载《浙江公报》第一千五百四十六号,八页,批牍）

浙江都督吕批

高等检察厅据吴兴县呈报押犯脱逃未获三名请通缉由

呈悉。押犯乘间脱逃,虽据追获五名,尚有三名在逃,实属疏于防范。看守所丁更有无知情贿纵情弊,仰高等检察厅即将该管狱官陆宗贽撤换,一面速饬该知事限日严缉逸犯萧金相等务获究报,届限无获即行议惩呈夺,并饬再提看守人等严讯察究,并由该厅照案通缉。此批。图、表、单存。六月二十九日

（原载《浙江公报》第一千五百四十六号,八页,批牍）

浙江都督吕批

发民政厅据长兴县知事呈团丁施松泉
拒匪毙命请照章给恤由

呈、表、诊断书均悉。该团丁施松泉拒匪伤毙,深堪悯恻,仰民政厅查核照章给恤,并行县转饬该团丁家族知照。此批。六月二十九日

附原呈

为团丁拒匪毙命,缮具给恤调查表并诊断书,备文呈送,仰

祈察核照章抚恤事。

案查民国四年十二月二十九日，有大股匪徒由溧阳、广德境内窜入县属芦家地，抢劫前四安保卫团保董蒋元松家财物、枪械、马匹等件，拒伤事主，复窜入广德所属项村一带烧杀掳掠，项村、宁村等处被劫一空。乃又侵犯长、广交界之金宗界，强逼张姓纸厂供给饭食，意图进劫县属白堰及煤矿公司。广德项村民团上山追击，宁姓兄弟二人被匪枪击陨命，县属合溪乡白堰、茅山各团闻警同往抵御，团丁施松泉右腿被匪枪伤，有一骑马匪目被团丁枪伤坠马，匪徒尽力将受伤匪目抢去，马匹由茅山团丁夺回。当经广德县知事带兵前至项村追剿，驻扎县属之四安、合溪各游击队及县派警队等亦先后赶至白堰。匪闻大兵四集，即向金鸡岭一带纷纷溃散。夺回马匹比由四安游击队带给事主认领，受伤团丁施松泉即永全送入吴兴医院调治，并一面分饬县属队警、团丁严密防守侦缉，当将详细情形分别报明。嗣据合溪乡保卫团团总朱锡麟报告，"团丁施松泉在吴兴医院因伤重毙命，业将尸棺运长"等语。知事于本年一月十九日下乡巡察边防，前赴其家验明尸棺，当经垫给抚恤洋四十元，复于二月八日详报前浙江巡按使暨钱塘道道尹各在案。查《地方保卫团条例》第十八条第五项内载，"捕拿盗匪被伤或毙命者，得由总监督呈明省长，照《警察恤赏章程》办理"等语。该已故团丁拒匪殒命，核与《条例》相符。现查该团丁遗族极为困苦，深堪悯恻，应请按照《警察官吏恤金给与条例》第三条既《恤金附表》第一号之规定，给与恤金一次洋一百元、遗族恤金五年洋二百五十元，以资鼓励。理合缮具给恤调查表并诊断书，备文呈送，仰祈察核俯赐照准。所有知事当时报明垫发抚恤洋四十元，请准予在县税准备金项下先行开支，并乞批示备案，实为公便。谨呈。

（原载《浙江公报》第一千五百四十六号，八至九页，批牍）

浙江都督吕批

发高检厅据义乌贾金氏续禀伊子
被警备什长纵兵枪毙请迅委确查由

卷查此案曾据控经前巡按使批遵查复,现在道署裁撤,究竟案情实在如何,仰高等检察厅按照控情委查复夺。此批。禀抄发。六月二十九日

（原载《浙江公报》第一千五百四十六号,九页,批牍）

浙江都督吕批

高检厅呈杭县监犯徐忠华等反狱情形由

呈悉。监犯徐忠华等意图杀伤看守,乘间反狱,实属藐法,仰即转饬杭地检厅依法诉办。此批。六月二十九日

附原呈

浙江高等检察厅呈为杭县监狱监犯徐忠华等着手反狱,立即镇夷并饬交杭检厅严办,仰祈鉴核事。

案据杭县监狱详称,"窃本年六月十二日午后五时,职监东监八号监犯徐忠华向值班看守徐壬生索茶,该看守将徐犯带出取茶,既返及门,徐犯陡用拳头向看守面部猛击,随即扑倒在地,用手力勒看守之颈部,声称致之死命。该看守竭力呼救,沈犯连生等出外帮助殴打,徐犯复以一手掩该看守之口,使其无声,沈犯同时强夺该看守手中之监门钥匙,随即将钥匙投入对面监五号之门锁内,已开及半,幸邻岗看守谢幼堂闻声驰救,见沈犯连生及一犯急窜入监,徐忠华犹跪按该看守徐壬生身上未释手,经看守谢幼堂用力扯开,始得归监。当将该号人犯分别详细提讯,佥称'徐忠华、沈连生先后出监朋打看守徐壬生是实,至夺取钥匙开五号门一节,亦佥供同。监犯施宝来于沈犯回监时,即问及

钥匙已带入否,沈犯答称,在五号门口'等语。徐犯忠华亦供沈犯连生实扭徐看守之手,是否沈犯,知不得知等语。复称看守徐壬生报告谓,'当四时四十分时,该号监犯八人同时立而游行,看守加以禁止不听,殷犯金山旋索取痧药,由看守取药由门洞送入,并未开门,未几徐犯忠华复索取茶水,遂成此变。当该犯等朋殴夺取钥匙时,各监号皆寂然无声'等语。又据殷犯金山供称,'徐犯忠华于事发之前一夜,通宵未寐'等语。与狱长详加研究,该犯徐忠华、沈连生胆敢意图杀伤看守、着手反狱,似无疑义。至殷犯金山,事前既知徐犯通宵未寐,而看守谢幼堂驰救时,亦见该犯方从门首急避入厕,施犯宝来于沈犯回监之时急问钥匙之所在,则该两犯形迹亦不无疑义。盖徐犯一夜不寐,与八人同时游行,实为事前预备之明证。至各监号人犯闻声默然,则为已通声气、静待开门之证。似此谋杀反狱,罪状昭著,不予从严惩办,不足以儆效尤而维狱政。除已将受伤看守徐壬生函请杭县地方检察厅验明外,理合备文连同该犯等罪刑清单,送请钧厅鉴察核办,实为公便"等情,计呈送清单一纸到厅。除批:"呈悉。查监犯徐忠华等胆敢意图杀伤看守、着手反狱,将此目无法纪[①],实堪痛恨。除饬交杭县地方检察厅迅予讯明从严律办,并呈报都督鉴核外,仰即知照。此批。清单存"等语印发外,理合备文呈报钧督鉴核备案。谨呈。

(原载《浙江公报》第一千五百四十六号,一〇至一一页,批牍)

浙江都督吕批

发高检厅据江山县呈报监犯廖金海图逃跌死情形由

据呈监犯廖金海图逃跌毙,既据验讯属实,并无别故,仰高等检

---

① 将,疑为"如"字之误。

察厅查核备案,并转饬该县知事,嗣后仍须严行防范,毋稍疏懈,切切。此批。格结存。六月二十九日

（原载《浙江公报》第一千五百四十六号,一一页,批牍）

浙江都督吕批

发高检厅为东阳县呈报检验羊小娜伤毙情形由

呈悉。黄阿娜等果有纠众抢掳、砍毙幼孩情事,何以反将羊臣汉送交永康县管押? 情节离奇,殊难尽信。仰高等检察厅饬即移询永康县查明羊臣汉获案缘由,并勒限严拘被告之黄阿娜等到案,研讯确情,按律究办,毋稍延误。此批。格结存。六月二十九日

（原载《浙江公报》第一千五百四十六号,一一页,批牍）

浙江都督吕批

金华县呈报日人重次郎到金游历入境出境日期由

呈悉。仰交涉公署备案,并转饬该知事知照。此批。呈抄发。六月二十九日

附原呈

呈为陈报事。

窃据警察报告,六月十九日有日人朴木重次郎带有护照,由兰来金游历,寄寓西门全安客栈等情,当饬一等警佐赵璋前往该客栈接见,察验护照,所填姓名核与该日人名氏相符,即经派警按约保护,密为监视。该日人在城经住一宿,仅于城厢内外游览山景,并无私行测绘情事,旋于二十日派警护送兰溪。理合将该日人到金游历出入境日期备文呈报,仰祈钧督鉴核备查,实为公便。谨呈。

（原载《浙江公报》第一千五百四十六号,一一页,批牍）

浙江都督府饬政字第二百三十四号

饬各县知事将地方应兴应革事件妥拟办法呈候核夺由

为通饬事。照得民生之休戚，视乎吏治之污隆，欲策进行，端资考绩。本都督莅任之始，各县知事虽经分别加状委任，然不严定考成，将使阘冗之徒滥竽其间，而贤者反无以自见，殊非本都督刷新吏治、勤求民隐之意。各该知事在事日久，对于地方利弊当已知之有素，应于文到一个月以内将该管境内一切应兴应革事宜，各就地方实在情形通盘筹画，分别财政、教育、实业、警政等项妥拟简明办法，分开清摺，呈候核夺。其兼理司法各县，并将关于司法各事一并筹议，均须切实易行，不得剿袭陈言，尤不得稍涉夸张粉饰，致蹈空言无补之弊。其应行兴办推广事件，并须将预算经费若干、如何筹措及进行期限详细声明，本都督将以所拟办法之是否实行，暨实行成绩之如何，为各该知事考成之殿最。至到任未满三月之各县知事，应自到任之日起三个月以内将前项办法妥拟呈核。际此民生雕敝、时事孔艰，各该知事身任地方，务各振作精神、力图报称，本都督有厚望焉。除分饬外，合亟饬仰该知事遵照办理，切切。此饬。

浙江都督吕公望

右饬各县知事。准此。

中华民国五年六月三十日

（原载《浙江公报》第一千五百四十七号，一九一六年七月三日，首页，饬）

浙江都督吕批

警政夏厅长呈据二区洪统带报第六营在
第一尖山剿匪并伤兵王金龙请恤由

呈悉。副兵王金龙因公负伤残废，应准照章酌予给恤，其著匪邬

仁昌暨在逃余匪，仍仰该厅转区督饬所属上紧侦缉，务获究报。此缴。六月二十九日

附原呈

呈为据情转报事。

本年六月十四日据警备队第二区统带洪士俊呈称，"本年六月九日据职部第六营李管带春知呈称，'五月二十九夜据宁、奉接界东遮山村民鲍锡端、张亨全奔城报告，著匪邬仁昌现由宁海里岙窜入民村，肆行骚扰，勒洋毁屋，请速派兵捕拿。管带当派第一哨哨长陈福升连夜偕同事主带队驰往。六月一日据报，三十日抵东遮山探知邬匪遁迹宁界第一尖山内，立率队伍协同该村及畈里岙等处民团数十名，于三十一日黎明入山搜剿。讵意山势险恶，该匪等俱隐身树丛发枪射击，各兵奋勇直前，竟被伤一哨副兵王金龙左腿，并毙民团张才表一名，又伤傅圣火一名。自晨至晚合力围攻，匪竟抵死不退，经我兵击伤邬匪右臂并伤匪徒数名，擒获一名，夺获前膛枪二杆、小枪一杆、短后膛枪一杆、马刀一把、子药袋十余只。匪势不支，始从黑暗中逃窜。我兵亦炸裂小口径枪筒一杆，并将伤兵抬营验治，连同获匪戴世才及枪械等一并解讯前来等情。管带当查第一尖为宁属最高之山，距离营部远至百余里，趁此邬匪受伤在逃不远之际，遂添派陈哨官廷鳌带兵往助，一面出示悬赏购缉。嗣据续报，邬匪伤后已遁往他处，余匪亦均分路窜逃，现正带队至各山严行搜捕等语。六月三日宁波船埠由警察侦获逃匪四名，俱系附从邬匪，其中以奉化六诏人应宝山即水有最为不法，当将该匪请提回奉。五日，管带又派探查获逃犯二名，均先后送至奉化县收禁。至受伤副兵王金龙送鄞医治，即由该院西医验得腿骨已断，弹犹未出，毒气上攻，必伤生命，当将左腿截去，已成残废。应如何酌予给恤之处，

仰祈批示饬遵。至此次销用剿匪子弹，容即查明列表，呈请核销'等情前来。据此，查著匪邬仁昌久在新、嵊、奉化一带出没靡常，迭经饬营会剿，无如此拿彼窜，迄仍在逃未获。此次虽经击伤，而依然网漏，殊属可惜，已饬令设法赶紧追捕。惟副兵王金龙现因伤成废，应如何给恤之处，伏候衡定。其炸裂小口径枪及销用各种子弹实数，应俟该管带列表报明后，再行呈请核销。除批饬该管带务将著匪邬仁昌等设法严密拿解，并将夺获匪械暂存汇解外，理合具文呈报钧厅鉴核俯赐察转示遵"等情。据此，除以："呈悉。据称著匪邬仁昌一名，虽经击伤仍被漏网，仰即上紧督饬所属设法侦缉，并严拿是案在逃余匪，务获究报。至该副兵王金龙因公负伤，既已成废，自应照章给恤，并仰转饬该管带填具给恤调查表二份，呈由该统带复查明确转呈核办，仍候据情呈报都督核示饬遵。此缴"等语批饬印发外，理合据情转报，仰祈都督察核施行。谨呈。

（原载《浙江公报》第一千五百四十七号，九至一〇页，批牍）

浙江都督吕批

发民政厅据汤溪县呈警察警队恩饷业已发
并请将警佐警队长核奖由

呈、册均悉。仰民政厅查核饬遵，并咨财政厅查照。至警佐朱善元、警队长杜自宏，应否量予奖励，并仰该县察议复夺。此批。抄呈及清册两本并发。六月二十九日

（原载《浙江公报》第一千五百四十七号，一〇页，批牍）

浙江都督吕批

民政厅呈拟请变通警察奖章关于给奖办法请示由

呈悉。准如所议办理，即由该厅通行遵照。此批。六月三十日

附原呈

呈为变通《警察奖章条例》给奖办法,仰祈钧鉴事。

本年六月十七日奉钧督批发瓯海道道尹呈请奖给景宁县警佐何绣林警察奖章由,奉批,"据呈'警佐何绣林任职满五年以上,开具事实履历,请予核奖'等语,仰民政厅查照《警察奖章》核议饬遵具报。此批。抄呈同履历、事实册各一份发"等因。奉此,窃查《警察奖章条例》由中央颁行,向来援照前项《条例》请奖之案,均由巡按使汇案,咨经内务部核准后,由部制就奖章,附填执照发回本省,分别给发。其准奖与否,权操自部,并非由省照章径奖。现在本省尚在独立期内,自未便循旧办理。惟论功给奖,用以鼓励僚属,亦未便因政局变更连带废止,似当另筹办法,以维现状。查《修正警察奖章条例》共为十条,除第六、第七两条内中规定给奖手续之一部分,现时不能适用外,其余各条均与共和政体不相抵触,且第九条规定退职警察、官吏及其他官绅人民各种奖励,亦颇有益于警察行政。况本省独立后并未定有应用奖例,凡从前不背共和政体各项法制,现尚继续适用。此项《奖章条例》似亦不必全然废止,拟请将应行请给奖章之案,改由该管长官声叙事实,呈由本厅核明相符,汇呈钧督核准,按等颁给,并仍请附给执照,以资信证,应缴还时,亦照此办理。其余各条,暂均仍旧适用。似此略加变通,庶不必大事更张,仍可继续进行,以免阻滞。如蒙批准,再由厅通行遵照。所有议改奖给警察奖章办法,是否有当,理合检同《修正警察奖章条例》一本,备由呈请都督察核批示遵行。谨呈。

(原载《浙江公报》第一千五百四十七号,一〇至一一一页,批牍)

浙江都督吕批

发民政厅据於潜知事郭曾煜声明并未
奉到二七号饬文恳请查明补发由

呈悉。前浙军总司令部二七号饬文系饬道转县,他属多已遵行,据称该县并未奉到,应准抄给一份。至犒赏业经改发恩饷,自不再行另给犒赏,仰民政厅转饬该县迅即遵照此次抄给二七号饬文办理具报察核。此批。六月二十九日

抄呈、计补给前浙军总司令部二七号饬文一件随发。

(原载《浙江公报》第一千五百四十七号,一一页,批牍)

浙江都督吕批

发民政厅为昌化知事鲍湛呈送兵警
名册请鉴核给发恩饷由

呈悉。查前浙军总司令部二七号饬开,"兹将犒赏洋两元改发恩饷一个月,以示优异"。又查属前都督一五八号饬开,"此次出力军警,规定各给恩饷一月,除陆军、省城陆警、内河外海水警暨各区警备队应领饷数业饬财政厅拨款外,其余各县警察应由各该县知事切实查明分别给发,所需款项即在地方收入项下动支"各等语。是犒赏业经改发恩饷,自不再行另发犒赏。所呈名册两本,应即发还,仰民政厅转饬该县迅即遵照上开二七号暨一五八号各饬文办理具报。此批。抄呈同长警花名册发。六月二十九日

(原载《浙江公报》第一千五百四十七号,一一页,批牍)

浙江都督吕批

民政厅呈复核议永嘉警察局毋庸冠以商埠字样

呈悉。准如所议办理,即由该厅转饬遵照可也。此批。六月二十九日

附原呈

呈为遵批核议呈复事。

本年六月十七日奉钧督批发瓯海道道尹呈请将永嘉警察局为商埠警察局由,奉批,"呈悉。道制废除以后,原有警察厅、局除省会外,均归民政厅直辖。该永嘉警察局应否添用'商埠'字样,仰民政厅迅予核议具复饬遵可也。此批。钞呈同履历发"等因。奉此,窃查《警察官制》规定,除省会外,凡属道尹驻在区域及商埠地方均准审酌就地情形分别繁简,改设警察厅、局。永嘉、兰溪两县当日改所为局,一因道尹驻在关系,一因商埠关系,情形本属不同。现在道制既经废除,则因道尹而设之警局当然同时废止,仍改为所,以归一律。其永嘉一局本因商埠而设,自应仍旧存在,毋庸更改,前巳由厅议将兰溪警察局撤销,仍改为所,并将永嘉系属商埠,应仍设局情形具呈请示在案。该道尹议将永嘉警察局冠以"商埠"两字,用意在标明该局不因道制而设,显示区别,固无不可。惟查宁波警察厅亦因商埠而设,并未标明"商埠"字样,该局事同一律,似可毋庸更改,以免歧异。所有遵议永嘉警察局毋庸冠以"商埠"字样缘由,是否有当,理合备文呈复,仰祈都督察核施行。谨呈。

(原载《浙江公报》第一千五百四十七号,一一至一二页,批牍)

浙江都督吕批

台州顾镇守使呈复天台知事密详
潘继水揭帖驱官一案请将警佐朱英撤办由

呈悉。据查该警佐朱英擅用刑责、纵警扰民种种舛谬违法属实,仰民政厅立予撤任,归案澈惩。至潘继水胆敢乘独立之际,揭帖驱官,亦属不法,应一并饬县拘案,按律究办,并传提许秋殿等分别质

讯，秉公办理具报，仍咨行该镇守使知照。此批。摘由、原呈及密详、原批均抄发。六月二十九日

（原载《浙江公报》第一千五百四十七号，一二页，批牍）

浙江都督吕批

民政厅呈复奉批平湖县呈防务重要拟请增设警队由

呈悉。仰即转饬该知事遵批办理。此缴。六月三十日

附原呈

为呈复事。案奉钧督批平湖县知事呈为防务重要拟请增设警队列表请示由，奉批，"据防务重要，拟请增设警队等情，仰民政厅核议具复察夺。此批。表存"等因。奉此，查此案前据该知事并呈到厅，当经批以："现在大局将次平定，毋庸添募警队，致滋糜费。该县防务重要，应即会督现有营警、团队认真巡缉，以保治安。所请应毋庸议，仰即遵照"等语印发在案。奉批前因，理合备文具复，仰祈都督察核。谨呈。

（原载《浙江公报》第一千五百四十七号，一三页，批牍）

浙江都督吕批

委员徐象先警备队第四区统带戴任呈为军用电话
事关防务仰祈鉴核饬拨提款俾速设置由

呈及清单阅悉。所请将各县欠解军事电话提款由省先行拨给，是否可行，仰财政厅迅予查核，咨会警政厅饬遵具报。此批。抄呈及清单发。六月三十日

（原载《浙江公报》第一千五百四十七号，一三页，批牍）

浙江都督吕批

浙海关监督呈送三月份常关五十里外
收入计算书并乙联税单由

据呈送本年三月分常关五十里外收入计算书一份,又乙联税单十三分,仰财政厅核对盖戳咨还。此批。书、单随发。六月三十日

附原呈

为呈送事。窃查五十里外常关行用四联税单,前奉部饬由关编号送请钤印,月终汇齐乙联票单,加造收入计算书,连同详送巡按使署转交财政厅核对确实后,加盖"核对无误"戳记转缴发还,以凭保管而专责成等因,奉经遵办在案。兹据浙海常关五十里外各口税务员将本年三月分填用乙联税单分别呈缴前来,理合加造收入计算书,汇齐原单,呈送都督转交财政厅核对盖戳,发还保管,实为公便。谨呈。

浙海常关五十里外各口五年三月分收入计算书

谨将浙海常关五十里外各口五年三月分填用乙联税单汇齐,缴请转交核对,加造收入计算书,附送鉴核。

计开:

家子口

收入税银二千五百六十八两五钱九厘(每银一两,折收银元一元五角),共合银元三千八百五十二元七角六分四厘,填用乙联税单二百三十七张(内有涂销作废四张,连丙、丁两联附缴)。查对相符,应请复核。

象山口

收入税银四百七十五两三钱九分四厘(每银一两,折收银元

一元五角),共合银元七百十三元九分一厘,填用乙联税单二百十四张(内有涂销作废四张,连同丙联附缴)。查对相符,应请复核。

定海口

收入税银四百四十七两一钱六分三厘(每银一两,折收银元一元五角),共合银元六百七十元七角四分五厘,填用乙联税单二百五十四张(内有涂销作废四张,全联附缴)。查对相符,应请复核。

乍浦口

收入税银四百两九钱六分一厘(每银一两,折收银元一元五角),共合银元六百一元四角四分二厘,填用乙联税单四十三张。查核相符,应请复核。

穿山口

收入税银二百七十两八钱四分六厘(每银一两,折收银元一元五角),共合银元四百六元二角六分九厘,填用乙联税单四十九张。查对相符,应请复核。

蟹浦口

收入税银一百四十三两三钱一分八厘(每银一两,折收银元一元五角),共合银元二百十四元九角七分七厘,填用乙联税单五十五张。查对相符,应请复核。

新碶口

收入税银二百四两八钱五分四厘(每银一两,折收银元一元五角),共合银元三百七元二角八分一厘,填用乙联税单三十三张。查对相符,应请复核。

江下埠口

收入税银二百两四分一厘(每银一两,折收银元一元五角),共合银元三百元六分二厘,填用乙联税单六十七张。查对相符,应请复核。

湖头渡口

收入税银一百七十三两七钱二厘(每银一两,折收银元一元五角),共合银元二百六十元五角五分三厘,填用乙联税单九十二张。查对相符,应请复核。

白桥口

收入税银一百五十一两一钱九分三厘(每银一两,折收银元一元五角),共合银元二百二十六元七角八分九厘,填用乙联税单六十一张。查对相符,应请复核。

古窑口

收入税银一百二十一两八钱四分五厘(每银一两,折收银元一元五角),共合银元一百八十二元七角六分八厘,填用乙联税单三十二张(内有涂销作废一张,连同丙丁两联附缴)。查对相符,应请复核。

沥海口

收入税银一百九十九两九钱五分(每银一两,折收银元一元五角),共合银元二百九十九元九角二分五厘,填用乙联税单十四张。查对相符,应请复核。

王家路口

收入税银二十三两九钱五分九厘(每银一两,折收银元一元五角),共合银元三十五元九角三分八厘,填用乙联税单七张。查对相符,应请复核。

(原载《浙江公报》第一千五百四十七号,一三至一七页,批牍)

浙江都督吕批

民政厅长呈复临安潘兆昌捐赀兴学给予奖章请备案由

呈悉。准予备案。此缴。六月三十日

附原呈

呈为遵批呈复事。案奉钧督批发临安县呈送潘兆昌捐资兴学事实表由,奉批开:"呈及表、册均悉。该国民学校校长热心公益,殊堪嘉尚。所请遵例给奖之处,仰民政厅核办具复,并转饬临安县知事知照。此批。抄呈连同表、册发"等因。奉此,查该校长潘兆昌捐赀数目,核与《修正捐赀兴学褒奖条例》第二条第二项相符,应奖给银色二等褒章,以昭激劝。除由厅填明执照、检同奖章饬发该知事查照转发外,理合呈请都督察核备案。谨呈。

（原载《浙江公报》第一千五百四十七号,一七页,批牍）

浙江都督吕批

民政厅长财政厅长呈复丽水县呈地方收入无款发给恩饷议仍饬县另筹以符通案由

呈悉。准如所议办理,以符通案,仰即转饬该知事遵照。此批。

六月三十日

附原呈

为呈覆事。本年六月十五日奉钧督批瓯海道尹呈丽水县地方收入无款发给恩饷请另拨省款由,奉批,"呈、摺均悉。所称丽水县巡警警队恩饷无款可筹,应如何拨给之处,仰民政厅咨会财政厅核议复夺,转饬该县知事遵照。此批。抄呈同折发"等因。奉此,遵经会同核议,查此项军警恩饷,既奉前都督第一百五十八号通饬,即在地方收入项下动支,该县虽系瘠区,未便独异。现在经费奇绌、公私交困,省款万难筹拨,即使稍予挹注,将来他县援请,又将何以应付,应由该县仍在地方收入项下极力设法筹给,以符通案。奉批前因,除饬遵外,所有会核丽水县请拨省款给发恩饷缘由,理合备文呈请钧督鉴核。再,此案系厅长文庆主稿,合并声明。谨呈。

(原载《浙江公报》第一千五百四十七号,一七至一八页,批牍)

吕都督致镇海县洪知事电①

镇海县洪知事览:据监征员呈报,该县征存银元数逾两万,何以延不报解?仰速扫数清解具报。如交卸在即,应依限移交新任,不得以各清各款藉词延宕。都督吕。卅。(中华民国五年六月三十日)

(原载《浙江公报》第一千五百四十九号,一九一六年七月五日,六页,电)

浙江都督吕批②

上虞县知事呈城区警佐蔡尊周不职情形并自请辞职由

据呈,该县警佐蔡尊周种种渎职情形,殊属异常荒谬。至此次怂恿长警挟制长官,甚至不俟准假擅离职守,其平日骄悍情形,尤可概见。应即日撤差,听候从严查办。至该知事职兼所长,平时对于该警佐未能认真督率,遇事依违容隐,不早揭发,及遇地方有事,不思悉心维持,率请辞职,尤属不合,并着先予记过一次,以示薄惩。仰民政厅注册饬知,并查明此次警察与警队冲突情形详细具报核夺。此批。

附　民政厅呈为上虞县警队与警察冲突一案奉批后
适据查复谨将酌拟办法呈请察核示遵由

呈为查明上虞县警队与警察冲突一案酌拟办法呈请察核示遵事。

---

①　洪知事,即洪锡范,江苏太仓人,民国四年四月至民国五年五月署理镇海县知事。
②　本文自《民政厅呈为上虞县警队与警察冲突一案奉批后适据查复谨将酌拟办法呈请察核示遵由》(附原呈)析出。

案于本年六月十五日奉钧督批上虞县知事呈城区警佐蔡尊周不职情形并自请辞职由，奉批："据呈，该县警佐蔡尊周种种渎职情形，殊属异常荒谬。至此次怂恿长警挟制长官，甚至不俟准假擅离职守，其平日骄悍情形，尤可概见。应即日撤差，听候从严查办。至该知事职兼所长，平时对于该警佐未能认真督率，遇事依违容隐，不早揭发，及遇地方有事，不思悉心维持，率请辞职，尤属不合，并着先予记过一次，以示薄惩。仰民政厅注册饬知，并查明此次警察与警队冲突情形详细具报核夺。此批"等因。奉查此案前据该知事并呈到厅，粘附蔡警佐原函三件，又据蔡警佐及长警丁兆楦等以警队长王殿甲纵兵殴警祈派员查究等由，先后电呈本厅，各据此当以事关县警队殴打岗警，知事、警佐互相攻讦，案情重大，亟应澈究。即经遴委本厅警务视察员王树中驰往调查，一面先电该警所长、佐等，对于地方秩序完全负责，并速督谕长警照常服务，听候查办，违干严处，各去后。奉批前因，正拟遵办间，适王视察员查复前来，据称，"奉饬遵即束装起程，查照奉发各呈事理，不动声色，明察暗访，其中情节复杂，纠纷不止一端。惟攻讦之衅，实肇于此次队警冲突，缘本年五月五日城内凤阳楼面馆主人张化生向县警队兵徐志清索欠，徐志清恼羞成怒，将张化生殴伤，时有警察上前查询，当与民人劝解，无事而散。嗣张化生至庙街惠和茶店，适有队兵在此，复起冲突，又被队兵殴伤，张化生喊救，岗警赶往查询，队兵即怒岗警多事，群聚攒殴时，商会总理王寄顾适经该处，喝令住手，队兵遂将警士拖向警队驻所而去。此后情形与蔡警佐所呈大略相同。至张知事呈内所讦蔡警佐各节，事甚隐微，无从查询。其王殿甲前在队附时盐案索贿一案，曾有前任知事虞德元详文可稽，应请免予赘述，理合检同奉发各件，呈请钧厅鉴核"等情。厅长综核案情，蔡警佐似尚无怂恿长警之弊，张知事则难免有庇护警队之迹，用敢悉心抉别，秉公拟议，为钧座缕晰陈之。

此案既由双方冲突而起，自当先辨明双方之曲直。察阅王视察员呈复各节，该县警队横蛮已极，乃张知事仅云稍有冲突，并不将此案之真相据实直陈，其心已隐怀轩轾。警队、警察同隶知事管辖，遇有事端，极易解决，此案既曲在警队，应即秉公理楚，以息纷争，乃一味因循，毫无办法，致该长警等有全体请假之举。此风固不可长，而其情则尚有可原。张知事意气用事，视为要挟，遽尔文电上闻，复申之以辞职之请，其张皇畏葸，已可概见。至陈氏是非多端，蔡警佐原函已自言之。张知事呈内所讦各节，据王视察员呈复，又属事甚隐微，无从查询，似此藉案铺张，断断互讦，殊失上官体统。综上诸端，张知事办理此案，措置乖方，已无可讳，本应量加惩诫，以儆将来，惟既奉钧督记过一次，拟请免予再议。蔡警佐身处掾属地位，遇事秉承，是其本分。此案发生后，该警佐开导不从，请求宣慰。察阅函陈办法，尚属正常，语言亦似非孟浪，被讦各节，又据查无实据，是该警佐承办此案，尚无不合之处。拟请钧督姑宽准予销去撤差处分，以资策励。惟该警佐不待核准，遽行来省投呈，虽据前电声明，与擅离职守者有别，究属非是，拟由厅记过一次，并查该警佐在上虞任内曾记功三次，成绩尚优，兹拟降等更调，以示薄惩。至县警队长王殿甲纵容队兵殴打岗警，实属咎无可辞，拟请立予撤差。肇事队兵徐志清，殴伤民人张化生，拟即斥革，饬县依法惩办；其不能约束队兵之头排三排什长，拟一并斥革，以资整顿而儆效尤。所有查明上虞县队警冲突一案酌拟办法缘由，理合照抄呈、禀各件备文呈复，是否有当，仰祈都督察核示遵。谨呈

浙江都督吕

民政厅长王文庆

中华民国五年六月　日

批文（已见本月十日本报"批牍"门）

（《浙江公报》第一千五百六十一号，一九一六年七月十七日，八至九页，呈）

浙江都督吕批①

宁海县知事电呈防务吃紧请将警队
先裁十名维持两月乞示遵由

敬电悉。该县警队乏款维持，业将前呈发厅核议，饬于六月底一律裁撤，当经批准如议办理。兹据称"防务吃紧，拟先裁十名，及挪用准备金积存款项，维持两月"等语，仍仰民政厅察议办法，迅即饬遵具复。此批。电抄发。

（《浙江公报》第一千五百六十号，一二页，批牍）

吕都督复嵊县电②

敬电悉。陈昌恒被劫身死案内获犯张松见、陈生运二名，既据讯供直认抢杀得赃不讳，应准按法惩办。仰即提犯张松见、陈生运二名验明正身，执行枪毙，照章录具供、判呈报备案，仍勒缉余犯，务获究办。（中华民国五年六月三十日）

（《浙江公报》第一千五百六十五号，一九页，批牍）

---

① 本文自卷三浙江都督吕批《民政厅长呈复宁海县知事电防务吃紧请将警队先裁十名维持两月乞示遵由》(附原呈)析出。参见706页。
② 电文自浙江都督吕批《发高审厅据嵊县呈报盗犯张松见等二名枪毙日期由》(附原呈)析出，见卷三，786页，题目系编者所拟。